湖南省哲学社会科学重大委托项目:船山学与湖湘文化的传承发展研究”（17WTA10）资助成果。

博士生导师学术文库

A Library of Academics by
Ph.D.Supervisors

船山精神与船山学

王泽应 著

光明日报出版社

图书在版编目（CIP）数据

船山精神与船山学 / 王泽应著 .-- 北京：光明日
报出版社，2019.4
（博士生导师学术文库）

ISBN 978-7-5194-5266-7

Ⅰ.①船… Ⅱ.①王… Ⅲ.①王夫之（1619—1692）
—思想评论 Ⅳ.① B249.25

中国版本图书馆 CIP 数据核字（2019）第 081537 号

船山精神与船山学
CHUANSHAN JINGSHEN YU CHUANSHAN XUE

著　　者：王泽应

责任编辑：曹美娜　黄　莺　　　　　责任校对：赵鸣鸣
封面设计：一站出版网　　　　　　　责任印制：曹　净

出版发行：光明日报出版社
地　　址：北京市西城区永安路 106 号，100050
电　　话：010-63169890（咨询），63131930(邮购)
传　　真：010-63169890
网　　址：http://book.gmw.cn
E-mail：caomeina@gmw.cn
法律顾问：北京德恒律师事务所龚柳方律师，电话：010-67019571

印　　刷：三河市华东印刷有限公司
装　　订：三河市华东印刷有限公司
本书如有破损、缺页、装订错误，请与本社联系调换

开　　本：170mm×240mm
字　　数：230 千字　　　　　　　　印　　张：15
版　　次：2019 年 9 月第 1 版　　　　印　　次：2019 年 9 月第 1 次印刷
书　　号：ISBN 978-7-5194-5266-7

定　　价：85.00 元

目 录
CONTENTS

第一编 船山梦、船山精神与船山学的内涵和基质

船山梦的价值图谱与精神风骨

明清之际的王夫之（学者称其为"船山先生"）是一个在苦难和困厄的现实人生中始终追寻梦想，并不断调动起全身心的动能去为梦想而奋斗的思想巨匠和哲学大师。阅读船山的著作，到处可见船山自己对梦和梦想以及如何实现梦想的诸多描述，诸如"春寒何事欺晓梦""梦未圆时莫浪猜""梦里青山留我住""谁道穷通一梦中""他人有梦难代说""胡蜨香迷梦不成"等等。船山梦是船山魂的生动呈现，表征着他精神世界的上下求索与不断建构，亦成为其人生与时偕行的精神寄托和价值引领。尽管现实生活一次又一次地粉碎了他的梦想，可他还是能够一次次从梦中醒来又一次次如同"精卫填海"一样继续构筑自己的梦想，并始终不渝地追逐自己的梦想，希望能够实现自己的梦想。他的一生是为梦想而奋斗的一生，船山精神与船山梦交融激荡，彰显出船山的家国情怀、民族大义和对文化复兴的冀望。

一、晓梦：轻舟犹未渡江南

船山梦恰似一幅长袖画卷，以"晓梦"始，中经"续梦"和"噩梦"，而以"筑梦"终。其实"筑梦"之终亦是一种新的开始，内涵着新的图谱和精神风骨。由是可见，"筑梦"只是肇始了新的梦境人生，其气量、格局与志向所凝结的画面可谓动人心魄，令人感慨万端、心潮澎湃。

船山的"晓梦"萌生于他的少年时期，并成为他青年时期的奋斗目标和价值追求。此即是试图通过科举考试实现自己"内圣外王"的人生理想，能够为朝廷和社会做出一番事业。严格地说，他的"晓梦"是受其父兄和家学的影响，考取功名、入朝为官是其主要的内容。船山的太祖王震武文并举，既"掌卫事戎兵克诘，尤笃志经术理学"，于是王家以"束脩文教"开启家学渊源。高祖王宁"以文墨教子弟"，企望家族子弟凭借科举考试的途径而实现读书做官的人生理想。曾祖王雍"以文名著南楚"，由乡贡"升江西南城县学谕"。祖父王惟敬"崇志节，尚气谊，隐处自怡"，俨然雅士儒风。父亲王朝聘因"以武夷为朱子会心之地，志游焉，以题书室，学者称武夷先生。"[①] 虽然王朝聘"宗濂洛正传""讲性命之学"，却一反明末空谈心性的学风，他"敦尚践履，不务顽空"，以"真知实践为学"。叔父王廷聘文学造诣颇深，尤工于诗，"古诗得建安风骨，近体逼何李而上。"船山的长兄王介之是一位乡居饱学之士，对经学很有研究，著有《周易本义质》《春秋四传质》等书。这种家学渊源使船山自小受其陶冶与影响，进而在心中植下了通过科举考试以报效朝廷和国家的人生梦想，此即是他自称的"晓梦"。这种晓梦自4岁入塾发蒙便由其长兄在教读中逐渐启发而萌生，10岁时在其父授以五经经义中初步形成，14岁考中秀才后有了个性的自觉，这种自觉赋予他16岁学诗时"阅古今人所作诗不下十万"。[②] 尽管他15岁开始到武昌考举人三次受挫落第，但科举梦的敦勉砥砺却使其不因落第而灰心，而是愈加勤奋研读，24岁时终于以《春秋》第1考中第5名，受到督学高世泰，考官欧阳霖、章旷等的器重。这年冬天，船山自武昌返故里，尊父命与长兄取道水路赶赴北京参加会试。舟至南昌时得知李自成农民军已经席卷河南，攻克南阳，复围开封，大败明官军，随后又攻克襄阳，分兵西破荆州，东下黄冈。与此同时，张献忠农民军也正横扫安徽，继由安庆进逼蕲水，连克楚地数县。船山兄弟知悉北上道路阻梗不通时只得泊舟度岁，等候时机再北上。次年正月初一，船山兄弟船泊章江，船山写下了纪行诗二首。其一曰："闲心欲向野鸥参，更听鱼龙血战

---

① 王夫之.姜斋文集·显考武夷府君行状 [M]// 王夫之.船山全书：第15册.长沙：岳麓书社,1995：110.

② 王夫之.夕堂永日绪论·序 [M]// 王夫之.船山全书：第15册.长沙：岳麓书社,1995：817.

酣。何事春寒欺晓梦，轻舟犹未渡江南。"①诗中"鱼龙血战酣"显然是指李自成、张献忠农民军与明官军展开的血战正激烈强悍，"何事春寒欺晓梦"是说船山已经预感到自己的科举梦将被这种中原多故毁灭，兄弟二人相商只好放弃北上的"晓梦"，遂由吉安转云阳，下洣水返回故里。途中作《江行代记》八首，其中多处诗句言及"梦"，如"何事孤城鸣夜杵，停舟未遣梦魂安""客梦莫矜江汉水，原因幽险积乾坤""莫笑吴侬归梦少，金堤频决井闾荒"……这种无法使梦魂安宁、归梦无望的人生际遇完全在于幽险积于乾坤而导致的"金堤频决"，其中第八首更揭示了晚明社会天崩地解的社会情势及其对他的晓梦的摧折："虏兵入卫气骄横，归路庐陵屡夜惊。取次诸宫成贼垒，萧条淮北尽空城。家山尽望怜征雁，馔路含愁听早莺。还恐南枝栖不稳，晓来星影射长庚。"②诗中揭示出李自成、张献忠农民军攻城略地所导致的诸地萧条惨状以及鸟兽都无法安栖的景象。正是这种农民军风起云涌的社会变故打破了船山科举入仕的"晓梦"，船山的痛苦与惆怅可想而知。

　　农民军起义粉碎了船山的"晓梦"，使得船山对农民军有一种源于心灵深处的鄙视与恨意。船山于崇祯十六年（1643年）春回到故乡衡阳，本想在"晓梦"破碎之后做一个赋闲雅致的田园诗人，可是动荡的时局却使他赋闲雅致的田园生活无法得以正常进行。是年五月，张献忠部攻克武昌，俘获明楚王朱华奎并将其投入江中溺死，并于六月建立中央及地方各级政府，自称"大西王"，继而进军长沙，攻克常德。八月，张献忠率大队人马疾驰南下，攻破衡阳。张献忠年轻的大将艾能奇奉命驻守衡阳，执行"招贤纳士"的政策，指明招请新中举人船山兄弟参加其农民政权建设。船山听到这一消息，立即逃往南岳深山，拒不参加。艾能奇部下四处搜索，将船山父亲王朝聘抓获，软语相劝，以示诚邀之意。王朝聘始终不肯说出船山兄弟藏匿之处，只求一死。船山闻讯后，为了父亲的安危和全家脱身，"乃残毁肢体，舁簧到郡"，固执不许，又经一位在武昌参加了农民军的文友为其说情，农民军才放他们父子回家。事后，船山逃匿到南岳的黑沙潭，作《九砺》以明志，声称"从

---

① 王夫之. 忆得·元日泊章江用东坡润州韵 [M]// 王夫之. 船山全书：第15册. 长沙：岳麓书社,1995：690.

② 王夫之. 忆得·江行代记 [M]// 王夫之. 船山全书：第15册. 长沙：岳麓书社,1995：591.

贼者斥国为贼，恨不与俱碎，激而作此"。"'九'，仿《楚辞》，'砺'仿宋遗士郑所南《心史》中诗。自屈大夫后，唯所南《心史》忠愤出于至性，与大夫相颉颃。"船山所作的《九砺》诗稿在动乱中尽失，仅约略记忆一首，其中有"利剑不在手，高旻从汝谤。一闻心已寒，屡听魂空漾。诉天求长彗，一扫云霾障。回问汝何心，面目还相向。不见汝妻孥，昨夜归贼帐。昏睡白日中，哀汝萍随浪。陆地而行舟，寒浞夸其荡。雌剑不弢光，摩挲气益壮"[①]的诗句，昭示出船山耻于与农民军为伍和洁身自好的心志。崇祯十七年（1644年）三月，李自成率农民军攻陷北京。明思宗朱由检自缢于煤山，明朝自此灭亡。李自成部进京后迅速腐败。李自成的一个部将霸占了明朝山海关总兵吴三桂的宠妾陈圆圆，致使吴三桂"冲冠一怒为红颜"。四月，吴三桂降清，引清军入关。五月进入北京，李自成在圆了皇帝梦的第二天仓皇逃离北京，退走山西、陕西一带。这年五月，王船山听到崇祯皇帝自缢煤山的消息，悲痛欲绝，痛作《悲愤诗》一百韵（已佚），"吟已辄哭"。

二、续梦：力与天吴争横流

船山科举考试的"晓梦"被明末农民起义及其明清鼎革的变局无情地摧毁和浇灭了，虽然曾经一度使其产生过失望、沮丧的心绪，但是自幼研读儒家经典、崇尚孔孟志向德操的他很快从个体前途的迷思中清醒过来，自觉地将个人的命运与前途同国家、民族的命运密切联系起来，开始了救亡层面的"续梦"。这种救亡层面的"续梦"即是续的汉民族复兴之梦，或者说反清复明之梦。"续梦"使得船山在明亡以后的一段时间积极参加反清复明的有关活动，并于衡山方广寺起兵抗清，失败后投奔南明永历政权，企望通过自己的努力为复兴汉民族尽一份力。由此而言，"续梦"之续，续的不是个人的科举入仕梦，而是续汉民族救亡和复兴之梦。1644年初冬，船山一家迁居南岳双髻峰下，在黑沙潭畔筑一茅屋，名曰"续梦庵"，以期"残梦续新诗"。[②]船

---

① 王夫之.忆得·九砺[M]//王夫之.船山全书：第15册.长沙：岳麓书社,1995：693-694.

② 王夫之.忆得·土门望师子峰用旧作韵[M]//王夫之.船山全书：第15册.长沙：岳麓书社,1995：697.

山在"续梦庵"开始研读《周易》，撰成《周易稗疏》四卷，试图从易经中总结人事变迁的道理。同时他密切关注时势，冀望能够用自己的实际行动乃至生命为复兴民族的志业贡献自己的力量。

　　清军占领北京后，建立了清王朝，并制定了一系列政策法令，如剃发令、圈地令、严禁逃人令，激起全国各地人民强烈反抗，举兵抗清者风起云涌。顺治二年（1645年）春，清军分三路挥师南下，四月攻克扬州，屠杀全城人民，演出了一幕"扬州十日"的惨剧，兵部尚书史可法壮烈殉国。五月，清军渡江破南京，弘光皇帝朱由崧逃至芜湖被擒，崇祯皇帝自缢后组建的南明弘光政权仅仅支撑一年，至此覆没。船山闻讯，又作《悲愤诗》一百韵。是时刘宗周绝世死难。六月，清军又南下苏、杭，烽火达于钱塘江。清军实行"留发不留头，留头不留发"的政策，大肆杀戮，制造了"血洗江阴""嘉定三屠"等骇人听闻的历史惨剧。面对清军残酷屠杀的暴行，船山滋生了"反清复明"的民族意识，把对农民军的仇恨转向了清朝统治者及无耻降清的败类，并寄希望于联合农民军来共同抗击清军。清顺治三年（1646年）夏，船山只身赴湘阴，以一介书生上书当时任湖北巡抚的司马监军章旷，提出协调南明督臣何腾蛟、抚臣堵胤锡之间的矛盾（南明政权的湖南巡抚与湖广总督关系不合）和联合农民军一道抗清以挽狂澜之方略，但是章旷却不以为然，船山只能失望而归。船山的《盛夏奉寄章峨山先生湘阴军中》诗云："戎车六月正闲闲，救日朱弓向月弯。铜马已闻心匪石，巴蛇敢恃骨成山。中原冠带壶浆待，闽海丝纶荣戟颁。师克在和公自省，丹忱专在念时艰。"[①]此诗认识到要取得反清复明的胜利，必须联合各种力量协同作战，并表白自己的耿耿忠心即在于如何想办法攻克"时艰"。顺治三年十月，明朝两广总督丁魁楚、广西巡抚瞿式耜等人拥立明桂王朱由榔监国于肇庆，未几称帝，以次年为永历元年。船山准备投奔永历政权，以求有所作为。顺治四年四月，船山获悉永历帝至湖南武冈，便与好友夏汝弼由湘乡间道奔赴，行至湘乡西南90里的车架山时遇淫雨弥月被困于山中，故未能遂愿。船山后来写有《放杜少陵文文山作七歌》的诗篇，披露自己"我与从之道阻修"的痛苦心境，其"力与天

---

　① 王夫之.忆得·盛夏奉寄章峨山先生湘阴军中 [M]// 王夫之.船山全书：第15册.长沙：岳麓书社,1995：701.

吴争横流"①的复国之志跃然纸上。这年清军分两路南下，一路由降将李成栋指挥，大举进攻两广，连陷肇庆、梧州，南明永历政权退守广西一隅；一路由降将孔有德带队由江西攻入湖南，攻下湘阴、长沙。五月，清兵进逼衡阳，船山全家逃散，父亲、二叔、二叔母和仲兄均在战乱中相继去世，船山本人四处逃难，与好友夏汝弼转匿人迹罕至的湘乡白石峰上，国仇家恨，难以言表。父亲王朝聘临终时嘱咐船山兄弟：誓不降清，遗体不得过城市"与腥膻相涉"，又以始祖骁骑公随朱元璋起义兵逐元之事，勉励船山起兵抗清。

　　顺治五年（1648年）春夏间，船山避居南岳莲花峰，精心研求易理，同时关注抗清形势的发展。这年抗清形势有向好的迹象，清将金声恒、李成栋外震慑于烽烟四起的义军，内不满于清贵族的猜忌，先后举兵反正投明。大顺农民军组成的"忠贞营"奋起反攻，大败清军于湘潭地区，收复了益阳、湘潭、湘乡。何腾蛟率师在两湖发动全面反攻，出现了南明第一次抗清高潮，永历政权由浔州迁至肇庆。在抗清形势发生新变化的鼓舞下，船山与好友管嗣裘、夏汝弼等人在南岳方广寺举兵抗清。这次起兵因湘潭人尹长民引清军袭击而遭致失败，管嗣裘一家老小遭到杀害，被株连而死的达数十人。衡山起兵虽然失败了，但是船山并未消沉，而是继续怀揣着反清复明的梦想投奔南明朝廷，几经周折，终于到达肇庆，官授行人司行人之职。船山的"续梦"其实续的就是反清复明之梦，希图通过自己的孜孜以求和不懈奋斗实现复兴的梦想。

三、噩梦：精卫欲填填不得

　　船山的"续梦"是在清兵入关的历史情境下开始的反清复明之志业，"续梦"也使他做出了投奔南明永历政权的选择。令船山万万没有想到的是，原本以为可以凭借永历政权实现自己反清复明伟大志业的"续梦"，却没想到这段经历成为他人生最大的"噩梦"。经过千辛万苦投奔永历政权后，船山并没有看到光明的前途，原初一番续梦的理想被小朝廷争权夺利的派系之争、腐

---

① 王夫之.忆得·放杜少陵文文山作七歌[M]// 王夫之.船山全书：第15册.长沙：岳麓书社,1995：705–706.

化堕落的官场风习所击碎，在永历政权的一段时日正是他的噩梦之途。"噩梦"是船山写的一部著作的书名，系船山反清复明的梦想破灭之后，由对明朝的眷恋转向对汉民族自取其辱的深刻反思的一部著作，旨在总结拥有儒家文明的汉民族失败的惨痛教训，以警醒世人，寄希望于后来者。"呜呼！吾老矣，惟此心在天壤间。谁为授此者？故曰《噩梦》。"①"噩梦"更是船山在永历政权经历痛苦生涯的真实写照。他忠心耿耿然而被权臣陷害，深陷大狱，险至死地，获救后为避清廷缉害，隐居祁、邵、衡三县之界的耶姜山，后因清兵搜捕，流亡于零陵、郴州、耒阳、常宁一带，曾变姓名为瑶人，寄居荒山破庙中。

顺治六年春，船山由肇庆经梧州至桂林抗清派瞿式耜的防守区。是时，由于南明诸将领互不合作，致使两湖战局逆转。清兵陷湘潭后，何腾蛟被俘遇害，南明全线溃退，未几李成栋亦败死于信丰。想到永历小朝廷之颓势，船山感念时局多艰，遂作《桂林偶怨》诗。夏天，船山自桂林返回衡阳，先往南岳整理残书，继而赴县西长乐乡侍母（兄介之奉母匿居于此），不料"土人弄兵"，家遭洗劫，老母谭太夫人嘱其迅速离开衡阳，船山于同年秋再赴肇庆。是时永历政权内部党争愈演愈烈，东阁大学士王化澄勾结太监夏国祥等为吴党，他们贪赃枉法，玩弄权柄以排斥异己，将当时志在振刷的金公堡、袁公彭年、丁公时魁、刘公湘客、蒙公正发指为"五虎"，廷杖下狱，欲置之死地而后快。在此关键时刻，船山抱着力挽狂澜"死生已尔"的决心，认为如此则君臣义绝而三纲斁，力图伸张正义，与管嗣裘同去恳请大学士严起恒"匍匐求贷"，以营救身陷囹圄的金宝等人，并三次上书弹劾王化澄一伙结奸误国。王化澄恼羞成怒，蓄意制造"百梅恶诗"案（王化澄利用攸县一狂人写了百梅恶诗，假冒王夫之名写了一篇序），"将构大狱"。后经大顺农民军领袖高一功仗义营救，才未遭毒手而得以逃往桂林依瞿式耜。八月，清兵逼桂林，瞿式耜壮烈殉国，船山一家随同难民逃往永福，遇霖雨困于水岩，绝食四日，几乎死去。《桂林哀雨》有诗句"泥浊水深天险道，北罗南鸟地危机"，"峒云侵夜偏飞雨，宿鸟惊寒不拣枝。天奇孤臣唯一死，人拼病骨付三尸。"②

---

① 王夫之.噩梦[M]//王夫之.船山全书：第12册.长沙：岳麓山社,1992：549.

② 王夫之.姜斋诗集·五十自定稿·续哀雨诗四首[M]//王夫之.船山全书：第15册.长沙：岳麓书社,1995：300.

深刻地道出了船山与继妻郑氏在桂林哀雨中的艰难处境及其同生共死之心绪。顺治八年正月，船山携眷间道返回故乡衡阳，回家后方知其母谭太夫人已于去年八月去世，悲痛有怀。九月，李定国攻克衡阳，专门派人招请船山共议兴复，此时好友管嗣裘已在李定国军中，他也力劝船山。船山辞谢了李定国的招请，后与兄介之隐匿祁邵的耶姜山，开始了三年艰苦备尝的流亡生活。船山先避居零陵北洞的钓竹园、云台山等处，继又移居常宁西庄源，"随地托迹"，借住在瑶民山洞中，"变姓名为瑶人，隐士王东卜先生文俨常馈公粟"①，生活极为艰苦。流寓常宁西庄源时，为谋生计，船山"为常宁诸从游者说《春秋》以给晨夕"（据初刻《夕堂永日绪论》后载曾载阳、曾载述附识有云："严寒一张麻衣，厨无隔夕之粟，因为常宁诸从游者说《春秋》以渡晨夕。"）。次年，又转徙到晋宁山中，借住僧寺，仍为从游者说《春秋》，主要阐扬《春秋》中"夷夏之防"的民族大义，并于晋宁荒山破庙中撰写《周易外传》《老子衍》两部别开生面的哲学名著。顺治十三年三月写成《黄书》，这是船山写出的总结明亡深刻教训的政治伦理著作，其中"哀其所败，原其所据"，深究华夏民族坎坷命运的内在因由，并提出了自己"斗见维辰""文明以应""公其心，去其危，尽中区之智力，治轩辕之天下"以及"扶长中夏"的主张。几年流亡湘南，船山"或在浯，或在郴，或在晋宁，或在涟邵"②，饱尝了人间颠沛流离之苦，诚如《寒》诗所言："借书败蕉叶，索字黄菅梗。一倍粟生肌，霜衾未怎冷。"③虽然这是他人生的"噩梦"期，所遇痛苦常人无法想象，但是也为他体察挣扎在死亡线上的劳苦大众的悲惨生活，了解当时社会现实以及仍还滞留在落后生产方式的苗、瑶苗等少数民族的社会状况，提供了机会，对他的思想认识和学术观点都产生了深远的影响。

四、筑梦：残灯绝笔尚峥嵘

从进入永历政权的"噩梦"开始，到"五虎"事件挺身而出得罪权贵险

---

① 王孝鱼.船山学谱[M].北京：中华书局，2014：20.

② 王敔.大行府君行述[M]// 王夫之.船山遗书：第15册.北京：中国书店,2016：245.

③ 王夫之.姜斋诗集·五十自定稿·寒[M]// 王夫之.船山全书：第15册.长沙：岳麓书社,1995：274.

些丧命，再到逃离永历政权去桂林依瞿式耜，以及瞿式耜殉国后流亡湘南，船山的“噩梦”可谓接连不断、险象环生。可是，船山并未被“噩梦”击垮，而是在“噩梦”惊醒之后开始了“为往圣继绝学，为万世开太平”的更加宏大并富有深远文明史意义的筑梦。这一筑梦不再是年轻时的“晓梦”，也不再是青壮年的“续梦”和“噩梦”，而是从中华文明史和古今之通义的高度反思历史，创新哲学理念，提炼可资未来文明复兴所需要的价值理性并揭示出中华文明“衰而复兴”“阙而复振”的道德机理及其规律性，本质上是一个为中华民族和中华文明谋一光明未来的理论建构和体系建构之事业。

顺治十四年四月，船山带着妻子郑氏和未满周岁的幼子王敔返回到南岳莲花峰下的续梦庵故居，结束了三年多的湘南流亡生活，开启了他在思想文化上艰辛筑梦的岁月。数载离乡背井，流离失所，船山屡经危难，艰苦备尝，于“噩梦”警醒后，并未失去信心和希望，而是将此前的“晓梦”“续梦”和“噩梦”加以反复回味，深度咀嚼，从而为在思想文化上“筑梦”奠定了精神信念的始基。《冬遇》有诗句“风雨恣所狎，金石等不渝。坚脆各叛纪，正襟守中枢”“聊息朱鸟丽，梦无金简书”“悦心道已广，栖贞邻岂孤”，[①]表明了船山不为恶劣环境所左右的弥坚心志及愈挫愈奋的精神状态。九月撰成《家世节录》，在当时“觏兹鞠凶，国绪如线，家亦以殄”的情况下，仰述家风，缅怀先世之业绩，砥砺自己之继往开来，亦有着独特的精神激励和伦理熏染之功用。船山在续梦庵居住期间，曾赴小云山刘近鲁处访问，获悉刘氏藏书达六千余卷，遂常往借读，潜心研讨。并曾在刘近鲁家开馆授徒，又与刘结为姻亲，为长子攽娶刘女。自归衡阳后，陆续有故旧子弟前来问学，先后就学门下者有十数人。顺治十七年（1660年），船山由南岳续梦庵徙居衡阳金兰乡高节里，于茱萸塘筑茅屋，编篾为壁，名“败叶庐”。康熙元年（1662年），船山居败叶庐，闻永历帝被吴三桂缢死于昆明，作《三续悲愤诗》一百韵。获悉大西李定国“宁死异域，永不降清”之坚贞不屈，为李定国等农民领袖在《永历实录》中立传，其中李定国列传描写李定国“眉目修阔，躯干宏伟，举动有仪度”，“定国既平西粤，整饬军政，于民一无所犯。”康熙二年，

① 王夫之．姜斋诗集・五十自定稿・冬遇[M]// 王夫之．船山全书：第15册．长沙：岳麓书社，1995：264.

撰成《尚书引义》初稿，从哲学与政治的关系上，深刻总结明朝覆亡的惨痛教训，深刻揭露了陆王心学空谈心性的弊端并对老庄和佛教唯心唯识论展开批判，对"能""所"关系、知行关系、义利关系以及人性论等均做出了自己独特的论述。康熙四年，船山借在刘近鲁家开馆授徒的机会，写成了《读四书大全说》，次年写成《四书训义》，二书对儒家四书及宋明理学的四书学进行了深入研究，通过对程朱陆王各家异同的考辨，对中国传统哲学和伦理学中的理气关系、道器关系、心物关系、知行关系、义利关系、理欲关系以及仁富关系、本末关系等均做出了批判性的总结和创造性的阐说。康熙七年秋至八年夏，船山在以往研究之基础上，结合自己对春秋"微言大义"的理解，写成《春秋家说》《春秋世论》二书，后又写成《春秋左氏传博议》。这三部关于《春秋》的著作，名曰说经，实为引古酬今、史论结合之著作，不仅批判了历史退化论的主张，坚持历史进化论，而且较为深入地揭示了历史发展的趋势（势）和历史发展规律（理）的辩证关系，提出并阐发了"理势合一"等颇具唯物史观雏形的理论命题。是年冬，船山由败叶庐迁往新筑草屋"观生居"，并自题观生居堂联"六经责我开生面，七尺从天乞活埋"[1]，表达了自己愿为民族文化的复兴去做别开生面的创新工作，而对自己的七尺身躯则只求能活埋于天地之间，可谓其心可鉴，其志可嘉。康熙十年，船山撰成《诗广传》一书，借解诗来表达自己的哲学伦理和美学思想，深刻阐述了自己的理欲统一观和"均天下"的政治伦理观，并对命受性生的人性论做出了进一步的阐释论证。康熙十二年，船山作《唐钦文六秩寿言》，提出"君子之尤重乎得见恒者也"的养生观，撰成《礼记章句》初稿。是年七月，康熙颁布撤藩令，吴三桂遂于十一月打起"反清复明"的旗号，发动武装叛乱，自称"天下都招讨兵马大元帅"，并于次年正月攻入湖南，很快抢占了西由澧州东至岳阳的一条战线，连下常德、衡阳、长沙等地。二月，广西将军孙延龄举兵反清，继而耿精忠也反于福建，郑经在台湾也发出讨清檄文，由台湾入闽浙，连取泉州、漳州等地，一时"东南西北，在在鼎沸"。是年船山几次外出观察形势，去湘乡、南岳、衡阳等地访问故旧友朋，并为当时反清复明的形势所

---

① 王夫之.船山诗文拾遗：卷一 [M]// 王夫之.船山全书：第15册.长沙：岳麓书社,1995：921.

鼓舞，撰有《双鹤瑞舞赋》，表露出其对"共举大明之文物，悉还中夏之乾坤"①寄予希望。康熙十四年二月间，船山从衡阳至长沙，船泊水陆洲，刘思肯为其画像，船山赠诗有云："凭君写取千茎雪，犹是先朝未死人。"又在湘阴做短暂逗留，再渡洞庭到岳阳，后返回衡阳，六月与章有谟等同登衡阳城南回雁峰，八月又与蒙正发赴江西，九月抵还阔别两载的观生居，旋于深秋迁于荒僻的石船山下，筑草堂而居之，并自题堂联云："芷香沉水三闾国，芜绿湘西一草堂"，自称"卖炭翁"。康熙十五年八至十月，船山往湘潭、长沙拜会友人，曾有诗"壮魂飞驾昭山云，荻叶敲蓬惊梦转"②"麟洲梦觉余香雪，鹤发身轻忆凤笙"③"乾坤何梦到清画，生死难忘只翠微"④，表达了他既对反清事业寄予希望同时又深知"兴亡多事天难定"，以及"此身无主更无依"的无奈和焦虑。特别是当得知吴三桂在占据衡州后，非但不乘机收复中原故土，反而希望清廷与他讲和，让他划江而治以便称皇称帝的个人野心时，更加打消了对吴三桂的种种幻想。船山毅然决然地拒绝为吴三桂写劝进表，逃到深山里作《被襭赋》，以表示自己的"意不属"。尽管船山的社会政治理想一再破灭，可是船山在湘西草堂隐居的几十年晚年岁月并未消沉，而是将自己的主要精力投入到了学术文化的总结和"破魂起蒙"中，纵使"前心不践"，他还是要执着地去构筑民族安身立命的精神家园，正所谓"故国余魂常缥缈，残灯绝笔尚峥嵘"。在隐居湘西草堂的晚年岁月里，船山克服了贫病交加的诸多困难，相继写出《周易内传》《张子正蒙注》《读通鉴论》《宋论》《楚辞通释》《思问录》等一系列哲学历史著作，系统阐发了自己既"坐集千古之智"又"推故而别致其新"的哲学本体论、认识论、历史论和伦理价值学说，将中国古代哲学伦理学发展到了一个新的阶段。船山《诗广传》有一段论及学人之天职使命和担当意识的话，可以视为船山自己的心志表白，意即有谁能够在上

---

① （明）夏琳.闽海纪要：卷下[M]//刘春建.王夫之学行系年.郑州：中州古籍出版社，1989：226.

② 王夫之.姜斋诗编年稿·风泊昭山夹病中放歌[M]//王夫之.船山全书：第15册.长沙：岳麓书社,1995：555.

③ 王夫之.姜斋诗集·六十自定稿·先秋一日作[M]//王夫之.船山全书：第15册.长沙：岳麓书社,1995：361.

④ 王夫之.姜斋诗集·六十自定稿·郡归书怀寄懿菴[M]//王夫之.船山全书：第15册.长沙：岳麓书社,1995：360.

不遇明主、下不得民望的危乱之世仍然能够志存高远，积极主动自觉地去关心天下的拨乱反正和治理问题呢？而且唯恐自己的求善求治不高明精湛而丝毫不在意自己的智慧是否能够得到真正的汲取或采纳呢？有谁身居草莽仍然孜孜研求天下的治理问题，而且求治理之道唯恐其不深远而不在乎深远而招致他人的忌恨呢？船山以自己"仁以为己任"的使命意识和"死而后已"的担当精神为这一段话做出了最具实证性的解释和证明。他在湘西草堂"残灯绝笔尚峥嵘"的艰苦著述，并不是某人的委托或杰出人士的寄望，历史和社会都没有赋予他这样的责任和使命，他之所以要去探寻中华文明未来的复兴之路及其内在机理，完全出于一种理性的自觉和个体对中华文明的担当意识和天职观念，是孔孟儒家"士不可以不弘毅"的责任伦理和"朝闻道，夕死可矣"的信念伦理的双重激励使然。钱基博在《近百年湖南学风》中写道："夫之荒山敝榻，终岁孜孜，以求所谓育物之仁，经邦之礼，穷探极论，千变而不离其宗，旷百世不见知而无所悔，虽未为万世开太平以措施见诸行事，而蒙难坚贞以遁世无闷，故为生民立极。"[1] 这种"为生民立极"的价值自觉，和"旷百世不见知而无所悔"的信念伦理是船山在湘西草堂为中华文明复兴筑梦的精神依持和动力源泉。虽然他"灯光半掩堆书卷，砚滴欲枯注药瓶"[2] 的著述生活是凄苦而悲凉的，但他的心中始终怀抱着希望以及筑梦的精神快乐。"情知腊尽雪须消""鸡声历历曙光微"[3]，他相信而且从某种意义上讲是坚执地相信，我们民族的志士仁人一定能够在"哀其所败，原其所据"的基础上形成振兴民族的价值共识，超越"孤秦""陋宋"的制度弊端和精神陷阱，找到一条"奠三极，长中区、智周乎四皇，心尽乎来许""清气疏曜，血脉强固"[4] 的复兴之路。他还以"梦未圆时莫浪猜"的理性致思自励，恍惚在他的面前呈现出一副中华文明复兴的宏大景象，有此他已经感到死而无憾。船山的墓志铭虽然申述在志向和学问两个方面都有未达目的的人生遗憾，但是"故衔恤以永世"的拳拳之心亦如石船山之顽石与天地同在矣！

---

① 钱基博.近百年湖南学风 [M].北京：中国人民大学出版社，2004：6.

② 王夫之.姜斋诗集·分体稿·即事其三 [M]// 王夫之.船山全书：第15册.长沙：岳麓书社,1995：510.

③ 王夫之.姜斋词集·古棹初集 [M]// 王夫之.船山全书：第15册.长沙：岳麓书社,1995：719–720.

④ 王夫之.黄书·原极 [M]// 王夫之.船山全书：第12册.长沙：岳麓书社,1992：503.

结语：船山梦的精神风骨

　　船山一生是在一次次梦境被粉碎又奇迹般地重建梦想和为梦想不屈不挠奋斗的一生，晓梦未圆之际开始续梦，续梦遭遇失败而不灰心，即便在噩梦中醒来还是依然孜孜去构筑新的梦想和为新的梦想而斗争。在船山的心灵深处和精神世界里，不怕梦碎和梦醒，就怕没有梦想作为人生的原动力，就怕缺乏一种寻梦、追梦和筑梦的勇气、热情和毅力。而且他的梦想的深入、完善和臻美就是在一次次梦碎和梦醒之后的再出发、再构筑、再创造，体现出了由己到群、由具象到抽象、由器至道的超迈和升华性。惟其如此，追梦、寻梦、筑梦彰显出的伦理意义愈发高远而清明，愈发成为他苦难人生和艰辛岁月的精神动力和价值源泉。船山的梦，究其实而言，就是他的理想信念、志向气节，是他的人生观、价值观和道德观的生动体现和精神集结。在船山看来，志是对道的一种体认、坚守和追求，"志道，则壹其志于性天之理，其得为真得，愈进而愈可据。"[1] "志学者大其心以求肖夫道，则无穷之体皆可由之而至。"[2] 因此，"志大则才大、事业大，故曰'可大'，又曰'富有'；志久则气久、德性久，故曰'可久'，又曰'日新'"。所以，"志立则学思从之，故才日益而聪明盛，成乎富有；志之笃，则气从其志，以不倦而日新。"[3]日新之谓盛德，富有之谓大业，志向远大的人不仅能够与时俱进，日新不已，成就一种盛德，而且也必然能够使自己的精神世界充实，成就一种富有的大业。就此而论，志不立，天下无可成之事，人生无美好之德。志道的过程本质上也是一个不断去体认、把握和觉解道的过程，"道莫盛于趋时"，志道也必然要求主体锲而不舍、孜孜以求道，在与道为伍的过程中"体物体身"，"知道而后外能尽物，内能成身"[4]，进而使自己的视听言动"无非道也"。这就是理想信念或志向的力量，也是船山不断去寻梦、追梦和筑梦的力量。这种力量

---

① 王夫之.张子正蒙注·中正篇 [M]// 王夫之.船山全书：第12册.长沙：岳麓书社,1992：171.

② 王夫之.张子正蒙注·中正篇 [M]// 王夫之.船山全书：第12册.长沙：岳麓书社,1992：171.

③ 王夫之.张子正蒙注·至当篇 [M]// 王夫之.船山全书：第12册.长沙：岳麓书社,1992：210.

④ 王夫之.张子正蒙注·大心篇 [M]// 王夫之.船山全书：第12册.长沙：岳麓书社,1992：148-149.

使得船山"秉烛对读过深夜,诘旦赤日生高天"①,不因物质生活的苦楚而看不到未来的希望。虽然,他的物质生活是苦楚或者说是苦不堪言的,但是惟其有梦可寻、有道可求,他的内心世界又是十分丰富而又快乐幸福的。这也是他之所以能够在"残灯"下"绝笔"依然"尚峥嵘"的信念伦理和责任伦理的双重依持和精神支撑!

船山梦起于个人的价值追求和时代的精神感召,同船山家世以及所秉承的人生信念有着密切的关系,也与明末清初"天崩地解"的社会情势有着直接的关联。但是,船山梦在经历了青年时期的"晓梦"破碎,中壮年时期的"续梦"难续和"噩梦"惊醒之后,至晚年已经进入一个新的阶段。其晚年的"筑梦"筑的既不是个人的生活理想,也不是时代的社会理想,而是跨越历史和现实的民族千秋梦想和文明复兴的万世梦想。"为往圣继绝学,为万世开太平"是其筑梦的底色和主色调。惟其如此,晚年的船山梦少了个人的情绪宣泄,也没有执着于一家一姓的兴亡事宜,而是沿着"以理御心""入德以凝道"的历史哲学和道德哲学路径,阐释中华文明"阙而复兴""衰而复振"的内在机理,发掘深藏于文明堂奥的哲学智慧和伦理精神,彰显那种"化愚为哲""变乱为治""转危为安"以及承前启后、继往开来的独特神韵和价值魅力。船山晚年筑梦筑的就是中华文明复兴之梦,中华文明虽然在历史的起承转合中遭遇着种种坎陷与危机,但是它的机理和内在精神却能够使其战胜种种挑战与危机,不断在筚路蓝缕中开拓新局面,创造新辉煌!船山在研读中华历史和文明经典的过程中惊喜地发现,熔铸于中华历史和文明经典中的那种"尽人道而合天德""贞生死以尽人道"以及"以人建极"的人本主义传统,那种"志道据德"以及在现实生活层面所彰显出来的"杀身成仁""舍生取义"的尊道贵德主义传统,那种始终着眼于"天下为公"并以"古今之通义"为至上价值的道义主义传统,那种继善成性、理欲合性、命受性生的人性论传统,那种"天行健,君子以自强不息""地势坤,君子以厚德载物"的美德论传统,以及"道器合一"的本体论、"理势合一"的历史论、"知能同功"的认识论、"合两端于一体"的矛盾论等等自会有某种跨越时空的独特神韵和价值魅力。"道

---

① 王夫之.姜斋诗集·六十自定稿·读泾阳先生虞山书院语录示唐须竹[M]// 王夫之.船山全书:第15册.长沙:岳麓书社,1995:374.

通天地有形外，思入风云变幻中"。中华文明复兴是一项人类文明史上具有空前意义的伟大复兴，船山梦以特有的方式揭橥了此一复兴的机理、规模与气象。在经过近代的坎陷与苦难之后，中华民族在中国共产党的领导下，经过近百年的上下求索和中国特色社会主义事业的建设，终于迎来了民族复兴和文明复兴的曙光。船山倘或有知，一定会修改"梦未圆时莫浪猜"的诗句，将其改成"文明复兴我梦圆"……

论船山精神及对中华民族精神的光大与弘扬

　　船山精神是以王夫之名字命名的精神、意志、情操和品格的统称，其中有着船山对历史上中华民族精神的全面总结与继承，有着船山自身精神气质、价值追求和人格操守的汇聚与灌注，同时又对船山之后的中华民族精神发展贡献了诸多精深宏富的内容，从而使得中华民族精神因为船山精神而有了更加激越而深厚的因素，有了更加坚毅而不屈的要义。船山精神对中华民族精神做出了彪炳史册的创造性贡献。继承并光大船山精神对弘扬中华民族精神有着重大的伦理意义和价值。

一、在苦难人生和时代变迁中孕育并发展起来的船山精神

　　船山精神的形成是民族精神与时代精神在船山内心深处的沉淀、觉解与创造性实践的产物，是与船山学术思想的建构性和人格操守的坚挺性密切联系在一起的价值确证。船山精神贯穿于船山风骨嶙峋的人生实践并通过其学术研究表现出来，同时又是其对中国传统学术文化总结并冀望开出新生面的动能，是其"历乎无穷之险阻而皆不丧其所依""泊然于生死存亡而不失其故"之人格操守的精神依托。从精神建构的类型和特质上讲，学者的精神是对学术追求和文明创化的一种价值呈现，是一种于人格中见学术的建构，于学术的建构中见人格操守的德智合一型精神范式。费希特在《论学者的使命》中所指出的，为阐扬真理和提高整个人类道德风尚而献身是一个学者应有的使

命，这种使命要求学者"向一切方面传播一种大丈夫的思想方式，一种对崇高和尊严的强烈感受，一种不怕任何艰险而去完成自己的使命的火般热情"①，并且只要生命存在就义无反顾地"做下去"。学者的生命和命运也许微不足道，但是其精神或对"生命的影响却无限伟大"。

船山生活于中国封建社会后期，各种矛盾叠加、各种问题凸显的明清鼎革之际，这是一个充满血与火、泪与剑的大动荡、大冲突时代，正如吕坤所描述的，"民心如实炮，捻一点而烈焰震天；国势如溃爪，手一动而流液满地。"② 船山自己也在诗歌中形容自己所处的时代是一个"地拆天乖清泪竭"③"天崩地裂不恤汝""风霾蔽天白日昏"④"横风斜雨掠荒丘"⑤ 的时代。"天崩地裂""地拆天乖""风霾蔽天""横风斜雨"等词语描绘了这一时期江山异性、社会变动、战乱纷争、百姓苦楚的时势，其中明末腐朽统治导致阶级矛盾和民族矛盾白热化，农民起义风起云涌，清军入主中原后采取的血腥屠杀及各地抗清斗争的此起彼伏，战火纷飞导致百姓生活的流离困苦，文化传统的被迫中断等都具有"天崩地裂"或"地拆天乖"的意义。

"我生万历四七秋，显皇膏雨方寸留。圣孙龙翔翔桂海，力与天吴争横流。峒烟蛮雨困龙气，我欲从之道阻修。呜呼一歌兮向南哭，草中求活如萎缩。"⑥ 这是船山对自己生平经历和心路历程描述的一首诗歌，深情地道出了船山生活的时代是何等的动荡不安和乱象丛生，也揭示出船山一生怀才不遇、壮志难伸的人生坎坷与不幸。船山生于明万历四十七年，即公元1619年。家族在衡州"以儒名家"，曾祖王雍"以文名著楚南"，祖父王惟敬俨然雅士儒风，"崇志节，尚气谊"，可谓饱学之士。父亲王朝聘"宗濂洛正传""讲性命之学"，然却一反明末热衷空谈心性的学风，独"以真知实践为学"。叔父王

---

① 〔德〕费希特．论学者的使命 人的使命 [M]．梁志学，沈真，译．北京：商务印书馆,1984：44-46.

② 吕坤．去伪斋文集：卷五 [M]// 吕坤．答孙月峰，四库全书本．

③ 王夫之．五十自定稿·长相思二首 [M]// 王夫之．船山全书：第15册．长沙：岳麓书社,1995：320.

④ 王夫之．易得·放杜少陵文文山作七歌 [M]// 王夫之．船山全书：第15册．长沙：岳麓书社,1995：706.

⑤ 王夫之．五十自定稿·初度 [M]// 王夫之．船山全书：第15册．长沙：岳麓书社,1995：315.

⑥ 王夫之．易得·放杜少陵文文山作七歌 [M]// 王夫之．船山全书：第15册．长沙：岳麓书社,1995：705.

廷聘"文笔孤清"，文学造诣颇深，且旨趣高远。船山家族在衡州虽被认为是卿大夫"阀阅"世家，然其先世只"遗薄产顷余"，至船山出生时"薄田不给饘粥""萧然无长物"。虽然家道中落，但船山家人内心存留有对皇室"膏雨"的感念，有一种效忠家国天下的济世情怀。船山的青少年时代正值崇祯帝朱由检执掌朝政，此时，由于以皇室为首的大地主阶级对普通百姓贪得无厌的聚敛和政治上的腐败，致使"内忧外患"频仍，不仅朝廷党争愈演愈烈，而且还先后爆发了李自成、张献忠等农民起义，后金政权不断入关内骚扰，掠夺财物，劫汉人为奴。1644年，李自成率领大顺农民军攻入北京，崇祯帝自缢煤山，明朝灭亡。进驻北京后的李自成农民军贪恋货财，霸占皇室佳丽，并将已经投靠农民军的吴三桂的父亲抓起来拷打，大将刘宗敏更是将吴三桂的爱妾陈圆圆据为己有，致使吴三桂"怒发冲冠"，投靠清军，并与清军联合攻打李自成，迅速颠覆了大顺农民政权。清统治者入关后实行民族征服政策，制造了骇人听闻的"扬州十日""嘉定三屠"等惨案，并在全国发布"薙发令"，"倘有不从，军法从事"，激起汉族群众的强烈不满。明朝的灭亡，清军的入关及其制造的民族征服的惨案，使王船山通过科举考试入朝为官的梦想破灭，他毅然决然地投身于武装抗清的斗争中，并与好友夏汝弼、管嗣裘等人在衡山起兵抗清。抗清失败后，船山投奔南明政权。"圣孙龙翔翔桂海"一句表达了船山对朱由榔在广东肇庆成立的永历政权恢复汉族江山的热切期望，他肯定朱由榔为神宗朱翊钧的"正胤"，属于"圣孙"，其活动具有"龙翔"的意义，桂海是对产桂的两广的又称。船山把投奔永历政权作为实现自己政治上恢复汉族江山的梦想。在"力与天吴争横流"一句中，他把清兵比作《山海经·海外东经》中所说的海神，自己虽然力量微薄，还是要奋力与之抗争，"争横流"表达了他挽狂澜于既倒、还我河山、恢复汉室江山的豪情壮志。在"峒烟蛮雨困龙气"里，他用"峒烟蛮雨"等恶劣的自然环境来比喻永历帝朱由榔所处的内忧外患的困境。"我欲从之道阻修"则揭示了他欲效忠永历政权然而道路险阻又漫长的真实状况。"呜呼一歌兮向南哭"是写他曾有三次奔赴永历帝所在地为其效忠的行程，第一次因淫雨泥泞且家庭连遭变故而未能实现，第二次以布衣参加永历政权工作，亲见亲闻永历政权严重的内部派系斗争和朝中官员的腐败，后因其父亲逝世服表期未满而返归家乡，第三次受其母亲"怛愍废食"影响再度赴肇庆，任行人司行人之职，因弹劾奸臣王化澄遭逮治下狱，后被高一功营救出狱，流亡湘南一带。船山有精卫衔木石以填海的满腔热血，可是永历政权的出仕生涯却让他险些丢了性命，这种"精卫欲填填不得"的遗憾和愤懑，真叫人欲哭无泪。"草中求活如萎缩"一句形象地再现了船山流亡湘南一带艰难困苦的生活。他窜身瑶洞，充瑶民，"崎岖岭表，备尝险阻"，"窜伏祁、永、涟、邵山中，流离困苦"①，"严寒一敝麻衣，一滥袄而已，隔无隔夕之粟"②。"清晨上南坂，芜草深没腰"，"黄茅盖头雪侵领，奋推力尽刚过顶"③，"虽饥寒交迫，生死当前而不变"。避居耶姜山侧时，他居无定所，曾靠教邵阳人罗从义之子罗瑄读书谋食。他流寓常宁、郴州、兴宁山中，或在西源庄或在僧寺授徒，与学生"昼共食蕨，夜共燃藜"④。如此艰难困苦的生活状况，都没能动摇船山反清复明的决心，也无法动摇他对国家民族多灾多难的牵挂与关心。他授徒讲的是《春秋》，宣传的是微言大义，向学生灌输的是复兴民族、振兴华夏的爱国思想。"我欲从之道阻修"，形容了他报国无门的不尽遗憾或救国之梦的圆梦之难，可谓如泣如诉，力透纸背。"草中求活如萎缩"的人生真际告白，呈现出船山生存境况的艰难和困窘。

继"科举梦""政治救亡梦"相继破灭后，船山将自己的理想寄托在中华学术文化的总结与文明的复兴上，把先进汉民族的自取败辱引为沉痛教训，力图通过淹灌经史、反思文化来寻求民族复兴的道路。结束湘南流亡生活后，船山一度迁居衡阳金兰乡高节里，于茱萸塘筑"败叶庐"以居。后为避横议，一段时期暂居湘乡，51岁时归金兰乡故里，新筑草庐"观生居"。57岁迁居石船山下草堂。船山为自己筑的茅屋住所先后以"续梦庵""败叶庐""观生居""湘西草堂"命名，表征自己虽居陋室仍胸怀天下，身无分文却心忧天下的价值理想与人格追求。在搬到"观生居"不久，为其居所自题门联："六经责我开生面，七尺从天乞活埋"，揭橥出船山的学术志向和人生价值追求。如

① 邓显鹤.船山著述目录[M].周发源,刘晓敏,王泽应主编.<船山学刊>百年文选:船山卷史学卷.长沙:岳麓书社,2015:11.

② 王敔初刻.夕堂永日绪论:附识[M]// 王夫之.船山全书:第16册.长沙:岳麓书社,1996:401.

③ 王夫之.五十自定稿·蕨行[M]// 王夫之.船山全书:第15册.长沙:岳麓书社,1995:323.

④ 王敔.姜斋公行述[M]// 王夫之.船山全书:第16册.长沙:岳麓书社,1996:81.

果说"六经责我开生面"是一种学术层面的承前启后与继往开来，含有创新学术并以此来推动华夏文明不断前进的意味的话，那么"七尺从天乞活埋"则彰显了船山孤忠独抱、葬于天地之间的终极价值关怀，烘托出一种为真理和正义而奋不顾身的"殉道"精神。在湘西草堂著书期间，涌动船山心头的是一种"故国余魂常缥渺"的忧国忧民意识，砥砺着船山"残灯绝笔尚峥嵘"的风骨和德操。1691年的深秋，船山自知不久要绝于人世，选定石船山为自己的墓地，并作《船山记》，以船山之顽石自比其人格精神。"船山，山之岑有石如船，顽石也，而以之名……船山者即吾山也，奚为而不可也！无可名之于四远，无可名之于来世，偶然谓之，淡然忘之，老且死，而船山者仍还其顽石。严之濑，司空之谷，林之湖山，天与之清美之风日，地与之丰洁之林泉，人与之流连之追慕，非吾可者，吾不得而似也。吾终于此而已矣。"①夫之自比船山，以船山言其人格操守。船山并不希望自己像东汉的严子陵和北宋的林鹤梅那样，寄身名山大川，以求不朽于后世，而是将自己的人格精神寄望于石船山。生命可以死亡消失，但是精神却自会如同船山之顽石一样长存于天地之间。写完《船山记》后不久，船山自题墓志铭，"抱刘越石之孤愤而命无从致，希张横渠之正学而力不能及。幸全归于兹丘，固衔恤以永世。"②意即他怀抱着像东晋志士刘琨③那样的孤忠，但是命运却没有让他为南明去死。他倾慕北宋关学张载④那样的正学，但是因为自己的学力有限而没有达到。前一句总结船山一生的人生经历和活动，反映的是船山生于荒乱之世，出仕受挫，抗清失败，投奔南明政权，却频遭诬陷，险些送了性命，后来遁迹流亡，无国可报，抱恨林泉以终。后一句揭示他后半生近40年献身学术文化，希望弘扬张横渠那"上承孔孟之志，下救来兹之失"⑤的正学，但是由于

---

① 王夫之.船山记[M]// 王夫之.船山全书：第15册.长沙：岳麓书社,1995：128.

② 王夫之.自题墓志[M]// 王夫之.船山全书：第15册.长沙：岳麓书社,1995：228–229.

③ 刘琨，字越石，晋代爱国志士。刘琨身处"五胡乱华"的晋代，胸怀匡复中原之志，青年时代与好友祖逖"闻鸡起舞""以社稷为重"。在匈奴、鲜卑等外族不断侵扰下，他以"孤立之身，游于豺狼之窟"，与鲜卑族段匹磾相结，企图"报晋之宗社"，后被段匹磾所害。船山对"琨之忠，身死族夷，抱志常埋于荒远"为之"深惜"。

④ 张载，字子厚，因在郿县横渠镇讲学，学者称为"横渠"先生，著有《正蒙》等。船山认为，"张子之学，上承孔孟之志，下救来兹之失，如皎日丽天，无幽不烛"，故认张子之学为"正学"。

⑤ 王夫之.张子正蒙注·序论[M]// 王夫之.船山全书：第12册.长沙：岳麓书社,1992：11.

自己学术功力的欠缺而无法达到这一目标。理想或人生追求不能实现的深刻遗憾，在墓志铭中昭然若揭，意味深长，也将船山精神和盘托出，撼人心魄，使人扼腕长叹，深受启迪！

船山身处内忧外患频仍的明清之际，在立志匡复社稷、复兴明室的梦想破灭后，将全部精力和生命集注于中国传统学术和思想文化的总结和反思，力图以此来探寻华夏文明复兴之路。船山精神熔铸于船山学术研究和思想文化的阐幽探微，及对中华文明别开生面的创造性研究之中，并成为其学术研究和艰苦著书的动力源泉。读船山的诗词文章和著作，发现流淌其中的除了深刻的义理和高远的境界外，更有孜孜不倦的人生追求，无怨无悔的坚定信念，"与命与仁"的品格情操，忠孝节义的家国情怀，利济苍生的天下意识。他的著述和文章，"颈血如泉欲迸出"①，"败叶云中哭杜鹃"②，有一种浸染血泪的精神和"悲而不屈""苦而不堕"的青云之志。船山一生，风骨嶙峋，时代的风涛、民族精神的砥砺、传统文化的涵养，使他培育起了"六经责我开生面"的学术信念，陶铸出一种"壁立万仞，只争一线"的道德人格，发展并成就了一种顶天立地的精神气质。

船山精神是船山在苦难岁月和时代变迁中形成并发展起来的船山人格、信念、操守和学术价值的综合，既受到历史上士大夫精神和儒家学风的深刻陶养，又反映出船山本人对生命价值的认识、对人生意义的感悟、对国家民族苦难与不幸的诸多思考，特别是对华夏文明如何在新的历史条件下"贞下起元"，实现"衰而复兴""阙而复振"的极深研几之智慧。它在船山生活的不同时期均有不同的反映或表现，但始终充满着"变而不失其常"的人生坚守和终极价值关怀，充满着"不因贫穷而怠乎道"的价值坚守和价值自觉。船山通过自己一系列激浊扬清、拨乱反正、正本清源和革故鼎新的创造性研究，"阐邹鲁之宏旨，倡濂洛之精义，明汉唐之古训，扫末学之秕糠"③，旨在光大以孔孟、张载为代表的中华正学，以此来凝聚人心，砥砺精神，复兴源远流长的中华文明。船山精神使得船山能够在极端恶劣的环境下，以超人的

---

① 王夫之.忆得·哀歌示叔侄 [M]// 王夫之.船山全书：第15册.长沙：岳麓书社,1995：705.

② 王夫之.六十自定稿 [M]// 王夫之.船山全书：第15册.长沙：岳麓书社,1995：357.

③ 刘人熙.重刻四书训义序 [M]// 刘人熙.刘人熙集.长沙：湖南人民出版社,2009：312.

毅力，孜孜矻矻，焚膏继晷，从事着中华文明继往开来的创造性工作，推进着中华民族精神不断向前发展。

二、船山精神的价值建构与集中表现

船山精神贯穿于船山的一生，渗透在船山所著的诗文之中，有着对中华民族精神的深刻与系统总结，更有着船山自身对民族精神的独特理解的智慧与践行方式的精神信念，是一种既继承民族精神又弘扬民族精神并在继承弘扬民族精神中不断为其增加新的内容或养料的精神。船山精神是一个由依人建极的人本主义精神、公义为上的爱国主义精神、民为国本的民本主义精神、革故鼎新的求实创新精神、率天载义的敢于担当精神和坚毅赤诚的自强不息精神所组合起来的精神价值体系，彰显着船山忧国忧民的爱国情怀，为民请命的责任担当，坚贞不屈的民族气节，"推故而别致其新"的鼎新精神，是中华民族精神发展史上一座气岸高标的精神丰碑。

（一）依人建极的人本主义精神

王孝鱼认为，"人本主义，固亦为先生之一根本思想"。船山提出并深刻论证了"依人而建极"的理论命题，"依人而建极，即人本主义也。"① 这一命题意味着只有人才能够建构可以趋赴的价值目标和精神家园，只有人才能为世界彰显其意义并确立人自己应当追求的价值目标和伦理原则。在船山看来，人是天地之心，是天地之妙用的承担者和实施者，只有人才能为天地立道建极。"道行于乾坤之全，而其用必以人为依。不依乎人者，人不得而用之，则耳目所穷，功效亦废，其道可知而不必知。圣人之所以依人而建极也。"② 依人而建极，即是说，不应抽象地去讲"天道""物理"，而应以"人"作为出发点来考察天地万物，考察人类在天地中的地位及其活动规律。依人建极，不仅包含了"以人为本"和"以人为主体"的思想因素，而且包含了"人是目的"以及人是动力源泉的思想精华，含有"人为万物之灵""世界因人而有光明"等意义。如果没有人，"行于乾坤之全"的"道"也就失去了价值的根基和依

---

① 王孝鱼 . 船山学谱 [M]. 北京：中华书局 ,2014：145–146.

② 王夫之 . 周易外传：卷一 [M]// 王夫之 . 船山全书：第 1 册 . 长沙：岳麓书社 ,1988：850.

托。进一步说，"道"是"其用必以人为依"的道，是人的主观认知结构所认识和把握的道。人是道德生活的主体、目的和动力，离开了人，道德就成了无所依托和无所借助的不可捉摸的虚幻之物。船山认为，"天地之生人为贵"。"天地之生，以人为始。故其吊灵而聚美，首物以克家，明聪睿哲，流动以入物之藏，而显天地之妙用，人实任之。"①人从自然界中产生出来，自然界就成为人所认识和改造的对象。通过人的实践活动，天下之物才由"自在之物"变成"为我之物"。船山哲学首重"人极"，"立人极"即是立人应当追求的价值目标和伦理原则，亦即弘扬人之所以成为人的因素，使人超越自然的局限而走向真正的与人的内在本质相契合的文明之途，成为真正占有自己本质和实现自己本质的社会动物和文明创化者。"存人道以配天地，保天心以立人极。"②"人道"是人必须遵循的人之所以为人之道，存人道就可以使人获得匹配天地的资质和价值。"人极"是人必须去建构的价值目标和价值图谱，立人极则可以抒写人成为人的伟大史诗。船山的"依人建极"是对儒家人本主义精神的创造性诠释和发展，代表着中国古代人本主义发展的最高水平，并蕴含着近现代人本主义的因素。

（二）公义至上的爱国主义精神

船山是中国古代爱国主义的集大成者，他的爱国主义注重区分一家一姓的"私天下"和中华民族整体利益的"公天下"，并借助"夷夏之辨"深刻揭示了爱中华民族文化对于爱国主义的伦理意义。船山的爱国主义是同爱中华民族整体利益的天下和文明型国家联系在一起的，凸显出"文化中国""品格中国"在国家命运和格局中的独特地位。他提出了"不以一人疑天下，不以天下私一人"的价值观念，认为天下是天下人的天下，天下兴亡匹夫有责。在船山看来，"一姓之兴亡，私也；生民之生死，公也"，生民的生死比"一姓的兴亡"更加重要，更加根本。《尚书》有"民为邦本，本固邦宁"的论断，船山对此深表认同。他不仅提出了"援天观民""即民见天"的论断，而且认为，民意代表天意，反映天意，主张从民心之中看天心，从民意之中看天意。上天立君的目的是为了民，而且君主置吏的目的也是为了民，把民众的生死

---

① 王夫之.周易外传：卷二 [M]// 王夫之.船山全书：第1册.长沙：岳麓书社,1988：882.

② 王夫之.周易外传：卷二 [M]// 王夫之.船山全书：第1册.长沙：岳麓书社,1988：883.

忧乐、贫苦富裕作为衡量君主、官吏功罪的标尺。船山公义至上的爱国主义与其所提出的"三义说"有着直接的联系。他认为义有"一人之正义""一时之大义"和"古今之通义",认为"古今夷夏之通义"是真正的公义,爱国的最好表现就是要爱古今夷夏之通义的天下,做到不以一时废千古,不以一人废天下。在船山看来,以一人之正义,视一时之大义,而一人之正义为私;以一时之大义,视古今之通义,而一时之大义为私。公者为重,私者为轻。①公义集中表现为国家民族的根本利益和生民的生死上。公义比之私义,要具有更大更高的价值合理性,无疑是我们要去维护与捍卫的。他在《黄书》中倡言"奠三维",目的是为了保华夏,挺立华夏民族的道德主体性。他用"畛"这一观念来加以系统论述。所谓"畛"即是区别、界线,亦即人应当意识到人之所以为人的独特规定性,华夏民族也应当意识到本民族的伦理特质和道德精神,千万不能丧失自我的内在本质,使自己沦为禽兽或夷狄。"保其类者为之长,卫其群者为之邱。故圣人先号万姓而示之以独贵,保其所贵,匡其终乱,施于孙子,须于后圣,可禅、可继、可革,而不可使夷类间之。"②只有能够保类卫群的人物才可以为天下君长,圣人也以保类卫群的行为为最有价值的行为。保类卫群说到底是为了华夏民族的整体利益和长远利益。华夏民族所建立的政权形式可以禅让、可以继承,也可以革除,但是绝对不能允许夷类来侵略或侵犯华夏民族的根本利益和长远利益。这是立国安邦的大本大源,亦即古今之通义的根蒂所在。

(三)民为国本的民本主义精神

船山的人本主义与民本主义是相辅相成、相得益彰的。船山指出:"民者,国之本也。"又说:"民者,天下之本也。"③庶民百姓是国家和天下的主人和主体,无论治国还是平天下都要坚持以民为本的立场和价值原则。在船山看来,政治和文化应当建立在以民为本的基础上才能实现它正面的价值。"政者,致民之本也。"④政治就是贯彻落实以民为本并使民真正成为国家和天下

① 王夫之.读通鉴论:卷十四 [M]// 王夫之.船山全书:第10册.长沙:岳麓书社,1988:535.
② 王夫之.黄书 [M]// 王夫之.船山全书:第12册.长沙:岳麓书社,1992:503.
③ 王夫之.四书训义:卷二十五 [M]// 王夫之.船山全书:第7册.长沙:岳麓书社,1990:85,82.
④ 王夫之.四书训义:卷二十五 [M]// 王夫之.船山全书:第7册.长沙:岳麓书社,1990:82.

主人的活动。文化与道德也应当把以民为本作为基本和核心的价值追求。"民本主义"作为一种基本和核心的伦理价值观要求在一切经济、政治和文化及社会活动中确立庶民百姓的价值主体地位，尊重庶民百姓的生存发展权益和人格尊严。船山认为，"天无特立之体，即其神化以为体；'民之视听明威'，皆天之神也。故民心之大同者，理在是，天即在是，而吉凶应之。"①他反对历代"滥于物之天"的天人感应论，坚持认为天心是与民意密切联系在一起的，圣人应当体察民心，统同于民，并把天的内容规定为"人之所同然"的民心或"民心之大同"。尊重民心，体察民意，就要对民之生存发展予以深刻关照和价值关怀，把百姓的生死视为天下的公理。船山肯定"饮食男女之欲，人之大共也""人欲之大公，即天理之至正""人欲之各得，即天理之大同"，主张满足庶民百姓的物质生活欲望，让庶民百姓能过上一种"养老送死无憾"的富庶生活。船山指出："民之所好，民之所恶，矩之所自出也……君子只于天理人情上絜个均平方正之矩，使一国率而由之。则好民之所好，民即有不好者，要非其所不可好也；恶民之所恶，民即有不恶者，要非其所不当恶也……"②这里实质上把民之好恶作为公平正义的标尺，体现了船山对民心、民意的尊重，并饱含着对民生福祉的重视。为了让庶民百姓过上比较平安幸福的生活，船山提出了土地私有、简政放权、轻徭薄赋、与民休息、尊重民意等一系列保护民生、维护民权的主张。船山的民本主义伦理以"天地之大德曰生"和"生民之生死，公也"的价值观念为基本视角，主张尊重民生，体察民意，"因民之所利而利之"，反对人我利益相抗意义上的利己主义或专利主义，提倡共建共享共发展的人我他共利主义或互利主义价值观念，极大地发展了我国古代民本伦理和民生伦理。

（四）革故鼎新的求实创新精神

船山从天下惟器的气化论得出了"天地之德不易，天地之化日新"的观念，认为"今日之风雷非昨日之风雷，是以知今日之日月非昨日之日月也。"③并由"天地之化日新"推出人必须育日新之德而革故鼎新，只有这样才能不

---

①　王夫之.张子正蒙注：卷二 [M]// 王夫之.船山全书：第12册.长沙：岳麓书社,1992：71.

②　王夫之.读四书大全说：卷一 [M]// 王夫之.船山全书：第6册.长沙：岳麓书社,1991：439–440.

③　王夫之.思问录·外篇 [M]// 王夫之.船山全书：第12册.长沙：岳麓书社,1992：434.

负人之使命。船山提出了"趋时而更新""谢故以生新""道莫盛于趋时""德莫贵于日新"等命题，主张在实事求是的基础上吐故纳新，求实创新，以推动时代、社会和历史不断向前发展。"盖道至其极而后可以变通，非富有不能日新。""趋时应变者惟其富有，是以可以日新而不困。"①"万殊"之道以富有而日新之器的产生为前提，人只有充分发挥自己的主体性积极性去格物达变才能"日新不困"。"日新"既是一种人应该有的精神状态，也是一种"盛德"。在船山看来，天地万物都具有"变化日新"的特质，一旦事物停滞不动，就必趋腐败，"守其故物而不能日新，虽其未肖，亦槁而死……故曰日新之谓盛德。"②不但自然界如此，社会历史的发展也是如此。一切典章文物制度及其学术思想都是当时时代的产物，随着时代的发展和社会的变迁，必须而且应当与时偕行，予以新的变革与发展。"就事论法，因其时而酌其宜，即一代而各有张弛，均一事而互有伸诎。"③社会立法的原则和内容必须与时斟酌，根据时代的发展加以改革。人类历史和社会发展的总趋势是"世益降，物益备"，即一代胜过一代，即使是被人们美化为理想社会的远古"三代"，实际上也远不及现今之世。"洪荒无揖让之道，唐虞无吊伐之道，汉唐无今日之道，则今日无他年之道者多矣。"④船山批评了历史退化论，主张历史进化论，倡导不断地趋时更新，革故鼎新，以促进中国历史和文明不断向前发展。

（五）率天载义的敢于担当精神

船山十分崇尚率天载义的担当精神，认为人有人的使命，敢于担当是人之所以为人的价值确证。"天地既命我为人，寸心未死，亦必于饥不可得而食、寒不可得而衣者，留吾意焉。"⑤人之所以异于禽兽的地方大体说来有明伦、察物、居仁、由义四个方面，"四者禽兽之所不得与"。"壁立万仞，只争一线"，每一个人都有义务去弘扬人之所以为人的本质规定性，如果不这样的话，人就很难把自己同动物区别开来。特别是文人士大夫，就更应该敢于担当，弘

---

① 王夫之.张子正蒙注：卷七[M]// 王夫之.船山全书：第12册.长沙：岳麓书社,1992：277,276.

② 王夫之.思问录·外篇[M]// 王夫之.船山全书：第12册.长沙：岳麓书社,1992：434.

③ 王夫之.读通鉴论·叙论[M]// 王夫之.船山全书：第10册.长沙：岳麓书社,1988：1182–1183.

④ 王夫之.周易外传：卷五[M]// 王夫之.船山全书：第1册.长沙：岳麓书社,1988：1028.

⑤ 王夫之.俟解[M]// 王夫之.船山全书：第12册.长沙：岳麓书社,1992：489.

扬"仁以为己任"的士大夫精神。人活在世界上，待人接物，安身立命，自然有许多责任和要求，为了更好地生活并实现自我，就必须不断地认识世界与改造世界，把"自在之物"转变为"为我之物"。士大夫"任重而道远"，因此必须要有宽广的胸怀和坚韧的意志，因为"非弘不能胜其重，非毅无以致其远"，只有宏大刚毅才能胜重任而远到。船山继承并发展了《论语·卫灵公》"当仁不让于师"的观点，力倡"为仁由己"和"前不逊古人，后不俟来者，直任之而已"的精神，认为"一念之妄，知其妄而即可以自去；一念之存，得所存而即可以勿丧。人皆有此心，而心皆有此理，操之而存，欲之而至，惟仁然也。"①船山崇尚"舍我其谁"的道德主体性精神，在《诗广传·大雅》指出："孰有当迷乱之世，上不获君，下不获民，志勿为之茶，皇然念四国之训乎？隆然谋四国之顺乎？谋唯恐其不訏，而不忧其大而不容乎？犹唯恐其不远，而不忧其深而逢忌乎！"②有谁能够在上不遇明君、下不得民望的迷乱之世仍然不失其理想的追求，立志高远，栖栖惶惶地关心天下的教化问题，心无旁骛地谋求天下人的安乐呢？有谁虽然身处卑微之地仍然情不容各地探求国是，而且唯恐探求得不够广大，不在乎这种广大而不见容于世呢？有谁虽然身处草莽仍然义不容止地孜孜探求国家的善治，而且唯恐探求得不够深远，不怕深远而遭人忌恨呢？船山的这一段话，无疑是其担当精神的深情告白，深刻阐释了敢于担当的责任伦理义理，彰显了"位卑未敢忘忧国"的责任伦理精神。这是一种道德主体性的伦理自觉，是一种"舍我其谁"的救世情怀和天职伦理意识。

（六）坚毅赤诚的自强不息精神

船山是自强不息的道德典范，他在极端恶劣的环境下，以超人的毅力和坚韧的精神，从事着中国哲学文化的阐幽探微工作，彰显了一种"君子谋道不谋食""君子忧道不忧贫""朝闻道，夕死可矣"的弘道体道精神。"既素秉清虚之志，以内决于心，固非悠悠纷纷者所知余之所好也……夫人之生，食阴浊以滋形质，而必受清刚之气于天，乃以充其体而善夫形色……所以怀冰

---

① 王夫之.四书训义：卷十九 [M]// 王夫之.船山全书：第7册.长沙：岳麓书社,1990：865.

② 王夫之.诗广传：卷四 [M]// 王夫之.船山全书：第3册.长沙：岳麓书社,1992：467.

自戒，忧此一丝之系九鼎，历于��踬之途，惧不得夫安步也。"①在当时"往径既绝，来宗未卜""欲留则不得干净之土以藏身，欲往则不忍就窃柄之魁以受命"②的情况下，船山决意"保吾正大光明之气，以体白日于丹心""寸心孤往，且以永怀……求仁则坚贞而不怨。"③从"命在天而志在己"④的认识出发，船山强调"神与心协，守其昭质"的伦理价值，认为只有这样才能使"幽栖之志益坚"。晚年船山作《船山记》，以船山之顽石比拟自己人格之追求，穷且益坚，不坠青云之志。船山的顽石形象，独抱之情，实际上是向世人展示出一种气贯亘古的精神！他的儿子王敔在《行状》中这样描写父亲："自潜修以来，启瓮牖，秉孤灯，读十三经，廿一史及朱张遗书，玩索研究，虽饥寒交迫，生死当前而不变，迄于暮年，体羸多病，腕不胜砚，指不胜笔，犹时置楮墨于卧蹋之旁，力疾而纂注。"⑤王船山经千难而不回转，历万死而不悔变，以无法想象的惊人毅力，完成了涉及经史子集、诸子百家的宏大著述，为中华民族留下了800余万字的精神财富，创造了世间生命所未曾有过的精神财富。

此外，船山精神还体现在严谨深刻的批判精神，贵我崇今的务实精神，"均平天下"的共享精神，圣贤豪杰并重的人格精神等方面。它们从不同层面挺立和彰显着船山精神，使船山精神更加精神厚重，成为一个有机关联的精神价值体系。

三、船山精神对民族精神的光大与弘扬

船山精神是在个体生命历程的发展中把个体生命与群体生命有机地结合起来，深度思考并践行着自己所选择、所认可、所坚守的价值规范和伦理操守的精神典范。唐鑑在《国朝学案小识·王夫之传》中指出："先生理究天人，事通今古，探道德性命之原，明得丧兴亡之故，故流连颠沛而不违其仁，险

---

① 王夫之．章灵赋·注 [M]// 王夫之．船山全书：第15册．长沙：岳麓书社,1995：189,191.

② 王夫之．章灵赋·注 [M]// 王夫之．船山全书：第15册．长沙：岳麓书社,1995：189.

③ 王夫之．章灵赋·注 [M]// 王夫之．船山全书：第15册．长沙：岳麓书社,1995：194.

④ 王夫之．章灵赋·注 [M]// 王夫之．船山全书：第15册．长沙：岳麓书社,1995：194.

⑤ 王敔．姜斋公行述 [M]// 王夫之．船山遗书：第1册．北京：中国书店,2016：10–11.

阻艰难而不失其正。穷居四十余年，身足以砺金石，著书三百余卷，言足以名山川。遁迹自甘，立心恒苦。寄怀弥远，见性愈真。奸邪莫之能撄，嶔崎莫之能踬，空乏莫之能穷。先生之道可以奋乎百世矣。"① 船山精神既内化和践行着民族精神，又弘扬和光大着民族精神，从而使得民族精神在不断精深厚重的同时又别开生面，实现着"旧邦新命"式的发展。

船山精神对中华民族精神的光大与弘扬集中体现在以下几个方面。

船山继承并光大了以人为本的中华人文精神。中华人文精神是一种超越以神为本和以物为本的重视人的生存发展权益、尊重人的价值和尊严的人本主义精神。管子提出了"以人为本"的命题，孔子在被告知马棚起火的第一反应是"伤人乎，不问马"，体现了贵人贱畜的价值关怀。荀子有言："水火有气而无生，草木有生而无知，禽兽有知而无义，人有气有生有知亦且有义，故最为天下贵也。"（《荀子·王制》）肯定了人高于无机物、植物和动物的可贵之处。船山对中华人本主义不但有比较全面的继承，更有颇富创新性的发展。他不仅提出了"自然者天地，主持者人，人者天地之心"②"天地之生人为贵"③ 等命题和观点，而且主张发挥人之所以为人的内在潜能和积极性，"贞生死以尽人道"，创造属于人类自己的伦理文明。"二气五行，抟合灵妙，使我为人而异于彼，亦不绝吾有生之情而或同于彼……此君子所以忧勤惕厉而不容已也……明伦、察物、居仁、由义，四者禽兽之所不得与。壁立万仞，只争一线，可弗惧哉！"④ 诚如萧萐父先生所说："王夫之以一定的历史自觉，从哲学上总其成，'学成于聚，新故相资而新其故'，不仅全面扬弃程朱陆王，批判地总结了宋明道学，而且精研易理，熔铸老庄，旁及佛道二教，博取新兴质测之学，特别是按'依人建极'的原则，高度重视人类史观的研究，使朴素唯物辩证法的理论形态发展到顶峰，并落足到天人、理欲等关系问题上的明确的人文主义思想，预示着新的哲学胎儿已躁动于母体而即将问世。"⑤

① 王孝鱼. 船山学谱 [M]. 北京：中华书局,2014：72–73.

② 王夫之. 周易外传：卷二 [M]// 王夫之. 船山全书：第1册. 长沙：岳麓书社,1988：885.

③ 王夫之. 思问录·内篇 [M]// 王夫之. 船山全书：第12册. 长沙：岳麓书社,1992：417.

④ 王夫之. 俟解 [M]// 王夫之. 船山全书：第12册. 长沙：岳麓书社,1992：478，488.

⑤ 萧萐父. 中国哲学启蒙的坎坷道路 [M]// 萧萐父. 王夫之辩证法思想引论. 武汉：湖北人民出版社,1984：11.

　　船山继承并光大了以爱国主义为核心的中华民族精神，从理论上区分了"一姓之兴亡"的朝廷和"生民之生死"的天下，提出了以"古今之通义"为重的"公天下"的价值观念。在船山看来，爱国就是要爱代表中华民族整体利益和长远利益的天下，爱集中表现中华民族精神命脉的"古今之通义"，爱体现公道正义的芸芸众生。辛亥革命时期，章太炎高度评价船山的民族思想和民族气节，强调中华民族的整体利益和根本利益比之一家一姓的私天下要更为重要、更为根本。王船山通过"古今通义"彰显的民族自保自为的凛然大义确有其内在的伦理价值。杨昌济《达化斋日记》1914年6月24日曰："船山一生卓绝之处，在于主张民族主义，以汉族之受制于外来之民族为深耻极痛。此是船山之大节，吾辈所当知也。今者五族一家，船山思维狭义之民族主义不复如前日之重要。然所谓外来民族，如英、法、俄、德、美、日者，其压迫之甚非仅如汉族前日之所经验，故吾辈不得以五族一家，遂无须乎民族主义也。"[1] 杨昌济认为，虽然当今五族已成一家，但是英、法、俄、德、美、日尚在，他们对世界其他民族的压迫较之汉族在历史上受到的压迫更加深重，因此我们不能放弃民族主义而取所谓的世界主义。其实世界主义只是英美日等帝国主义的一种宣说而已，他们是不可能真正实行世界主义的。所以我们"不得不暂舍世界主义而取国家主义"[2]。只有中华民族才具有真正的世界主义情怀，但是世界主义的真正实现也必须依赖健康的民族主义和国家主义才能达成，舍弃了健康的民族主义和国家主义，世界主义只能是一种空想而已。

　　船山继承并光大了自强不息的中华民族精神。中华民族精神之实质和价值核心是《周易》所提出的天地之德的人文化彰显和集结，是效法天地之道的有为君子内在精神和品质的凝聚与弘扬。船山从修己治人的角度探讨并论述了自强不息的精神内涵，强调自强不息是个体修身律己的精神品质。邓显鹤在《船山遗书目录序》中指出："先生生当鼎革，自以先世为明臣，存亡与共。甲申后，崎岖岭表，备尝艰苦。既知事之不可为，乃退而著书，窜伏祁、永、涟、邵山中，流离困苦，一岁数徙其处，最后乃定湘西蒸左之石船山，

---

①　杨昌济.达化斋日记[M]//杨昌济.杨昌济集：一.长沙：湖南教育出版社,2008：512.

②　杨昌济.达化斋日记[M]//杨昌济.杨昌济集：一.长沙：湖南教育出版社,2008：512.

筑观生居以终。故国之戚，生死不忘，其志洁而芳，其言哀以思，百世下尤将闻风兴起，况生同里巷、亲读其书者乎！当是时，海内硕儒，北有容城，西有盩厔，东南则有昆山、余姚，先生刻苦似二曲，贞晦过夏峰，博闻多学，志节皎然，不愧顾黄两先生。"①在邓显鹤看来，船山有着与李颙一样的刻苦治学精神，有着比孙奇逢更加突出的高尚之志与不求闻达的贞洁韬晦，在多闻博学、志节皎然方面丝毫不逊于顾炎武、黄宗羲。曾国藩在《王船山遗书序》中写道：船山"荒山敝榻，终岁孳孳，以求所谓育物之仁、经邦之礼，穷极探论……旷百世不见知而无所悔。"②曾国藩肯定船山在极端艰苦条件下为延续中华民族精神血脉所作的工作，认为他的"穷极探论"充满着一种即使"旷百世不见知"也无怨无悔的学术执着和超越名利的旷达精神。钱基博将湖湘大地上产生的两位思想大师周敦颐与王夫之的学术思想和人格予以比较，指出："周敦颐以乐易恬性和，王夫之以坚贞拄世变；周敦颐探道原以辟理窟，王夫之维人极以安苦学。故闻夫之之风者，顽夫廉，懦夫有立志；闻敦颐之风者，鄙夫宽，薄夫敦也。敦颐，道州人；夫之，衡阳人。湖南人而由此，匪仅以自豪乡曲，当思以绍休前人。"③其中"王夫之以坚贞拄世变""维人极以安苦学"可谓确当之论。

船山继承并光大了革故鼎新的中华民族精神。船山提出了"道莫盛于趋时"和"德莫贵于日新"的理论命题，极大地发展了《大学》"苟日新，日日新，又日新"与"作新民"的思想，主张"推故而别致其新"，赞成和拥护对旧体制予以改革的思想和行为，论述了"事随势迁而法必变"和"参万岁而一成纯"等观点，推进了中华民族的开拓创新精神。钱穆在《中国近三百年学术史》

---

① 周发源,刘晓敏,王泽应主编.船山学刊百年文选：船山史学卷[M].长沙：岳麓书社,2015：11.二曲即李颙，字中孚，号二曲，陕西盩厔人，清廷屡以博学鸿词征召，以绝食坚拒得免。夏峰即孙奇逢，字启泰，号钟元，河北省容城人，晚年讲学于河南辉县夏峰村，世称夏峰先生，因多次拒绝清廷入朝为官的征召，时人尊称其为"征君"。昆山即顾炎武，字忠清、宁人，亦自署蒋山佣，江苏昆山人；南都败后，因为仰慕文天祥学生王炎午的为人，改名炎武，因故居旁有亭林湖，学者尊为亭林先生。余姚即黄宗羲，字太冲，一字德冰，号南雷，别号梨洲老人、梨洲山人等，浙江余姚人，学者称梨洲先生。

② 曾国藩.王船山遗书序[M]//周发源,刘晓敏,王泽应主编.船山学刊百年文选：船山史学卷.长沙：岳麓书社,2015：6.

③ 钱基博.近百年湖南学风[M].北京：中国人民大学出版社,2004：3-4.

中指出："明末诸老，其在江南，究心理学者，浙有梨洲，湘有船山，皆卓然为大家。然梨洲贡献在学案，而自所创获者并不大。船山则理趣甚深，持论甚卓，不徒近三百年所未有，即列之宋明诸儒，其博大闳括，幽微精警，盖无多让。"又说"故论船山学之精神，所长不仅在于显真明体，而尤在理惑与辨用焉。其推现至隐，阐微至显，皆能切中流俗病痛，有豁蒙辟昧之力……船山之博大精深，其思路之邃密，论点之警策，则又掩诸家而上之。"①钱穆的这番评论，肯定了船山在学术思想上的开拓创新，具有"掩诸家而上之"的"独到"之处。船山学术是其"六经责我开生面"精神的价值确证，也是其"革故而别致其新"精神的价值呈现，表征着船山的实事求是、开拓创新和与时俱进精神。

一个伟大人物的思想和精神是一所永远使人、仰慕和需要不断学习的大学，是培育和砥砺后人不断进取、不断完善自身德能人格的大学。普希金认为"罗蒙诺索夫是俄罗斯的第一所大学"，我们也可以说，船山是中国学术文化和民族精神一所好的大学，"一所当之无愧的历史知识和文化思想的大学""一所底蕴异常深厚、内涵无限广大的人文大学。"②船山精神对中国近代诸多思想家、政治家和爱国人士均在不同程度上产生了深远的影响。美国学者裴士锋在《湖南人与现代中国》一书中认为，"王夫之比其他任何人或历史事件更有资格作为现代湖南人性格的原型。在许多人眼中，王夫之是在他们血液里事先植下改革、革命因子的共同先祖。"王夫之是湖南数代"行动主义者的精神导师"。③维新志士谭嗣同对船山先生推崇备至，认为"五百年来学者，真通天人之故者，船山一人而已"，并自称"闻衡阳王子精义之学"，好读《船山遗书》，30岁以前曾作《王志》，"私淑船山也"④，在他著作中引用、阐发或提及船山思想者，不胜其数，并以续衡阳王子之学之绪脉为己任。刘人熙一生服膺夫之学说，尤对其贵我的伦理品质和"独立之精神"的思想观念感兴趣，他说："船山之学，通天人，一事理，而独来独往之精神，足以廉顽而立

①　钱穆.中国近三百年学术史 [M].北京：九州出版社,2011：108–124.

②　王立新.天地大儒王船山 [M].长沙：岳麓书社,2011：246–247.

③　〔美〕裴士锋.湖南人与现代中国 [M].黄中宪,译.北京：社会科学文献出版社,2015：4,223.

④　王夫之.船山全书：第16册 [M].长沙：岳麓书社,1996：712.

懦，是圣门之狂狷、洙泗之津梁也。"①毛泽东思想形成和发展的一个重要精神理论来源即船山思想和精神。毛泽东在湖南第一师范学校读书期间，受其师杨昌济先生的影响，十分倾慕船山先生的思想和精神，多次去船山学社听讲座，并大量阅读船山著作，感念船山精神，从中吸取了智慧和力量。从《讲堂录》中可以看出，青年毛泽东对王船山置民族利益于最高，把中华民族的兴亡看作是"古今之通义"的"三义说"很是推崇，其可贵的爱国之情和民族气节深深影响着毛泽东。王船山提出的"气化日新"的辩证发展观，充满朝气蓬勃、自强不息的奋斗精神，也对毛泽东有较大影响，砥砺并陶铸了毛泽东坚强的意志和自力更生、排除万难的拼搏精神。

船山精神以高远的公天下观念、深刻的民族主义情怀、强烈的革故鼎新意识、高尚的志节和人格操守彪炳于世，对中华民族精神的传承与发展起到了一种继往开来的创化作用，成为中华民族精神发展史上的一座丰碑。继承并光大船山精神，对于我们弘扬以爱国主义为核心的民族精神和以改革创新为核心的时代精神，实现中华民族伟大复兴的中国梦，均具有重要的理论意义和现实价值。

（原载《中州学刊》2017年第4期）

---

① 刘人熙.船山学报叙意 [M]// 刘人熙.刘人熙集 [M].长沙：湖南人民出版社,2009：347.

王夫之人的尊严论及其深远影响

　　王夫之在穷究天人关系并考察人禽之别的基础上建构起了丰富而深刻的人的尊严理论。在王夫之看来，"道行于乾坤之全，而其用必以人为依。不依乎人者，人不得而用之，则耳目所穷，功效亦废，其道可知而不必知。圣人之所以依人而建极也。"①"依人建极"是对自然主义的天本论和物本论的超越，它主张以人来建纲立极，建构一个合乎人之生存发展需要的人文价值世界，按照人的方式和特性来认识世界和改造世界，创造出一种立于人、为了人、依靠人、尊重人的伦理文明。人虽是大自然的产物，但他秉承的是二气之精，五行之粹，故而为万物之灵。人产生之后在作对于天的同时又改造和完善着自己，形成了自己独特的人性、人的本质。"人之异于禽兽，则自性而形，自道而器，极乎广大，尽乎精微，莫非异者"，②人自性而形、自道而器都具有区别于草木禽兽的独特之处，这种独特之处既表现在"极乎广大"方面，也表现在"尽乎精微"方面，彰显出人的价值和尊严。"人之自身而心，自内而外，自体而用，自甘食悦色，以至于五达道、三达德之用，哪一件不异于禽兽。"③人从自然界产生出来以后，人的类特性和主体性就不断得以凝固、强化和发展，人的意识和行为与动物便有了"壁立万仞"的区别。人是有理由为自己的性情、本质和品质感到骄傲的，人也有义务和责任去进一步挺立、拱立和

① 王夫之.周易外传：卷一 [M]// 王夫之.船山全书：第1册.长沙：岳麓书社,1988：850.
② 王夫之.读四书大全说：卷九 [M]// 王夫之.船山全书：第6册.长沙：岳麓书社,1991：1026.
③ 王夫之.读四书大全说：卷九 [M]// 王夫之.船山全书：第6册.长沙：岳麓书社,1991：1023.

发展人之所以为人的独特之处及其价值。这是人的尊严的内在因由和价值证成性要义，需要人在感知、体悟的同时尽全力去拱立与弘扬，借以实现知命、竭命与造命基础上的性命合一。

一、人性尊严：知能合一与类主体性的确证

人性是人的主体性和各种属性的有机统一。如果说人对物质生活的需求和欲望构成人的自然属性，那么人对精神生活的需求和欲望特别是对道德生活的需求和欲望则构成人的社会属性，自然属性是其社会属性的前提和基础，社会属性则是自然属性的提升和社会生活的本质体现。王夫之的人性论从形成和发展上强调继善成性和命日受性日生，从其内容上则强调理欲合性，认为有声色臭味之自然性可以厚生，有仁义礼智之德性可以正德，两方面的有机统一形成完整的人性。人性尊严既侧重于人性建构的价值，也彰显出人性不同于物性或动物性的独特之处，意味着人的人性有值得尊重和珍贵的地方，有它内在的价值和伦理尊严。

王夫之的人禽之辩始于对双方本性的考察，认为人性与动物性虽有一定的关联性，却具有原则性的区别。"人之所以异于禽兽者，其本在性，而其灼然终始不相假借者，则才也。故恻隐、羞恶、恭敬、是非，唯人有之，而禽兽所无也；人之形色足以率其仁义礼智之性者，亦唯人则然，而禽兽不然也。若夫喜怒哀乐爱恶欲之情，虽细察之，人亦自殊于禽兽。"[①]人不同于动物的地方在于各有各的性情。动物只有本能的自然属性，人不仅有源于动物的自然属性，更有不同于动物的社会属性或道德属性。"天以其阴阳五行之气生人，理即寓焉而凝之为性。故有声色臭味以厚其生，有仁义礼智以正其德，莫非理之所宜。声色臭味，顺其道则与仁义礼智不相悖害，合两者而互为体也。"[②]声色臭味之欲是人们的物质生活所必须的，是厚生的必然要求；仁义礼智之理，是人们精神生活所必须的，是正德的必然要求，它们构成健康人性的两个方面或二重性，二者"俱可谓之为性"。一般来说，人们对仁义礼智之理是

---

① 王夫之.读四书大全说：卷十 [M]// 王夫之.船山全书：第6册.长沙：岳麓书社,1991：1072.

② 王夫之.张子正蒙注：卷三 [M]// 王夫之.船山全书：第12册.长沙：岳麓书社,1992：121.

人所独有而禽兽所没有的这一点看得比较清楚；然而对声色臭味之欲以及人之形色和喜怒哀乐爱恶欲之情与动物的区别，则认识得不太清楚。王夫之的人性论坚持认为，不特人的社会属性是人所独有的，即便是人的自然属性以及人之形色和喜怒哀乐爱恶欲之情也与动物有着根本的差别。无论是就人内在的固有的善良本性而言，亦或是就灼然终始不相假借的人之材质而言，还是就人的喜怒哀乐爱恶欲之情而言，人都具有不同于动物的独特之处。这是因为人的材质、情感以及看似同动物相差无几的欲望，都是人所独有的，是人的气质、形体和自然需要的表现与确证，其内在机理、表现方式与实现过程都有其特有的属人性和为人性，所以是禽兽"所必无"的。夫之指出："人之性既异于犬牛之性，人之气亦岂不异于犬牛之气！人所以视听言动之理，非犬牛之所能喻；人视听言动之气，亦岂遂与犬牛同耶！人之甘食悦色，非自陷于禽兽者，则必不下齐于禽兽。乃呼蹴之食，乞人不屑，不屑则亦不甘矣，是即自陷于禽兽者，其气之相取也亦异。况乎即无不屑，而所甘所悦亦自有精粗美恶之分。其所以迥然而为人之甘悦者固理也，然亦岂非气之以类相召者为取舍哉！故曰：形色，天性也。气而后成形，形而后成色，形色且即性，而况气乎！"[1]饥饿是自然的需要，但用粗糙的牙齿撕咬食物和用刀叉筷子进食有本质的不同。人和动物都有种的繁衍的需要，但人的繁衍需要的满足是在爱情和婚姻关系中实现的。马克思在《1844年经济学哲学手稿》中以男女关系为例来说明人的自然欲望不同于动物，指出"在这种自然的类关系中，人对自然的关系直接就是人对人的关系，正像人对人的关系直接就是人对自然的关系，就是他自己的自然的规定。因此，这种关系通过感性的形式，作为一种显而易见的事实，表现出人的本质在何种程度上对人来说成为自然，或者自然在何种程度上成为人具有的人的本质。因此，从这种关系就可以判断人的整个文化教养程度。从这种关系的性质就可以看出，人在何种程度上对自己来说成为并把自身理解为类存在物、人。"[2]人的自然属性与动物的本能欲望有某种相似性，但是人的自然属性同动物的本能欲望还是有本质

---

[1] 王夫之.读四书大全说：卷十 [M]// 王夫之.船山全书：第6册.长沙：岳麓书社,1991：1058.

[2] 马克思.1844年经济学哲学手稿 [M]// 马克思，恩格斯.马克思恩格斯全集：第3卷.北京：人民出版社,2002：296.

差别的，它不可避免地打上了社会生活的烙印，具有社会性，或者说是同社会性密切相关并包含有社会性的自然属性。王夫之清醒地认识到人所具有的自然属性与动物的本能欲望有本质的不同，它是同人的继善活动和人的知能发挥联系在一起的，是人体天恤道和弘扬人的主体性的产物或结晶。"天与人以气，必无无理之气。阳则健，阴则顺也。一阴一阳则道也，错综则变化也。天无无理之气，而人以其才质之善，异于禽兽之但能承其知觉运动之气，尤异于草木之但能承其生长收藏之气。是以即在牿亡之余，能牿亡其已有之良心，而不能牿亡其方受之理气也。"① 人的材质之善异于草木禽兽，在于它能承其知觉运动之气和生长收藏之气，不断彰显人性的要义。人性是对气之理的分享和占有，也意味着在气化流行中践行生生不息的机理和意义。

人性尊严在于人具有自己独特的类特性和主体性。人不仅能够认识自然和人自身，而且能够改造自然和人自身。"夫人者，合知能而载之一心也。故曰'天人之合用'，人合天地之用也。"② 知即人具有的潜在的认识能力，包含了感性认识和理性认识能力；能指人类实践的潜能和改造自然的能力。人类不特具有认识自然和把握规律的能力，而且具有改造自然、把自在之物变成为我之物的能力，实现"善动以化物"的目的。"天下之大用二，知、能是也；而成乎体，则德业相因而一。知者天事也，能者地事也，知能者人事也。"③ 认识与实践是天下两种最主要的效能活动，也是人之所以能够成就德业的内在因由。"知能同功而成德业"④，人凭借自己的知能不仅认识和把握天道，而且能够在把握天道的同时"物物而不物于物"，创造一个人化的自然界。"人受天地之中以生，而不能分秩乎乾坤，则知能顾以相淆，健顺固以相困矣。夫人其有动焉，亦有其入焉，亦有其幽明之察焉，亦有其止焉，亦有其说焉。然而惟能以健归知，以顺归能，知不杂能，能不杂知者，为善用其心之机，善用其性之力，以全体而摩荡之，乃能成乎德业而得天下之理。"⑤ 人从自然界

---

① 王夫之.读四书大全说：卷十 [M]// 王夫之.船山全书：第6册.长沙：岳麓书社,1991：1076.

② 王夫之.周易外传：卷五 [M]// 王夫之.船山全书：第1册.长沙：岳麓书社,1988：984.

③ 王夫之.周易外传：卷五 [M]// 王夫之.船山全书：第1册.长沙：岳麓书社,1988：983.

④ 王夫之.周易外传：卷五 [M]// 王夫之.船山全书：第1册.长沙：岳麓书社,1988：989.

⑤ 王夫之.周易外传：卷五 [M]// 王夫之.船山全书：第1册.长沙：岳麓书社,1988：986.

产生出来，既受自然界的宰制与规约，必须遵从自然规律，但也作用于自然界，以自己的聪明睿智成为混沌世界的开辟者和自然界的主人。自然界既是人类的来源或母亲，又是人所认识和改造的对象。"天地之生，以人为始。故其吊灵而聚美，首物以克家，明聪睿哲，流动以入物之藏，而显天地之妙用，人实任之。人者，天地之心也。"①"人者天地之心"彰显了人之所以为万物之灵的能动性、主体性和自觉性、自为性，这恰恰是人具有内在尊严的理由。世界上没有任何物质可以与人比明聪睿哲，可以像人那样建构一种与自然界的关系。诚如马克思所说："动物和自己的生命活动是直接同一的。动物不把自己同自己的生命活动区别开来。它就是自己的生命活动。人则使自己的生命活动本身变成自己意志的和自己意识的对象。他具有有意识的生命活动。这不是人与之直接融为一体的那种规定性。有意识的生命活动把人同动物的生命活动直接区别开来。正是由于这一点，人才是类存在物。"②诚然，动物也有着自己的生产活动，诸如蜜蜂建筑蜂房的活动使某些建筑师感到惊讶，但是十分蹩脚的建筑师比蜜蜂高明的地方在于他在建筑之前就已经在自己的头脑中把它建好了。"动物只生产自身，而人再生产整个自然界；动物的产品直接属于它的肉体，而人则自由地面对自己的产品。动物只是按照它所属的那个种的尺度和需要来构造，而人懂得按照任何一个种的尺度来进行生产，并且懂得处处都把内在的尺度运用于对象；因此，人也按照美的规律来构造。"③自然界不会主动地满足人的生存需要，人必须通过自身的现实的活动，改变自在的自然，使之与人的生存需要相适应，才能在自然界中生存。因此，人的这种生存活动与动物对自然界的单纯的适应不同，它是一种创造性的活动。正是在改造自然界获取自身生存所必须的物质生活资料的过程中，人使自己的本质对象化于外部世界，在对象世界中展现自己本质的丰富性。"动物不对什么东西发生'关系'，而且根本没有'关系'；对于动物说来，它对他物的

---

① 王夫之.周易外传：卷二 [M]// 王夫之.船山全书：第1册.长沙：岳麓书社,1988：882.

② 马克思.1844年经济学哲学手稿 [M]// 马克思，恩格斯.马克思恩格斯全集：第3卷.北京：人民出版社,2002：273.

③ 马克思.1844年经济学哲学手稿 [M]// 马克思，恩格斯.马克思恩格斯全集：第3卷.北京：人民出版社,2002：273-274.

关系不是作为关系存在的。"① 只有人才自觉自为地建构一种与自然界的关系，自然界不仅成为人认识的对象，也成为人实践和改造的对象。从这里彰显了人的类特性和主体性，也使得作为类存在物的人有了自己的尊严。

人性尊严在于人性内涵的创造性、自为性和自觉性。这种创造性、自为性和自觉性使得人性与天性区别开来。"天无为也，无为而缺，则终缺矣。故吉凶常变，万理悉备，而后自然之德全，以听人之择执。人有为也，有为而求盈，盈而与天争胜。"② 天是自然自在的存在物，它不会也没有目的性的意愿和追求，也不可能有意识地主宰并支配万物，因此天是无为无欲和无意识的。而人则是有意识、有追求和有欲望的，他从自然界产生以后就依靠自己的主观能动性作对于天，能够认识自然规律，把握天道变化，不特创造一个人化的自然界，而且能够创造一个崭新的自我，实现人自己不断的进化和超越。天命自然的必然性并不具有明确的目的性，而是依照其固有的法则运动变化；人是有意识地、有目的的存在物，能够在自然天地所给予的环境和情况中，依据自身需要主动地进行选择。这种选择性体现了人的目的性、自为性和自觉性，也彰显着人的内在价值和尊严。"天地无心而成化，故其于阴阳也，泰然尽用之而无所择：晶耀者极崇，而不忧其浮也；凝结者极卑，而不忧其滞也。"然而人却不同，人能够依据自己的意识和理性对外界予以选择。人"裁成天地而相其化，则必有所择矣。故其于天地也，称其量以取其精，况以降之阴阳乎？""择而肖之，合之而无间，圣人所以贞天地也。是故于天得德，于地得业。"③ 人能发挥天所赋予的人的潜能，不断地取精用弘，取纯用粹，建树一番可以与天地比肩的德业。

人性的伟大和尊严在于人不只是一般地应用天性，而是在于在应用天性的过程中发展起人所特有的人性。天性向人性的转化在于人能应用自己的知能开掘和光大自己的天性，人竭尽知能开掘和光大天性的过程其实就是一个人性的生成过程。天所赋予的人的材质潜能，只有在实际的发挥和使用过程

---

① 马克思, 恩格斯. 德意志意识形态 [M]// 马克思, 恩格斯. 马克思恩格斯文集: 第1卷, 北京: 人民出版社 2009: 533.

② 王夫之. 尚书引义 [M]// 王夫之. 船山全书: 第2册. 长沙: 岳麓书社, 1988: 341.

③ 王夫之. 周易外传: 卷五 [M]// 王夫之. 船山全书: 第1册, 长沙: 岳麓书社, 1988: 1011.

中才能得到更好的长养。从某种意义上说，开掘人的材质潜能是越开采越富有，越使用越多藏。王夫之用"竭"的观念来揭示人性的这一生成。王夫之指出："夫天与之目力，必竭而后明焉；天与之耳力，必竭而后聪焉；天与之心思，必竭而后睿焉。天与之正气，必竭而后强以贞焉。可竭者天也，竭之者人也。"[①]"竭"即尽力发掘和释放人之潜能，是一种集认识和实践于一体的人类主体性活动，体现着人的主观能动性、主体自觉性和价值创造性。"可竭者天也，竭之者人也。人有可竭之成能，故天之所死，犹将生之；天之所愚，犹将哲之；天之所无，犹将有之；天之所乱，犹将治之。裁之于天下，正之于己，虽乱而不与俱流；立之于己，施之于天下，则凶人戢其暴，诈人敛其奸，顽人砭其愚，即欲乱天下而天下犹不乱也。"[②]人可以在改造自然、社会和自我的实践中，发挥重大作用。人的能动性、主体性和有为性，可以在认知和把握天命的必然性、法则性的基础上，利用和改造自然和社会，可以改变人自身，此即是"造命"。"君相可以造命，邺侯之言大矣！进君相而与天争权，异乎古之言俟命者矣。乃唯能造命者，而后可以俟命，能受命者，而后可以造命，推致其极，又岂徒君相为然哉。"[③]"邺侯"即唐代著名政治家李泌，他主张发挥人的能动性，与天争权，认为人的命运之绳掌握在自己手中，每一个人都是自己命运的创造者。惟"造命"，才能"俟命"；只有"知命""造命"，才能真正顺应自然必然性。不仅君相可以"与天争权"，进而"造命"，普通老百姓也可以"造命"。夫之说："修身以俟命，慎动以永命，一介之士，莫不有造焉。"[④]王夫之为普通人民争与君相平等的造命之权，凸显了主体自觉和人作为类主体的价值和尊严。无论是君相还是普通老百姓，要使自身具有造命的能力，就需要加强自己的修养和行为实践，提高自身的能力和道德素质，只有这样才能"造命"。任何人的命运都是操纵在自己手里的，"天固无喜怒，惟循理以畏天，则命在己矣。"[⑤]"命在己矣"说明根本就没有什么天命，

---

① 王夫之.续春秋左氏传博议：卷下 [M]// 王夫之.船山全书：第5册.长沙：岳麓书社,1993：617.
② 王夫之.续春秋左氏传博议：卷下 [M]// 王夫之.船山全书：第5册.长沙：岳麓书社,1993：617–618.
③ 王夫之.读通鉴论：卷二十四 [M]// 王夫之.船山全书：第10册.长沙：岳麓书社,1988：936.
④ 王夫之.读通鉴论：卷二十四 [M]// 王夫之.船山全书：第10册.长沙：岳麓书社,1988：937.
⑤ 王夫之.读通鉴论：卷二十四 [M]// 王夫之.船山全书：第10册.长沙：岳麓书社,1988：937.

人的命运是人自己所选择和造就而成的。为什么人能够知命、俟命、永命和造命？就在于人有自己的类特性和人性，能够凭借自己的这种人性创造出属于人的生活，使人成为自己的主人，这是人性尊严的具体表现。尊重人当以尊重人性为始基，尊重人性是尊重人的内在要求。

二、人道尊严：立人之道与成人之道的价值彰显

人对人道的遵循和信守构成人道尊严。夫之认为人道是人之所以为人的价值准则和伦理合理性，规范并约束着人我己群关系，体现着人对道德价值的认同与对道德原则的崇奉。

人道是从与天道的分别中彰显出自己的属人性和内在尊严的。天道是天之运行的基本规律和法则，它以阴阳交替与和合作为自己的运行规律和法则。故有"立天之道曰阴与阳"之说。太极动而生阳，静而生阴，阴阳和合，万物化生。"阴阳具于太虚缊缊之中，其一阴一阳，或动或静，相与摩荡，乘其时位以著其功能，五行万物之融结流止，飞潜动植，各自成其条理而不妄。"[①]合规律的气化运动之所以可能，就在于"太虚缊缊之中"含有阴阳化分化合的矛盾运动。就宇宙总体说，阴阳二气充满太虚，此外更无他物，"惟两端迭用，遂成对立之象，于是可知所动所静，所聚所散，为虚为实，为清为浊，皆取给于太和缊缊之实体。一之体立，故两之用行。"[②]就万物分殊而言，"一惟阴阳之变合，故物无定情，无定状，相同而必有异。足知阴阳行乎万物之中，乘时以各效，全具一缊缊之体而特微尔。"[③]阴阳不孤行于天地之间，而是"合两端于一体"，进而相摩相荡，化生万物。可见阴阳二气的化分化合、相摩相荡，构成了天道运行的基本规律和存在方式。

人是天道自然的产物，阴阳二气相感相聚而生人物，则物有物之道，人有人之道。"秉太虚和气健顺相涵之实，而合五行之秀以成乎人之秉彝，此人之所以有性也。原于天而顺乎道，凝于形气，而五常百行之理无不可知，无

---

① 王夫之.张子正蒙注：卷一 [M]// 王夫之.船山全书：第12册.长沙：岳麓书社,1992：32.

② 王夫之.张子正蒙注：卷一 [M]// 王夫之.船山全书：第12册.长沙：岳麓书社,1992：32.

③ 王夫之.张子正蒙注：卷一 [M]// 王夫之.船山全书：第12册.长沙：岳麓书社,1992：42.

不可能，于此言之则谓之性。人之有性，涵之于心而感物以通。"①人道是人体察天地健顺之道而形成和发展起来的。"夫道之生天地者，则即天地之体道者是已。故天体道以为行，则健而乾，地体道以为势，则顺而坤。"②人体天地健顺之道发展起人道，立人之道曰仁与义。"在天命之为健顺之气，在人受之为仁义之心。"③仁是不忍人之心和恻隐之心的确证，义则是正当合宜之则和羞恶之心的体现。如果说仁是一种待物有情、待人有爱的心德，那么义就是人必须要走的人之正路。"夫一阴一阳之始，方继乎善，初成乎性。天人授受往来之际，止此生理为之初始，故推善之所自生，而赞其德曰'元'。成性以还，凝命在躬，元德绍而仁之名立。""元者，仁也，善之长也。"④人之仁德是人体察乾元生育万物之德而成，表征出人对天地万物的爱戴以及对生命的珍重。"立人之道，曰仁与义，在人之天道也。由仁义行，以人道率天道也。行仁义，则待天机之动而后行，非能尽乎人之所以异于禽兽者矣。天道不遗于禽兽，而人道则为人之独。"⑤人道之所以不同于施及于禽兽的天道，原因在于它是人类社会生活所独有的道德原则和规范，集结和熔铸着人对自己生活的理解、把握和创造，也是人自己为自己立法的精神确证，既法由己出又依法而行，引领和指导着人按照自己的价值观念和伦理准则来生活，目的是使人更好地成为人并实现人的本质。

人道的确立通过人禽之辨或者说与兽道的分别中显现出来。人不同于动物之处，在于人有自己的人道。"人道者，立人之道，一本之谊，所以异于禽狄者也。盖固尊尊、亲亲而推其礼之所秩，义之所宜，以立大宗之法，然后上治下治之义，虽在百世，皆疏通而曲尽，则人之所以为人者，道毕修矣。"⑥人道，即是立人之道，是人异于禽兽的根本原则，同尊尊、亲亲等仁义道德有着最为密切的关系。"人道，人所以别于禽狄之道也。四者唯人能喻而修之，故生而叙之为伦，殁而为之制服，重、轻、降、杀各有差等，所以立人

---

① 王夫之.张子正蒙注：卷一[M]// 王夫之.船山全书：第12册.长沙：岳麓书社,1992：33.

② 王夫之.周易外传：卷一[M]// 王夫之.船山全书：第1册.长沙：岳麓书社,1988：823.

③ 王夫之.读四书大全说：卷十[M]// 王夫之.船山全书：第6册.长沙：岳麓书社,1991：1076.

④ 王夫之.周易外传：卷一[M]// 王夫之.船山全书：第1册.长沙：岳麓书社,1988：825–826.

⑤ 王夫之.思问录内篇[M]// 王夫之.船山全书：第12册.长沙：岳麓书社,1992：405.

⑥ 王夫之.礼记章句：卷十六[M]// 王夫之.船山全书：第4册.长沙：岳麓书社,1996：828.

道之大也。"①四者是指亲亲、尊尊、长长、男女之别，这是儒家所反复强调的人道之大者也。夫之认为人道是之所以区别于禽兽的本质规定性和基本准则，他说："明伦、察物、居仁、由义、四者禽兽之所不得与。壁立万仞，止争一线，可弗懼哉！"②明伦是指认识和把握人伦，察物是指对事物表象和机理的审视和观察，居仁是指人能够以仁爱作为安宅或以仁为精神家园，由义是指人的行为依凭或根据道义，这四个方面是人的行为所独有的，禽兽不曾拥有而且永远无法拥有的，所以人与禽兽的本质区别在于人有仁义道德，禽兽则无也。夫之云："人之所以异于禽兽，仁而已矣；中国之所以异于夷狄，仁而已矣；君子之所以异于小人，仁而已矣。而禽狄之威明，小人之夜气，仁未尝不存焉；唯其无礼也，故虽有存焉者而不能显，虽有显焉者而无所藏。故子曰：'复礼为仁。'大哉礼乎！天道之所藏而人道之所显。"③仁或仁义是人的本质规定性和人道的集中表现，确证着人成为人并按照人的原则来生活的价值机理。仁是人的安宅或安身立命之所，义是人的正路或成人必由之路。仁义不是外加于人的，而是人的生命、生活所内在的使人成为人的根本基质，是人的精神生命或道德慧命的证成和实现。

从比较精微的意义上探讨人道，还可以把人道区分为立人之道和成人之道。夫之说："人道有两义，必备举而后其可敏政之理著焉。道也，仁也，义也，礼也，此立人之道，人之所当修者……仁也，知也，勇也，此成乎其人之道，而人得斯道以为德者……道者，天与人所同也，天所与立而人必繇之者也。德者，己所有也，天授之人而人用以行也……故达德而亦人道也。以德行道，而所以行之者必一焉，则敏之之事也。"④夫之以"仁义礼"为立人之道，以"知仁勇"为成乎其人之道，将前者视为"人道之当然"，后者为"人道之能然"，彰显了道化于德和以德行道的伦理意义。夫之指出："仁义礼者，总以实指人道之目，言天所立人之道而人所率由之道。"⑤在夫之看来，虽然性

---

① 王夫之.礼记章句：卷十五 [M]// 王夫之.船山全书：第4册.长沙：岳麓书社,1996：796.

② 王夫之.俟解 [M]// 王夫之.船山全书：第12册.长沙：岳麓书社,1992：478–479.

③ 王夫之.礼记章句："序" [M]// 王夫之.船山全书：第4册.长沙：岳麓书社,1996：9.

④ 王夫之.读四书大全说：卷三 [M]// 王夫之.船山全书：第6册.长沙：岳麓书社,1991：518—519.

⑤ 王夫之.读四书大全说：卷三 [M]// 王夫之.船山全书：第6册.长沙：岳麓书社,1991：517.

之仁可由天理自然之爱而见端，性之义可由应事接物时心所不昧之则而察见，但仁义之施，有其等杀之理，必因乎礼度节文以成其用，故夫之曰"仁义之用，必因于礼之体""礼所以贯仁义而生起此仁义之大用也。"①夫之认为"诚者，天之道"实质上说的是"在人之天道"，即是指人性之"仁义礼"而言。"诚之者，人之道也"，则是以"知仁勇"为"性之德"，即天授之人而人用以行道之资，强调人必以此禀赋之才，学以知性，行以尽性，方能以人道合于天道。

无论是立人之道还是成人之道，人道都是确证人之所以为人的伦理基质和根本原则，是人所当立、当守或当行的道德准则和价值目标。人有人道，不仅可以弥补天道的不足，还可以使人更好地成为人并实现人的价值。人道尊严彰显出人的尊严的核心，人之所以值得珍重、之所以高于并优于动物，不正在于他有自己的道德目标和价值追求吗？人如果放弃自己的安宅而不居，舍弃自己的正路而不由，那人也就不是人，那人还有什么尊严和价值呢？他也许比动物还要糟糕，又有什么值得尊重的地方呢？可见，人因为有人道，不仅使人区别于动物，而且也促进着人自身的进化、发展与完善，创造着人类的文明。

三、人格尊严：志气合一与珍生务义的价值凝结

人格尊严是人性尊严的升华，是人的道德主体性的凝结和彰显，意味着人在道德上应当追求、建树和捍卫自己的独立人格，讲求做人的气节、骨气和操守，不能为了五斗米而折腰，不能执着于荣华富贵而忘却乃至放弃人自己应该有的气节和操守。②格者，位格，资格也，人格是人的内在气节德操与外在形象气质等的有机统一。中国传统文化和哲学尤重人格尊严，孔子提出了"三军可夺帅，匹夫不可夺志也"的伦理命题，孟子提出了"富贵不能淫，贫贱不能移，威武不能屈"的大丈夫人格，主张善养吾浩然之气，认为道德人格是人的道德生命的精神确证，是支撑人以德抗位、以德抗势的力量源泉。

---

① 王夫之.读四书大全说 [M]// 王夫之.船山全书：第6册.长沙：岳麓书社,1991：516.
② 王泽应.人的尊严的五重内涵及意义关联 [J].哲学动态,2012(3).

"彼以其富，我以吾仁；彼以其爵，我以吾义，吾何慊乎哉？"①我用仁义道德来对抗他人的财富和爵位，又有什么亏欠或不如别人的呢？仁义道德给予人的支撑力量以及意义拱立、价值认同比之外在的富庶与权势要高很多，而且源源不断、历久弥坚。荀子指出："权力不能倾也，群众不能移也，天下不能荡也，生乎由是，死乎由是，夫是之谓德操。"②德操是人格尊严的价值确证，它所生发出来的力量是巨大的，权力再大也不能使有德操的人的品性屈服，人口再多也不能使有德操的人改变自己的意志，整个天下也不能使有德操的人的信念动摇，活着坚守自己的人格德操，死了也不会予以改变。这就是人格尊严的魅力和震撼力之所在。王夫之继承并发展了中国历史上的人格尊严思想，并结合自己的人生实践予以创造性的发挥，提出了志气合一与珍生务义的人格尊严学说。

人格尊严是高远之志与浩然之气的有机统一。志于道，气集义，志气本质上是道义的合一，体现着人对崇高理想的追求和对道德原则的坚守，彰显出人格尊严的目的追求和信念遵循。"若吾心之虚灵不昧以有所发而善于所往者，志也，固性之所自含也。乃吾身之流动充满以应物而贞胜者，气也，亦何莫非天地之正气而为吾性之变焉合焉者乎？……是故舍气以言理，而不得理。则君子之有志，固以取向于理，而志之所往，欲成其始终条理之大用，则舍气言志，志亦无所得而无所成矣。"③志是道上事，气是义上事，志主道而气主义。"天下固有之理谓之道，吾心所以宰制乎天下者谓之义。道自在天地之间，人且合将去。义则正所以合者也。均自人而言之，则现成之理，因事物而著于心者道也；事之至前，其道隐而不可见，乃以吾心之制，裁度以求道之中者义也。故道者，所以正吾志者也。志于道而以道正其志，则志有所持也。蓋志，初终一揆者也，处乎静以待物。道有一成之则而统乎大，故志可与之相守。若以义持志，则事易而义徙。守一曲之宜，将有为匹夫匹妇之谅者，而其所遗之义多矣。"④道具有原则性、目的性和方向性，所以是志所

① 孟子·公孙丑下.

② 荀子·劝学.

③ 王夫之.读四书大全说：卷八 [M]// 王夫之.船山全书：第6册.长沙：岳麓书社,1991：923.

④ 王夫之.读四书大全说：卷八 [M]// 王夫之.船山全书：第6册.长沙：岳麓书社,1991：929.

要确立的，志于道才能使志向恢弘高远且保持其正确。义则具有合宜性、正当性和具体性，恰恰是气所要涵育和集聚的。集义是养气的内在要求，集义以养气，集到一定程度则可养成浩然正气。气配义，义即生气。"义，日生者也。日生，则一事之义，止了一事之用；必须积集，而后所行之无非义。气亦日生者也，一段气止担当得一事，无以继之则又馁。集义以养之，则义日充，而气因以无衰王之闲隙，然后成其浩然者以无往而不浩然也。"[①]道德人格的培育与挺立既需要立志于道，此可谓立乎其大，又需要集气于义，此可谓把握正当或具体，并实现志与气二者的合一，只有这样才能"致广大而尽精微，极高明而道中庸"，小大结合，精微茂美。

王夫之认为培育人格必须以立志为先。他说："志之则学思从之，故才日益而聪明盛，成乎富有；志之笃，则气从其志，以不倦而日新。"[②]只有志向远大的人才能学思并进，不仅成乎富有，而且能够正大日新，建树不朽的德业。他还指出，意与志是不同的，"意者，乍随物感而起也；志者，事所自立而不可易者也。庸人有意而无志，中人志立而意乱之，君子持其志以慎其意，圣人纯乎志以成德而无意。盖志一而已，意则无定而不可纪。善教人者，示以至善以亟正其志，志正，则意虽不定，可因事以裁成之。"[③]志不同于随物感应的意向或意见，它是人自己事先就确立好了的，而且具有唯一性和终始性，只有纯乎志才能够真正成就德业。他十分强调志向的唯一性和终始性，"人之所为，万变不齐，而志则必一，从无一人而两志者。志于彼又志于此，则不可名为志，而直谓之无志。"[④]真正的志向是始终如一的，要求孜孜不倦的追求和坚守，只有这样才能激励人们在人格上不断发展和完善。夫之鄙视那种胸无大志、朝秦暮楚，只知求食、求匹偶、求安居的无恒小人，认为他们"富而骄，贫而谄，且而秦，暮而楚，缁衣而出，素衣而入，蝇飞蝶惊，如飘风之不终日，暴雨之不终晨。"[⑤]这些"无恒小人""拖沓委顺当世之然而然，不

① 王夫之.读四书大全说：卷八 [M]// 王夫之.船山全书：第6册.长沙：岳麓书社,1991：929-930.
② 王夫之.张子正蒙注：卷五 [M]// 王夫之.船山全书：第12册.长沙：岳麓书社,1992：210.
③ 王夫之.张子正蒙注：卷六 [M]// 王夫之.船山全书：第12册.长沙：岳麓书社,1992：258.
④ 王夫之.俟解 [M]// 王夫之.船山全书：第12册.长沙：岳麓书社,1992：491.
⑤ 王夫之.俟解 [M]// 王夫之.船山全书：第12册.长沙：岳麓书社,1992：468.

然而不然，终日劳而不能度越于禄位田宅妻子之中，数米计薪，日以挫其志气，仰视天而不知其高，俯视地而不知其厚，虽觉如梦，虽视如盲，虽勤动四肢而心不灵。"①在王夫之看来，人生贵在有志和持之以恒，志向高远、意志坚贞的人"如泰山乔岳屹立群峰之表，当世之是非、毁誉、去就、恩怨漠然于己无与，而后俯临乎流俗污世而物莫能撄。"②

人格尊严是"生以载义"和"义以立生"的有机统一。王夫之从"贞生死以尽人道"的价值视角出发，提出"珍生""务义"的伦理价值思想，主张既要珍重和珍惜生命，又要使生命焕发出最耀眼的光芒。在王夫之看来，"天地之大德者生也，珍其德之生者人也。"③人既是天地之中所以治万物的主体，也是天地之中所以用万物的主体；既是物质财富和精神财富的创造者，也是物质财富和精神财富的享受者，具有目的和手段的合一。"圣者人之徒，人者生之徒。既已有是人矣，则不得不珍其生。生者，所以舒天地之气而不病于盈也。"④生命对于人来说是十分宝贵的，人应该懂得珍惜；但是人又不能囿限于此，因为还有比生命更加珍贵的东西，就是道德，即"义"。夫之指出："将贵其生，生非不可贵也；将舍其生，生非不可舍也……生以载义，生可贵，义以立生，生可舍。"⑤"义不当死，则慎以全身，义不可生，则决于致命。"⑥人在生与死的抉择中，应该以"杀身成仁""舍生取义"为最高的价值标准和价值选择。在夫之乃至整个儒家人生哲学中，"珍生"与"务义"是紧密相连的，一方面，人之生命是天地之精华凝聚而成，理所当然应该"珍生"。但是，另一方面，"珍生"绝非贪生怕死，也非恣情纵欲，而应是"义以立生"。当生命与道义发生矛盾的时候，有道德追求的人理应舍生取义，牺牲生命去成全道义，这恰恰是使生命放射出耀眼光芒的义举。因此，人们对待生死，应该高扬起道义的旗帜，以道义来确立生命的价值，以牺牲生命去成全道义，这样才生得有意义，死得有价值。既善待生命，又不回避死亡，真正达到"存

---

① 王夫之.俟解 [M]// 王夫之.船山全书：第12册.长沙：岳麓书社,1992：479.

② 王夫之.俟解 [M]// 王夫之.船山全书：第12册.长沙：岳麓书社,1992：481.

③ 王夫之.周易外传：卷六 [M]// 王夫之.船山全书：第1册.长沙：岳麓书社,1988：1034.

④ 王夫之.周易外传：卷二 [M]// 王夫之.船山全书：第1册.长沙：岳麓书社,1988：869.

⑤ 王夫之.尚书引义·大诰 [M]// 王夫之.船山全书：第2册.长沙：岳麓书社,1988：363.

⑥ 王夫之.张子正蒙注：卷三 [M]// 王夫之.船山全书：第12册.长沙：岳麓书社,1992：139.

顺没宁"的理想境界，从而获得"生"之幸福和"死"之安宁。

四、王夫之人的尊严理论的深刻影响

王夫之人的尊严理论是其人学伦理思想的重要组成部分，体现着王夫之对人、人性、人的本质、人的价值和人的荣光的深刻认识和全面把握，也充满着极深研几、阐幽探微的人生智慧，无疑属于中国人学思想史、伦理思想史上的最强音。王夫之的人的尊严理论涉及天人之辨、人禽之辨、君子小人之辨、华夷之辨和义利之辨诸问题的辨析与论证，彰显出"分言之则辨其异，合体之则会其通"的辩证分析和统合考察，既认识到人的尊严的来源的普适性，又肯定了文明进程中高扬人的尊严的独特意义和价值的必要性。

王夫之人的尊严理论凸显了人的主体性、自为性与自觉性，并把我、自我或自我意识作为尊严的主体和载体，强化了生而为人必须要有的伦理价值追求和对自己负责任的道德观念。在王夫之看来，"以我为己而乃有人，以我为人而乃有物，则亦以我为人而乃有天地。"[1] 我的存在是建构人我、人物、天人关系的始点和基石，人对天地万物的认识是以我的存在和自我意识作为前提的，而且我也是"大公之理所凝"的结晶体。"我者，大公之理所凝也……于居德之体而言无我，则义不立而道迷。"[2] 王夫之猛烈抨击了那种否定自我的无我论，认为这是释老的道德虚无主义，也是"裂天彝而绝人伦"的谬说淫词。"吾既得于天而人道立，斯以统天而首出万物，论其所既受，既在我矣，惟当体之知能为不妄，而知仁勇之性情功效效乎志以为撰，必实有我以受天地万物之归，无我则无所凝矣。"[3] 我不特是我自己生命的主体，而且也是诸种道德关系的建构主体，是受天地万物之馈赠或给予的主体，也担纲着作用天地万物的神圣使命。"二气五行，抟合灵妙，使我为人而异于彼，抑不绝吾有生之情而或同于彼，乃迷其所同而失其所以异，负天地之至仁以自负其生，

---

① 王夫之.周易外传：卷三 [M]// 王夫之.船山全书：第1册.长沙：岳麓书社,1988：905.

② 王夫之.思问录·内篇 [M]// 王夫之.船山全书：第12册.长沙：岳麓书社,1992：418.

③ 王夫之.思问录·内篇 [M]// 王夫之.船山全书：第12册.长沙：岳麓书社,1992：418.

此君子所以忧勤惕厉而不容已也。"①忧勤惕厉内涵着人应当弘扬自己的主体性和能动性，自强不息，奋斗不止，在改造客观世界的同时改造自己的主观世界。王夫之特别强调："天地既命我为人，寸心未死，亦必于饥不可得而食，寒不可得而衣者留吾意焉。"②意即做人有做人的道理，为人有为人的尊严，千万不能仅仅陷入"求食、求匹偶、求安居"的物质生活中不能自拔，必须而且应该弘扬人的精神生命和道德价值，以此立身，使自己区别于草木禽兽。"天地授我以明聪，父母生我以肢体，何者为可以竭精疲神而不可惰？思之思之，尚知所以用吾勤乎！"③

与此相关，王夫之人的尊严理论凸显了道德价值之于人的意义。在王夫之那里，道德原则与道德品质不仅是区分天道与人道、人道与兽道的根本，而且也是区分君子与小人、华夏与夷狄的根本。人的生命之所以可贵，就在于他能够尊道贵德，居仁由义，人性、人道和人格之所以有尊严，也完全在于他以伦理道德作为其主要内容，并通过弘扬伦理道德使其发扬光大。伦理道德是人类精神世界的壮丽日出，不仅确证着人的独特本质，更拓展和提升着人的内在生活。王夫之指出："天下不可一日废者，道也；天下废之，而存之者在我。故君子一日不可废者，学也……一日行之习之，而天地之心，昭垂于一日；一人闻之信之，而人禽之辨，立达于一人……君子自竭其才以尽人道之极致者，唯此为务焉。"④人创造了伦理道德又享受着伦理道德带来的种种效用，并通过尊道贵德、居仁由义的道德生活规范和改造着人的自然属性或动物性，使其成为文明的载体或有机组成部分。

王夫之本人是其人的尊严理论的体悟者、觉解者和践行者。他的一生用其独特的方式确证着人的尊严、拱立着人的尊严，也实现着人的尊严。邓显鹤在《船山遗书目录序》中指出："当是时，海内硕儒，北有容城（孙奇逢），西有盩厔（李颙），东南则有昆山（顾炎武）、余姚（黄宗羲），先生刻苦似二曲（李颙），贞晦过夏峰（孙奇逢），多闻博学，志节皎然，不愧顾、黄两

---

① 王夫之.俟解[M]// 王夫之.船山全书：第12册.长沙：岳麓书社,1992：478.

② 王夫之.俟解[M]// 王夫之.船山全书：第12册.长沙：岳麓书社,1992：488.

③ 王夫之.俟解[M]// 王夫之.船山全书：第12册.长沙：岳麓书社,1992：495.

④ 王夫之.读通鉴论：卷九[M]// 王夫之.船山全书：第10册.长沙：岳麓书社,1988：346.

先生。顾诸君子肥遁自甘，声名益炳；虽隐逸之荐、鸿博之征，皆以死拒，而公卿交口，天子动容，其志易白，其书易行。先生窜身瑶洞，绝迹如间，席棘饴荼，声影不出林莽；门人故旧，又无一有气力者为之推挽。殁后遗书散佚，其子敔始为之收辑，推阐上之督学宜兴潘先生，因缘得上史馆立传儒林。"① 文中提到王夫之"志节皎然""刻苦似二曲，贞晦过夏峰"，他"窜身瑶洞，绝迹如间"，过着"席棘饴荼"的艰苦生活，并在这种状态下从事着中国文化和哲学极深研几、继往开来的工作，其精神、人格不禁令人肃然起敬，而且也影响着后世湖湘学子，激励他们陶铸道德品质，精研学术文章，为弘扬中华道义、传承和光大中华文化做动心忍性的上下求索。郭嵩焘《请以王夫之从祀文庙疏》云："夫之为明举人，笃守程朱，任道甚勇。值明季之乱，隐居著书……生平践履笃实，造次必依礼法，发强刚毅……艰贞之节，纯实之操，一由其读书养气之功，涵养体验，深造自得，动合经权。尤于陆王学术之辨，析之至精，防之至严，卓然一出于正，惟以扶世翼教为心。"② 他不仅盛赞王夫之的学术文章，更为王夫之的人格尊严和气节所感奋，认为王夫之具有"坚贞之节"和"纯实之操"，他的学术"卓然以出于正，惟以扶世翼教为心"，故以王夫之从祀文庙理由充分且正大光明。杨毓麟在《新湖南》一文中也盛赞王夫之的人格与德操，指出"胜国以来，船山王先生以其坚贞刻苦之身，进退宋儒，自立宗主；当时阳明学说遍天下，而湘学独奋然自异焉。"③ 他对王夫之的人的尊严理论有着强烈的认同感，并认为"有特别独立之根性"是其内在的精神精华，值得发扬光大。

杨昌济是王夫之人的尊严理论的热烈拥护者，并结合西方近代人本主义伦理学和自我实现伦理学理论予以阐释。他在《达化斋日记》中写道："船山一生卓绝之处，在于主张民族主义，以汉族之受制于外来之民族为深耻极痛，此是船山之大节，吾辈所当知也。"④ 船山关于人的尊严理论十分强调个人的独

---

① 邓显鹤.船山遗书目录序 [M]// 王之春，汪茂和点校.王夫之年谱.北京：中华书局,1989：177–178.

② 郭嵩焘.请以王夫之从祀文庙疏 [M]// 郭嵩焘.郭嵩焘奏稿.长沙：岳麓书社,1983：352.

③ 杨毓麟.新湖南 [M]// 杨敏麟.杨毓麟集.长沙：岳麓书社,2008：32–33.

④ 杨昌济.日记 [M]// 杨昌济.杨昌济集：一.长沙：岳麓书社,2008：512.

立性，有着强烈的贵我论色彩，这是极其宝贵的伦理建树。"王船山谓豪杰而不圣贤者有之矣，未有圣贤而不豪杰者也。《论语》中如此等语言，可以见圣人之精神矣。道德教育，在于锻炼意志。人有强固之意志，始能实现高尚之理想，养成善良之习惯，造就纯正之品性。意志之强者，对于己身，则能抑制情欲之横恣；对于社会，则能抵抗权势之压迫。道德者，克己之连续。人生者，不断之竞争。有不可夺之志，则为无不成矣。"① 又说："王船山曰：'唯我为子故尽孝，唯我为臣故尽忠。忠孝非以奉君亲，而但自践其身心之则。'船山重个人之独立如此。"② 夫之所说的"自践其身心之则"，其实就是儒家对道德主体性的重视，杨昌济对夫之伦理学的特点以近代"个人之独立"做出诠释，并认为"吾国伦理学说，最重个人之独立"。杨昌济还将王夫之的"我者德之主，性情之所持也"的观点理解为"船山亦主张人本主义者也"，并认为"近世伦理学家言自我实现说，与船山之论暗合。"③

刘人熙一生服膺夫之学说，尤对其贵我的伦理品质和"独立之精神"的思想观念感兴趣。他说："船山之学，通天人，一事理，而独来独往之精神，足以廉顽而立懦。"④ 章士钊在《王船山史说申义》的最后说："船山之史说，宏论精义，可以振起吾国之国魂者极多。故发愿申说，以告世之不善读船山之书、深掌船山之意者。"⑤ 侯外庐在《船山学案》"自序"中指出："王船山先生不但是明清之际的第一位哲学家，而且是中国思想史上一位伟大的哲学家，由他自负的话'六经责我开生面'一语看来，便知道他的独立自得之学识了……他在湖南瑶洞里著作有那样大的成就，我们不能不钦服他可以和西欧哲学家费尔巴哈并辉千秋，他使用颇丰富的形式语言成立他的学说体系，我们又不能不说他可以和德国近世的理性派东西比美。"⑥ 夫之的人性理论特别是他的理欲合性说与继善成性说无疑属于人性论中的近代命题，体现出近代人文主义的精神自觉，具有深刻的伦理启蒙意义。

① 杨昌济. 论语类钞 [M]// 杨昌济. 杨昌济集：一. 长沙：岳麓书社,2008：252.
② 杨昌济. 论语类钞 [M]// 杨昌济. 杨昌济集：一. 长沙：岳麓书社,2008：253.
③ 杨昌济. 论语类钞 [M]// 杨昌济. 杨昌济集：一. 长沙：岳麓书社,2008：266–267.
④ 刘人熙. 船山学报叙意 [M]// 王夫之. 船山全书：第16册. 长沙：岳麓书社,1996：874.
⑤ 章士钊. 王船山史说申义 [M]// 王夫之. 船山全书：第16册. 长沙：岳麓书社,1996：827.
⑥ 侯外庐. 船山学案 [M]. 长沙：岳麓书社,1982：1–5.

　　王夫之人的尊严理论以人性尊严为始基，以人道尊严为重点，以人格尊严为旨归，强调"存人道以配天地，保天心以立人极"[①]，在尊重天道自然的同时凸显出"依人建极"的人本主义色彩，并对人的身心形神予以人文性的关照，理欲合性，珍生务义，形成一种价值整合与价值导向辩证统一的尊严理论。人的尊严既含有为已成的人性、人的本质和品德而充满敬意，更含有基于已然去成就人之所以为人的应然和未然等要义。诚如人的命性关系一样，命日受，性日生，日生则日成也。所以人的尊严的形成也不是"一受成硎"而不可更改的，同样也是一个继善成性的过程，是一个修道不已、行德不息的过程。这种人的尊严论可以说是对人性、人道、人格及人的价值的全面系统把握和深刻论证，显示出身心合一、理欲合一、义利合一、性命合一的独特智慧，无疑是中国人学伦理思想史乃至人类伦理思想史上高明、广大、深厚、悠久的精神财富，值得我们好好开掘并在实践中努力践行和证成。

（原载《船山学刊》2015年第3期）

---

① 王夫之.周易外传·复[M]// 王夫之.船山全书：第1册.长沙：岳麓书社,1988：883.

王夫之义利思想的特点和意义

王夫之的义利思想究竟是重义轻利抑或是义利并重、义利统一？是传统义利思想的总结抑或是近代义利思想的奠基？这是需要深入探讨的重大理论问题。从整体上看，王夫之的义利思想同其哲学思想一样，具有承前启后、继往开来的性质，体现了"综合创新"的特点。一方面他"坐集千古之智"，出入于中国历史上的各家各派的义利学说，对其理论成果予以系统的总结，可谓传统义利思想的集大成者；另一方面他又以"六经责我开生面"的精神对传统义利思想做"暴其恃而见其瑕"的工作，在继承的基础上予以批判性的超越，创造性地提出并建构了"新故相资而新其故"的义利思想，包含着不少与近现代义利学说相契合的活性因素。

一、义利概念的梳理与类型化区分

义利之辨是中国伦理文化史上贯穿始终的伦理价值问题，各家各派均对此做出了自己的思考，形成了中国伦理文化史上一道独特的景观。儒家更以义利学说为"儒者第一义"。王夫之也非常重视义利问题，甚至认为"义利之辨"是制约华夏夷狄之辨和君子小人之辨的根本，是伦理价值观的核心。"天下之大防二，而其归一也，一者何也？义利之分也。"[①]华夷之辨与君子小人

---

① 王夫之.读通鉴论：卷十四 [M]// 王夫之.船山全书：第10册.长沙：岳麓书社,1988：502.

之辨的要旨均在于价值追求的不同，本质是义利取向的差别。基于此种认识，王夫之承继了义利之辨的传统，认为伦理价值观的确立离不开义利之辨，社会人心的安顿需要义利之辨，如果不对义利概念和义利关系做出必要的梳理与论证，就很难提出真正有意义的伦理价值学说。

与传统义利学说一般性地界说义利概念有别，王夫之对义利概念做出了不同含义与层次的区分，提出了"义"有一人之正义、一时之大义和古今之通义的不同层次或类型，利也有非道德、合道德和反道德的不同指向和意义，从而大大发展了古代的义利之辨，彰显出了某种类似于现代西方元伦理学分析道德概念的意蕴。

首先，他对"义"范畴做出了既源于传统又超越传统的深入系统的分析研究，在将"义"一般性地界定为"立人之道"的基础上，认为作为人们立身处世、待人接物的价值目标和行为准则的"义"，可以区分为三个不同的层次，即"一人之正义""一时之大义"和"古今之通义"，这三个层次因其适用的范围、时空的限制有轻重的差异、公私的区别，"以一人之义，视一时之大义，而一人之义私矣；以一时之义，视古今之通义，而一时之义私矣。公者重，私者轻，权衡之所自定也。"①在王夫之看来，义的三个层次在一定的历史条件下可能是统一的，统一的前提必须是使一人之正义既能反映一时之大义，也能合乎古今之通义。统一是极为理想的状态，也是人们应当努力为之奋斗或追求的。当这三者发生矛盾的时候，就应当坚持"古今之通义"的价值取向，"不可以一时废千古，不可以一人废天下"。这就是说，无论是一人之正义，还是一时之大义，都必须服从于古今之通义。否则，"执其一义以求伸，其义虽伸，而非万事不易之公理，是非愈严，而义愈病。"②王夫之以君臣关系和国家民族关系来对义的这三个层次加以说明，认为"事是君而为是君死，食焉不避其难，义之正也。"一时之大义则比一般的事君境界要高，它要求臣子所忠于的君主应该是天下所共奉的君主，"非天下共奉以宜为主者也，则一人之私也"。"君非天下之君，一时之人心不属焉，则义徙矣；此一人之

---

① 王夫之.读通鉴论：卷十四 [M]// 王夫之.船山全书：第10册.长沙：岳麓书社,1988：535.

② 王夫之.读通鉴论：卷十四 [M]// 王夫之.船山全书：第10册.长沙：岳麓书社,1988：535.

义，不可废天下之公也。"① 即使所事者是天下所共奉之君，也还有比君臣之义
更高的大义所在，这就是夷夏之辨，"而夷夏者，义之尤严者也"。因此，对
于不能保卫中夏、社稷的昏暗之君，决不应当无条件地服从，而应当坚决反
对，此所谓"不以一时之君臣，废古今夷夏之通义也。"② 古今之通义也就是
国家民族之大义，它高于并优于君臣之义。他说："为先君争嗣子之废兴，义
也；为中国争人禽之存去，亦义也；两者以义相衡而并行不悖。如其不可两
全矣，则先君之义犹私也。中国之义，人禽之界，天下古今之公义也。不以
私害公，不以小害大。"③ 王夫之还把古今之通义与"生民之生死"联系起来，
肯定"生民之生死"为"公"，而"一姓之兴亡"为"私"，强调循公废私，
显示出了走向近代义利观的启蒙意义。

其次，王夫之对利也做出了全面系统的界说。从最一般的意义上，他把
"利"解释为"生人之用"，认为利是指能够满足人们物质生活需要的财富与
功利。人如果没有物质利益以满足自己生理的各种需要，他就不能生存下去；
离开了物质利益，就要陷入危险或自我灭亡的境地。所以说"出利入害，人
用不生。"④ 在王夫之看来，自然界的一切有生命的事物，无不"各安其本然之
性情以自利"⑤，即无不具有趋利避害和自爱自保的功能。人也一样，"人则未
有不自谋其生者也。"⑥ 为什么呢？道理很简单，人也与自然界的一切生物一
样，需要生存，要生存就必须按其"本然之性情以自利"。"各安其本然之性
情以自利"虽然是合理的，但在伦理道德上却属于不善不恶的范畴，既说不
上什么善，也说不上什么恶，它是属于现代伦理学所讲的"非道德意义上的
善"。利，一旦从"安其本然之性情"的视阈进入到现实人我己群关系的领
域，就会产生善恶两种不同的结果。从道德评价的意义上，王夫之提出了两
种"利"的概念，一种是"益物而和义"意义上的"利"，另一种则是"滞于

① 王夫之 . 读通鉴论：卷十四 [M]// 王夫之 . 船山全书：第10册 . 长沙：岳麓书社 ,1988：536.
② 王夫之 . 读通鉴论：卷十四 [M]// 王夫之 . 船山全书：第10册 . 长沙：岳麓书社 ,1988：536.
③ 王夫之 . 读通鉴论：卷十五 [M]// 王夫之 . 船山全书：第10册 . 长沙：岳麓书社 ,1988：589.
④ 王夫之 . 尚书引义：卷二 [M]// 王夫之 . 船山全书：第2册 . 长沙：岳麓书社 ,1988：277.
⑤ 王夫之 . 周易内传：卷一 [M]// 王夫之 . 船山全书：第1册 . 长沙：岳麓书社 ,1988：69.
⑥ 王夫之 . 读通鉴论：卷十九 [M]// 王夫之 . 船山全书：第10册 . 长沙：岳麓书社 ,1988：710.

形质，则攻取相役，而或成于惨害，于是而有不正者焉"①意义上的"利"。前者为善，后者则为恶。"益物而和义"意义上的"利"，是一种与人民大众的福祉相一致且能够促进人民大众福祉实现意义上的"利"，也是国家人民之公利。乾道之利即具有此种性质，王夫之指出："乾之始万物者，各以其应得之正，静动生杀，成恻隐初兴、达情通志之一几所含之条理，随物而益之，使物各安其本然之性情以自利；非待既始之余，求通求利，而惟恐不正，以有所择而后利。此其所以为大也。"②乾利是一种利天下万物，使万物各得其益，人类各得其利的美利，它既是起点意义上的纯正原初之利，又是施与意义上的利天下群类之利，还是不言所利的无往不利。这种利的本质是"义之和"，即它祥和而无害，使天地万物达到一种最均衡适宜的和合。这种利既化生催育万物，又使万物循其自身的特质生长发育，含有大公无私的精神品格。"滞于形质"而"攻取相役"意义上的"利"则是一种惟利是图的个人私利，这种个人私利是一种置天下大义和国家人民利益于不顾的自私自利之利，其本质是损人利己和损公肥私。对利的类型化区分与论证，比之笼统地重利或轻利具有更加合理而科学的因素。

义利概念的梳理和界定，为探讨义利关系提供了认识的基础，也为义利取向的合理化论说提供了价值的依傍。因为，一般地说有什么样的义利概念，就会有什么样的义利关系；有什么样的义利概念和义利关系，就必然有与之相适应的义利取向。

二、义利关系的辩证界说

义利关系是一个十分重要而又非常复杂的伦理学问题，义利含义的不同必然会有不同的关系架构。有些义利关系是统一的，譬如古今之通义与益物合义之利的关系，有些义利关系则是矛盾的，譬如古今之通义与个人私利之间的关系，有些则是既对立又统一的，譬如一人之正义与"各安其本然之性情以自利"之间的关系，如此等等，因此需要具体分析和类型化处理。在《尚

① 王夫之.周易内传：卷一[M]// 王夫之.船山全书：第1册.长沙：岳麓书社,1988：75.
② 王夫之.周易内传：卷一[M]// 王夫之.船山全书：第1册.长沙：岳麓书社,1988：69.

书引义》"禹贡"篇中，王夫之对义利关系架构的复杂性有一段颇为清醒而又深刻的论述："立人之道曰义，生人之用曰利。出义入利，人道不立；出利入害，人用不生。智者知此者也，智如禹而亦知此者也。呜呼！义利之际，其为别也大；利害之际，其相因也微。夫孰知义之必利，而利之非可以利者乎？夫孰知利之必害，而害之不足以害者乎？诚知之也，而可不谓大智乎！"①义利同为人类所需要，但是义利关系常常又同利害关系纠缠在一起，有谁真正知道道义必然带来功利，而功利又不一定真正带来功利呢？又有谁真正知道功利必然带来祸害，而祸害又不一定对人造成祸害，反倒对人有利呢？在这种认识的基础上，王夫之对义利关系做出了"辨同异"的论证，既比较深刻地论述了义利之间的内在一致性和相互联系，又对其可能出现的矛盾与冲突做出了令人信服的阐释，揭示了义利之间的辩证关系。

论证"义之必利"以阐说义与利的内在联系。王夫之从动机与效果的关系并结合利害关系来探讨义利之间的关系，提出了"义之必利"和"离义而不得有利"的命题，认为只有讲求"义"才能带来真正的"利"。背离了"义"就不会有真正的"利"，而只会导向"害"。"出乎义而入乎害，而两者之外无有利也。《易》曰：利物和义。义足以用，则利足以和。和也者合也，言离义而不得有利也。"②不讲道义或者说违背人民群众的根本利益去求取什么个人利益，就不可能得到什么利益，相反只能带来祸害。义利关系充满着动态的复杂性，求利的动机不一定能达到实现功利的效果，只有以道义作为行为的准则和价值目标，才能够带来和实现无害意义上的功利。效果意义上的功利的获得不能建立在求利的动机的基础上，如果一开始就以功利作为动机和价值目标，那就很有可能带来祸害而不是功利。他在评说孟子见梁惠王时说："儒者之道，进之可以成王业，退之亦以保其国家，惟择于义利名实之间而已。义非以为利计也，而利原义之所必得；义非徒以其名也，而名为实之所自生。所以君子心有必正者，言有必慎。"③王夫之特别强调国家要以义为利，要懂得义可以生利的辩证法。他批评盲目求利的小人，"利于一事则他之不

---

① 王夫之 . 尚书引义：卷二 [M]// 王夫之 . 船山全书：第2册 . 长沙：岳麓书社,1988：277.

② 王夫之 . 尚书引义：卷二 [M]// 王夫之 . 船山全书：第2册 . 长沙：岳麓书社,1988：277.

③ 王夫之 . 四书训义：卷二十五 [M]// 王夫之 . 船山全书：第8册 . 长沙：岳麓书社,1990：27.

利者多矣"，"利于一时则后之不利者多矣，利于一己而天下之不利于己者至矣。"①所以要从全局的、长远的目光去看待义与利的关系，掌握好事物的度量分界。王夫之特别指出统治阶级要以养民为义，而不可"屑屑然求财货之私己以为利"，不以功利而是以道义作为价值目标和内在动机，不仅可以纯化人的道德动机，净化社会风气，而且可以收获真正意义的功利，实现利国利民，"义者，正以利所行者也，事得其宜，则推之天下而可行，何不利之有哉？"②这就是"仁义未尝不利"的个中奥秘。

肯定"义者，利之合也"以揭橥义的功利效用。王夫之批判了董仲舒和程朱理学割裂义利关系的错误，指出宋儒用董仲舒"正其义不谋其利，明其道不计其功"来注释《孟子》，"失之远矣"，肯定每一个人追求正当个人利益的合理性，认为道义的功用和价值就在于保护和满足正当的个人利益。人类之所以需要道义，不是为了"害"，而是为了"利"。人与自然界的一切生物一样，"无不各安其本然之性情以自利"③，追求个人利益是人生存发展的内在需要，具有本然之性情的意义和特点。道义就是为了保护人们正当的个人利益，使其获得比较理想的实现。从表面来看，"义之与利，其途相反"，但从实质上来看，义之与利，"则故合也"。道义从根源和它的发展归宿上讲，它并不是反功利的，而恰恰是维护功利并能促进功利的最大限度实现的。凡是有利于增进人民的福祉和利益的行为，必定是合乎道义的行为。"所谓义者，唯推而广之，通人己、大小、常变以酌其所宜，然则于事无不安，情无不顺。"④义是利益关系的调节、宰制与规约，其目的旨在建立良善的利益关系，确保各种正当利益的最大实现，使整个社会生活有序运行，人们安居乐业。因此，"义者，利之合也。知义者，知合而已矣。"⑤道义不仅内涵了人们的正当利益，而且还是人们正当利益实现的保证和必要条件，谋求个人利益只能在道义原则的指导下来进行才能真正有所得到和实现，否则就会走向它的反

①　王夫之.四书训义：卷八 [M]// 王夫之.船山全书：第7册.长沙：岳麓书社,1990：382.

②　王夫之.四书训义：卷八 [M]// 王夫之.船山全书：第7册.长沙：岳麓书社,1990：382.

③　王夫之.周易内传：卷一 [M]// 王夫之.船山全书：第1册.长沙：岳麓书社,1988：69.

④　王夫之.四书训义：卷八 [M]// 王夫之.船山全书：第7册.长沙：岳麓书社,1990：382.

⑤　王夫之.春秋家说：卷下 [M]// 王夫之.船山全书：第5册.长沙：岳麓书社,1993：268.

面。王夫之的这种观点含有在利益的协调与结合的层面来强调道义的功利性因素，把道义拉回到现实的利益世界，解决了宋明儒家将道义与功利对立起来的"二律背反"或道德圣化问题，使道义真正建筑在世俗世界的基础之上，昭示了通向近现代义利观的伦理价值因素。

意识到"利者，非之门"即对"利"的非道德性做出深刻的剖析。王夫之批判了管子学派的"利以生义论"和明末李贽等人的"私利即公义论"，强调并不是所有的利即是义，并不是任何义都带来利，义利关系存在着矛盾或冲突的一面，我们应当在二者冲突的情境下以义制利，为义舍利。他反对"诸侯之门而仁义存焉"的虚伪，反对"衣食足而后廉耻兴，财物阜而后礼乐作"的观点，认为这是"执末以求其本"①，是管仲、商鞅不愿推行仁义的托辞。"衣食足而知荣辱"，那么衣食不足就可以不知荣辱。如此说来，上古之世衣食严重不足，礼义廉耻就没有产生和发展的条件，人类的荣辱观念又怎么产生？社会又如何逐渐进步？如果人类必须"待其足而后有廉耻，待其阜而后有礼乐"，而"足"与"阜"又与其欲望相关，欲望的满足具有它的不确定性，"天地之大，山海之富"，也难以满足其欲壑，那么礼义廉耻就永远无法产生。在王夫之看来，道义有它的非功利性和超功利性，真正有道德的人即便生活清苦也不会停止其对道义的追求和向往。孟子看到了"无恒产而有恒心惟士为能"的现象，说明知识分子完全有可能在物质利益贫乏的情况下创造精神财富，他们在极端艰苦的环境中亦能执着地追求道义。其实，贫而有义的除知识分子外，还有相当多的农家子弟，他们虽然在物质生活方面处于极度贫穷的状态，却能够在贫穷的状态下孜孜不倦地追求道义，所谓"家贫出孝子"是也。当然，社会生活中有一部分好利之人，常常以物质利益的匮乏来作为不能讲道义的理由，其实对于他们来说，衣食足的标准可以说根本就不存在。因此只能依廉耻礼乐之情来节制他们，使他们也能在利益的追求中勉力依循道义的要求而为。国家对庶民的求利行为要"以廉耻之心裕之，以礼乐之情调之"，并"以廉耻礼乐之情为生物、理财之本"②，只有这样才能实现天下有道的局面。如果一味地强调"衣食足而后教化可兴"，把物质利益的满足当作讲

① 王夫之．诗广传：卷三 [M]// 王夫之．船山全书：第3册．长沙：岳麓书社，1992：394.

② 王夫之．诗广传：卷三 [M]// 王夫之．船山全书：第3册．长沙：岳麓书社，1992：394.

道德的唯一条件，那么不仅否认了在生活苦难时的道德教育，而且还会造成"偷一时之利而召无穷之乱"①的灾难性后果。基于此种认识，王夫之强调"政有本末备足之具，而后国有与立，而为之则有次序在。审乎缓急而图之于其本，此王道所以异于富强之术也。"②应当把富强之术纳入道义的指导与规约之下，千万不能将富强上升为治国之本的高度，一味地为富强而富强。这种认识包含有现代经济伦理的因素，强调了道德对经济和政治的引导规范作用。

　　发见"义"的非功利性而推崇"舍生取义"。在王夫之看来，道义除了有与功利相贯通的一面，也有其超功利的一面。"以利为恩者，见利而无不可为。故子之能孝者，必其不以亲之田庐为恩者也；臣之能忠者，必其不以君之爵禄为恩者也；友之能信者，必其不以友之车裘为恩者也。怀利以孝于亲、忠于君、信于友，利尽而去之若驰，利在他人，则弃君亲、背然诺，不旋踵矣，此必然之券也。故慈父不以利畜其子，明君不以利饵其臣，贞士不以利结其友。"③真正的道义并不是以功利的追求作为目的或者以功利作为手段的，如果不能从动机和价值目标上确立道义的精神追求，一旦许诺利便或沾染上功利的习性，就会使道义大受损伤。王夫之将道德上的是非与义利联系起来，认为"是与非原无定形，而其大别也，则在义利。义者，是之主；利者，非之门也。义不系于物之重轻，而在心之安否。名可安焉，实可安焉，义协于心，而成乎天下之至是。若见物而不见义，以天下所以汙君子者，而断然去之久矣。义利之辨，莫切于取舍辞受，推之于进退存亡，亦此而已。"④王夫之认为，在历史的某些阶段和社会生活的某些时期，肯定存在道义与功利的二律背反，会出现"利而不义"和"义而不利"的现象，在这样的社会环境和历史条件下，真正的仁人志士只会义无反顾地选择道义，哪怕牺牲生命也在所不惜。他发展了孔孟儒家杀身成仁、舍生取义的思想，强调指出："将贵其生，生非不可贵也；将舍其生，生非不可舍也……生以载义，生可贵；义以

————————

① 王夫之.四书训义：卷十六 [M]// 王夫之.船山全书：第7册.长沙：岳麓书社,1990：696.

② 王夫之.四书训义：卷十六 [M]// 王夫之.船山全书：第7册.长沙：岳麓书社,1990：695.

③ 王夫之.读通鉴论：卷二十 [M]// 王夫之.船山全书：第10册.长沙：岳麓书社,1988：786.

④ 王夫之.四书训义：卷二十八 [M]// 王夫之.船山全书：第8册.长沙：岳麓书社,1990：249-250.

立生，生可舍。"①生命是宝贵的，生命的可贵就在于它能够身体力行道义，当生命与道义不能兼得的时候，崇尚道义的君子肯定不会为了苟且偷生而伤害道义，他只会选择牺牲生命而成全道义。

王夫之的义利学说既批判了程朱理学义利观的错误，亦不赞同管仲、司马迁、李贽等人以利为义的观点，他主张把义与利辩证地统一起来，并较好地论证了义与利之间的联系和区别，认为从先后上讲，利居先，义居后；从本末上讲，义居本，利居末。强调求利必须以义为指导，只有以义为指导与规范，才能获取真正的利益。真正的义应当是对国家民族整体利益的认可与维护，它所反对的只是那种损人利己、损公肥私的个人私利，而不是个人正当的物质利益，更不是国家民族的整体利益。王夫之的义利学说，从义利之间联系的意义上讲，表达了对老百姓正当个人利益与国家民族根本利益的维护，表达了对维护国家民族根本利益的公义或曰"古今之通义"的高度赞同。从义利之间区别的意义上讲，他区分了义利的不同层次和类型，认识到并不是所有的义都是利，也并不是所有的利都是义，义有非功利性和超功利性的一面，利也有非道义性和超道义性的一面，一些个人非正当的私利往往是背离道义的结晶，一些高尚道义的追求往往要求个体牺牲自己的正当利益乃至生命。王夫之肯定义利关系的不可分割性，总体上是既不主张割裂义利关系，又不主张混同义利关系，既主张重义利之别，又主张重义利之合，建立起来的是一种辩证的义利统一论。

三、义利取向的理性寻求

义利概念内涵和意义的揭示，义利关系联系与区别的论述，为义利取向的探讨奠定了基础。王夫之的义利学说落实到义利取向上，既主张社会秩序建构和伦理考虑层面的义利统一和义利并重，又主张个体修养和价值目标追求层面的先义后利和重义轻利，其基本性质和主旨是义利统一与重义轻利的辩证统一。

---

① 王夫之.尚书引义:卷五 [M]// 王夫之.船山全书:第2册.长沙:岳麓书社,1988:363.

　　从社会层面的伦理秩序建构而言，王夫之主张义利合一与义利并重，认为一个健全的社会既要正德，又要利用厚生，对庶民百姓既要"富之"亦要"教之"，使其在享有物质生活利便的同时亦能过有意义的精神生活。他的义利合一是与理欲思想密切相关并相辅相成的。他尖锐地批判了程朱理学把天理与人欲对立起来鼓吹"存天理，灭人欲"的禁欲主义思想倾向，明确指出天理寓于人欲之中，人欲之中有天理，"人欲之各得，即天理之大同"，故不可离开人欲而言天理。这种理论比之17、18世纪西方伦理学家们对人的物质利益的辩护与论证丝毫也不逊色。尤为高明的是，王夫之提出了"理欲合性"的思想，不仅认识到天理与人欲二者之间的相互包含与贯通，而且认识到即便是功能各异的天理与人欲也是健康人性的有机组成部分，"有声色臭味以厚其生，有仁义礼智以正其德，合两者互为体也。"①王夫之的理欲合一论既肯定天理必寓于人欲以见，人欲之中有天理，又未简单地将人欲直接等同于天理。在他那里，"必寓于人欲以见"的天理所首肯的是"各得"而不是"同我者从之，异我者违之"的人欲，是"大公"而不是"逐物而往，恒不知反"的人欲。对于那种非"各得"和非"至正"的人欲，有必要从道义上予以约束和抑制。由于比较清楚地意识到理欲之间的辩证性，使得王夫之一方面批判了程朱理学及佛教的禁欲主义学说，另一方面又批判了杨朱学派及魏晋玄学的纵欲主义学说，创立了有别于前人的理欲合一论。王夫之的理欲合一论把价值置于事实或存有之中，但又拒绝把所有的事实都归结为价值，既避免了混同事实与价值的"自然主义谬误"，又避免了割裂事实与价值之间关系的"价值无源论"的谬误，不仅透露出试图突破中世纪黑暗的近代人文主义思想的曙光，而且也昭示出力图避免早期人文主义思想弊端的理性主义光辉。

　　从个体层面的伦理理想和道德价值趋赴而言，王夫之主张摆正义利之间的辩证关系，将重义视为大节，使个人利益的追求服从、服务于这种大节。"君子小人之分，义利而已矣。"君子一心崇尚道义，重义轻利，小人只顾追求利货，重利轻义。"君子之于义，终身由之而不倦；小人之于利，瘵瘵以之而不忘。"②他同意孟子之说"欲知舜与跖之分，无他，利与善之间也"。认为

① 王夫之.张子正蒙注：卷三 [M]// 王夫之.船山全书：第12册.长沙：岳麓书社,1992：121.

② 王夫之.四书训义：卷八 [M]// 王夫之.船山全书：第7册.长沙：岳麓书社,1990：382.

"利与善"是"舜、跖分歧之大辨",小人以利为人生追求的唯一目标和价值,他们整日沉迷于利益之中,得到利益就高兴,失去利益就难过,荣誉与耻辱都同利益的获得与失去相关。"目淫而不问其心,心靡而不谋其志。"君子则不然,君子以道义为人生追求的价值目标,凡事讲求该不该,宜不宜,只要是为道义所认可的就去做,不为道义所认可的就不去做。君子不是不考虑利,而是在求利的过程中能够自觉地将其纳入道义的宰制与规约之下,使"爱财"的活动纳入"取之有道"的框架和人生追求中,使利益的获取具有道德的合理性。

义利取向包含着两个相辅相成的方面,即国家社会层面的义利统一与义利并重,以及个人进德修身层面的先义后利与重义轻利。就国家社会层面而言,既要解决百姓的物质生活需求或穿衣吃饭问题,又要对百姓进行道德的教化,实现"富之"与"教之"的有机统一。统治阶级应当高度关心百姓个人的正当利益,并以关心和维护百姓的个人利益为真正的道义。因此,统治阶级讲道义就应当给老百姓带来实实在在的物质利益和好处,而决不能将老百姓的物质利益置之度外,仅仅只追求个人的物质利益。统治阶级关心尊重老百姓的个人利益,即是崇尚道义的表征,这种价值取向必然带来老百姓对国家社会利益的关注与维护,此即"乐民之乐者,民亦乐其乐;忧民之忧者,民亦忧其忧,然而不王者,未之有也。"也只有在尊重和关心老百姓个人利益的基础上,对老百姓的道德教育才真正有可能为老百姓所接受。因此,要求老百姓讲道义的正确方法就是统治阶级对老百姓物质利益的尊重与维护。王夫之提出的"人君爱养斯民之道"包含了"制恒产""裕民力"和"修荒政"等内容,强调统治阶级不与民争利是实现天下有道的重要环节,社会的道义恰恰是对他人正当利益的尊重与维护。尊重和维护百姓的物质利益不仅是统治阶级施行仁政和德治的化身,而且也必将造成"天下有道"的政治局面,认为统治阶级允许老百姓追求自己的个人利益即是在力行"民为邦本"的伦理价值,藏富于民是以德治国的集中表现。他发挥了《大学》中德本财末的观点,认为"德为万化之本原,而财乃绪余之必有,图其本而自可生其末。"[①]国家应当以德来治理天下,尊重和维护老百姓的物质利益,此即是本,如果

---

① 王夫之.四书训义:卷一 [M]// 王夫之.船山全书:第7册.长沙:岳麓书社,1990:91.

国家与老百姓争利，拼命地聚敛财富，那就是本末倒置，必然导致"财聚则民散"的恶果。所以，"上所以抚有其民者，德也；下所以安于奉上者，财也；此顺也。"如果"上弃其德，下失其财，而逆理以取之，悖也"①。这种思想，体现了民为邦本的价值指向，无疑具有现代政治伦理的意蕴与合理因素，值得我们继承和发扬。

从个人修养和社会道德呼唤的角度，而言义利取向，无疑应当强调先义后利和重义轻利。此处的义利关系一般化约为社会公共利益与个人利益的关系以及他人利益与个人利益的关系，作为利益主体的个人如何对待他人利益和社会公共利益，事关个体自身的道德修养和精神境界。一个真正有道德的个体在面对他人利益与个人利益、社会公共利益与个人利益的关系时应当超越个人利益的局限，应当自觉地将自己的个人利益置于他人利益和社会公共利益之后，真正做到先人后己、先公后私。同时也不能以物质利益的满足作为讲道德的条件。王夫之主张把义利关系与公私范畴结合起来思考，认为义利之辨本质上有一个公私之辨，而公私之辨又同价值上的轻重、先后的取舍是紧密联系在一起的，基本的价值原则和价值信条是"公者重，私者轻"。在王夫之看来，"以天下论者，必循天下之公，天下非一姓之私也。"②他说："一姓之兴亡，私也；而生民之生死，公也。"老百姓的生死是"公"，它比"一姓之兴亡"的"私"具有更大的道义性，所以，落实到公私之辨的义利之辨必然提出"不以一人疑天下，不以天下私一人"的价值主张。最大的"公"是中华民族的整体利益和根本利益，因此这种"公"也是"义"的最高层次，是真正的"道义"。"道义"包含了"生民的生死"和人民群众的根本利益，从某种意义上说也包含了人民群众的个人利益，但并不能由此一味地说人民群众的个人利益就是真正的"道义"。只有与绝大多数人的利益相融合并能促进其发展的个人利益才真正具有"道义"的性质与价值。这种义利合一论无疑是中国历史上义利学说的最高成果。

---

① 王夫之．四书训义：卷一 [M]// 王夫之．船山全书：第7册．长沙：岳麓书社,1990：91-92.

② 王夫之．读通鉴论：卷末 [M]// 王夫之．船山全书：第10册．长沙：岳麓书社,1988：1177.

四、王夫之义利思想的现代启示

王夫之的义利思想是中国义利思想史上综合创新的代表，他不仅对义利概念做出了层级化的类型区分，而且对义利关系做出了辩证性的结构分析，比较深入地论证了义与利之间的联系和区别，落实到义利取向上，既主张社会秩序建构和伦理考虑层面的义利统一和义利并重，又主张个体修养和价值目标追求层面的先义后利和重义轻利，其基本性质和主旨是义利统一与重义轻利的辩证统一。王夫之的义利思想对于我们树立并弘扬社会主义义利观，建设先进的社会主义伦理文化，具有一定的借鉴和启迪意义。

王夫之义利思想，启迪我们在建构与社会主义市场经济相适应的社会主义义利学说时，亦应当对义利概念做出层级化的架构或类型化的处理，以使社会主义的义利学说将先进性的要求与普遍性的要求集于一身，实现现实与理想的功能互补。我们认为，当代社会主义的义范畴，也可以参照王夫之的理论，做出层次性的界说。一般地说，所谓义，是指人们处理人与人之间、人与社会集体之间关系中的正当、合宜或善，它既包含正当、合宜的心理意识及其观念，也包含着正当、合宜的伦理行为及其实践。义有三层不同的含义。第一种意义上的义，可以谓之曰"正义"。"正义"是一种比较具体的道德原则和规范，也是一种人们应当具有的基本品德。"正义"在现实生活中常常既指符合一定社会道德原则规范的行为，也指处理人际关系和利益分配的一种原则，即一视同仁和得所当得。一视同仁指按同一原则或标准对待处于相同情况的人和事，得所当得指所得的与所付出的相称或相适应，如贡献与报偿、功过与奖惩之间，相适应的就是正义，不相适应的就是不正义。正义与公正、正当等含义相近，基本上可以互相通用。第二种意义上的义，可以谓之曰"仁义"。"仁义"是一种优秀的道德品质和重要的道德原则规范，也被认为是基于仁爱之心而产生的较高的富有道德价值的行为，是一种能给他人、集体和国家带来利益或福惠的善举。"仁义"有时也可以与道德并称为"仁义道德"。第三种意义上的义，可以谓之曰"道义"。"道义"既是总的价值目标和最根本的道德原则，也是一切道德原则、规范和品质的综合化体现。作为一切道德原则、规范和品质的综合化体现，它在某种意义上与我们一般所讲的道德具有同等的意义，二者在大多数情况下可以互相通用。作为总的价值目标和最根本的道德原则，它常常代表着至善和最高的道德精神境界，是人们应当努力趋赴的目标和方向。这三种不同含义的义在境界上也有程度的不同，一般来说，"道义"最高，"仁义"次之，"正义"又次之。我们可以把"大公无私"的行为称之为"道义"，把"公而忘私"和"先公后私"的行为称之为"仁义"，把"公私兼顾"的行为称之为"正义"。"正义"是最基本意义上的"义"，是维系社会秩序和协调人际关系的最一般的行为准则。"仁义"是较高层次上的"义"，它往往要求人们在利益关系上先想到他人和集体的利益，并自觉地抑制自己的个人利益以成全他人利益和集体利益。"道义"是最高层次上的"义"，它要求人们在利益关系中不仅要先公后私，而且要大公无私，为他人利益和集体利益而牺牲自己的个人利益。当代社会主义的利范畴，也可以做出不同层次和类型的区分。利作为祥和、有益的事物或现象，兼具个人与社会、心理与行为、事实与价值等多种属性。利既可以作为中立于价值判断的事实存在，也可以被纳入价值判断之中而予以善恶评价。利有应当、正当和失当三种不同的类型及其含义。应当意义上的利是一种理想的和具有正面的道德意义上的利，它的本质是实现了利益的道德化发展，实现了利益关系的和谐，同时是一种与害无关或者说远离了祸害的纯正之利，是一种人们在道德上给予高度肯定性评价并愿意终生为之奋斗的利益。正当意义上的利是一种如同王夫之所说的源于本然之性情的自利，或者说正当的个人利益，它是人们生存和发展的必须，也是建构理想社会和追求高尚人生的基础。失当意义上的利则是一种有悖于伦理道德的私己之利，是一种与他人利益和社会公共利益发生冲突并侵犯公共利益或他人利益以发展自身利益的个人私利，是一种采取了不正当的方式方法所谋取到的个人利益。社会主义的义利学说需要而且应当继承王夫之义利学说的精华，既坚决维护和促进公民个人利益的实现，又主张将其纳入道义原则的指导与规约之下，在把国家人民利益放在首位的前提下来谈公民个人利益的保护和实现，进而实现义利并重基础上的义利统一。

王夫之义利思想，启迪我们坚持伦理思维两点论和伦理选择重点论的统一。既把个人利益与整体利益有机地统一起来，又主张把社会整体利益和社会公共利益放在首位并以此为根本性的道义和至上性的道义。社会主义的义利学说坚持个人利益与社会公共利益的统一，主张兼顾二者的关系，使其共同发展。但在社会的价值指向上，又反对简单地将二者视为同等重要甚至于平分秋色，它主张把整体利益和社会公共利益放在首位予以优先考虑和重点考虑，并由此出发肯定为人民服务的精神和集体主义的原则。相对于复杂多元的利益架构而言，社会主义的义利学说要求把广大劳动人民的整体利益放在首位，以此来协调各种利益关系，因此它具有在利益结构中突出公利或整体利益的特征。这种公利同其他道德所推崇的公利的本质区别在于它是一种真实的社会集体利益。当然，在肯定广大劳动人民整体利益具有道德优先性和首要的道德价值的基础上，它也肯定无产阶级个人利益的合理性和正当性，并主张将无产阶级的整体利益和个人利益有机地结合起来。

王夫之义利思想，启迪我们坚持伦理价值目的论和伦理价值工具论的统一。社会主义的义利学说既强调义利观的工具价值或工具合理性，又强调义利观的目的价值或价值合理性，主张将二者有机地统一起来。一方面推崇"君子爱财，取之有道"，主张用合乎道义的方式去追求作为目的而存在的利益，不取不义之财，做到财以义取，利凭义获；另一方面又把道义视为社会文明和个人完善的价值目标或内在善，主张利益的追求、占有、消费和付出应当服从于并服务于社会的道义目标，使利益的追求、占有、消费和付出有助于道义目标的实现、发展和完善。社会主义义利学说反对资产阶级功利主义仅仅把道义视为谋利计功手段的价值观，指出社会主义道义自有其内在的和神圣的价值，不能把道德纯粹工具化，认为如果把道德纯粹工具化，就会导致整个社会的道德危机。同时，也反对封建地主阶级道义论一味地强调道义的目的价值或至上价值、视人为道德价值工具的价值观，认为如果把道德同功利完全割裂开来，否认道德的工具价值或手段价值，也有可能使道德脱离现实的人生和社会，失却其改造现实世界、服务人生的作用。落实到义利取向上，既主张社会秩序建构和伦理考虑层面的义利统一和义利并重，又主张个体修养和价值目标追求层面的先义后利和重义轻利，其基本性质和主旨是义利统一与重义轻利的辩证统一。

（原载《哲学研究》2009年第8期）

王夫之"古今之通义"的深刻内涵与理论贡献

王夫之"古今之通义"的基本内涵是通过"一人之正义"和"一时之大义"的对比显现出来的，它是贯穿古今的根本道义和至上道义，是中华民族整体利益、根本利益和长远利益的集中体现，是中华民族核心价值观和道统精神的凝聚、积淀与内化，反映着中华民族、中国文化、中华伦理价值观的核心要义、精髓和精华。

一、"古今之通义"是相对于"一人之正义"和"一时之大义"而言的

"古今之通义"是王夫之道义论伦理思想的重要范畴和命题，它与"一人之正义"与"一时之大义"一起构成了王夫之义范畴的有机体系并在其中起着引领、规范和宰制"一人之正义"与"一时之大义"的独特作用而成为最高层级的义范畴和义判断。

王夫之对中国伦理文化的全面总结与弘扬同其义利之辨有着最为密切的关系。明清易代所形成的天崩地解的情势，给王夫之以极大的心灵震撼和价值撞击，使得他在经历了对"一人之正义"和"一时之大义"求索践履的巨大创痛之后将全部心志集聚于民族复兴的哲学总结和伦理精神的阐扬之中，提出并论述了"古今之通义"的价值判断和伦理理念，赋予了这一价值判断和伦理理念以国魂民魄的核心或枢纽意义，极大地彰显了中华民族整体利益

和长远利益的道德合理性和价值至上性，从而使其道义论具有超越千古而又继往开来的价值特质，成为中华民族伦理精神和文化系统中的核心价值观。

在王夫之看来，义，作为伦理价值观的一个重要范畴，最一般的涵义是行为的适宜、合度与正当。这种行为的适宜、合度与正当在历史和现实生活中的表现同轻重、公私存在着密切的关系，因而有不同的层次之分。"有一人之正义，有一时之大义，有古今之通义；轻重之衡，公私之辨，三者不可不察。"①三种不同层次或质地的义在轻重和公私上均有明显的不同，需要我们做出判断和加以辨析，应当将其置于一个相互比较的系统中予以观照或鉴别。

"一人之正义"是指一个人行为的正义，亦即其行为依循正义的标准彰显了正义的价值，受到他人的肯定性评价，诸凡个体按道德原则和规范行为且呈现出好的行为效果，都可归结为"一人之正义"。现实生活中的"一人之正义"每每通过"君臣有义"表现出来。王夫之侧重从臣子与君主关系角度阐释"一人之正义"，强调臣子忠于君主的行为属于"一人之正义"。"事是君而为是君死，食焉不避其难，义之正也。"②臣子侍奉君主能够忠于君主，能够在君主遭遇危险的情况下挺身而出，不避其难，勇于为保卫君主而牺牲自己的性命，这是一个臣子应有的正义的行为，应当受到肯定。从臣之为臣的意义上谈"一人之正义"，其实就是对当下的君主效忠或尽忠。

"一时之大义"是指一个时期人们的行为所彰显出来的有较大道德价值的正义，其正义影响到许多人，为许多人所称道。王夫之结合君臣关系谈到了"一时之大义"，认为"一时之大义"的君主应该是天下所共奉的君主。"为天下所共奉之君，君令而臣共，义也。"③这里的"义"无疑属于"一时之大义"。"一时之大义"着眼于当时的国家政权和社会安宁，代表某一时期人们行为的价值取向。

"古今之通义"是贯穿中华民族古今历史文化价值之中的道义，是民族整体利益、根本利益、长远利益的集中体现，也维系着民族的团结、文化的传承和精神的命脉，是属于道统、核心价值观和民族精神之类的最高正义、至

---

① 王夫之.读通鉴论：卷十四 [M]// 王夫之.船山全书：第10册.长沙：岳麓书社,1988：535.

② 王夫之.读通鉴论：卷十四 [M]// 王夫之.船山全书：第10册.长沙：岳麓书社,1988：535.

③ 王夫之.读通鉴论：卷十四 [M]// 王夫之.船山全书：第10册.长沙：岳麓书社,1988：535.

上道义。在王夫之看来，忠于一个帝王或一个朝代，只能算"一人之正义"或"一时之大义"，只有那些鼎力抗击异族入侵，维护中华民族主权和独立的行为以及维护中华民族根本价值观和民族精神的行为，才能称得上是"古今之通义"。如果一个君主不能保证本民族的自存自固和自我发展，便是"可禅、可继、可革"（《黄书》）的，君主的正当性和权威就会受到怀疑。当年桓温和岳飞如果能北伐成功，恢复失地，即使取东晋、南宋的帝位而代之，在王夫之看来亦未尝不可。君主是为天下人服务的，应限制个人欲望而不使之失为"私"，因为君主"欲"之失非但为"私"，而且扼杀了无数庶民百姓应有的"私"，所以说君主的"私"所导致的祸害自会更大，无疑是非仁、非义的不义行为。春秋时子路死于卫辄，王夫之认为这不是符合义的行为。为什么呢？因为"卫辄者，一时之乱人也"。由此推扩开来，"则事偏方割据之主不足以为天下君者，守之以死，而抗大公至正之主，许以为义而义乱；去之以就有道，而讥其不义，而义愈乱。何也？君臣者，义之正者也，然而君非天下之君，一时之人心不属焉，则义徙矣；此一人之义，不可废天下之公也。"[1] 为那些不足以为天下君的人去死，也许可以算一人之义，但是这种一人之义却会损害大公至正之义，把这种行为许以为义，只会造成义的混乱，亦即道德评价的失真失公。忠于那些不是天下所共奉的君主，没有什么正面的道德意义，它只会导致道义的流失。所以，不能让那些一人之义损害天下之公义。

王夫之引入公、私概念来论述"一人之正义""一时之大义"和"古今之通义"的关系，认为维系君主一姓之兴亡的"一人之正义"，相比"一时之大义"而言显然属于私的层面，"生民之生死"高于一姓之私，是"一时之大义"。王夫之指出："一姓之兴亡，私也；而生民之生死，公也。"[2] 一人之正义对于一时之大义而言，显然属于地地道道的"私"；一时之大义对于古今之通义而言，却是不折不扣的"私"。贯穿古今的民族根本利益和长远利益及其文化精神、核心价值观的兴亡，则是"古今之通义"，是义的最高层级或者说大公至正之道。可见，"公"者不仅指涉及的范围广和受惠的人多，也指跨越的时间久远和意义的重大。"私"者往往只是个人或少数人利益的呈现，而且总

---

① 王夫之．读通鉴论：卷十四 [M]// 王夫之．船山全书：第10册．长沙：岳麓书社,1988：535.

② 王夫之．读通鉴论：卷十七 [M]// 王夫之．船山全书：第10册．长沙：岳麓书社,1988：669.

是与大多数人的利益背道而驰的。依据公私关系，王夫之论述三种道义之间的价值层级关系："以一人之义，视一时之大义，而一人之义私矣；以一时之义，视古今之通义，而一时之义私矣；公者重，私者轻矣，权衡之所自定也。三者有时而合，合则亘千古、通天下、而协于一人之正，则以一人之义裁之，而古今天下不能越。有时而不能交全也，则不可以一时废千古，不可以一人废天下。执其一义以求伸，其义虽伸，而非万世不易之公理，是非愈严，而义愈病。"①用公私标准来判断义得出的结论只能是、必须是而且应当是重公义，轻私义，这是伦理判断必须坚持的价值层级原则。当然，王夫之对"一人之正义""一时之大义"和"古今之通义"三者能够有机结合的行为或现象是持肯定态度的，并认为这种结合贯穿千古、通于天下而又合于"一人之正义"，那也可以以一人之义做出裁决，但是古今天下是不能度越或超越的。如果这三种层级或形态的义不能够有机结合或辩证统一，那就应当坚持去私立公的原则，不以"一人之正义"去损害"一时之大义"，不以"一时之大义"去损害"古今之通义"。千万不能执着于"一人之正义"或"一时之大义"不放，这种执其一义的行为虽然也可以使某种道义得到伸张，但绝对不符合万世不易之公理，这种意义上的是非愈严，就会使道义愈加偏弊，产生更大的流毒。因此，坚持以"古今之通义"的原则和价值导向，始终是弘扬道义、光大道义应有的行为和价值观念。

二、"古今之通义"是中华民族伦理精神和核心价值观的集中体现

中华民族之所以能够在历史的跌宕起伏中不断开拓向前，始终不失其文化传承和民族慧命，保持着自己的"一本性"和"绵延性"，并且能够在无数次的苦难、困厄甚至灾祸面前化险为夷，转危为安，"衰而复兴"，"阙而复振"，完全是因为他有着自己的根本伦理精神和核心价值观，是因为一代又一代的中国人在传承这种根本伦理精神和核心价值观的过程中赋予其新的生命和价值，使得其能够不断地革故鼎新、继往开来，正可谓"周虽旧邦，其命维新"。

①　王夫之.读通鉴论：卷十四[M]//王夫之.船山全书：第10册.长沙：岳麓书社,1988：535.

　　王夫之提出并深刻论证的"古今之通义"，即是中华民族根本伦理精神和核心价值观的集中体现。中华民族根本伦理精神和核心价值观孕育于效法天地之道的立人之道之中，"立人之道曰仁与义"，后儒将"仁义礼智信"作为"五常"，但其要旨可以归结为"仁义"，因为"信近于义"，礼近于仁，《论语》有"克己复礼为仁"之说，至于"智"则同义有着更为密切的联系。凡事处置得当，行为适度，焉能不智？！孟子在回答梁惠王"何以利吾国"时欣然答道"亦有仁义而已矣"。在孟子看来，仁是人之安宅，义是人之正路，无论是治国理政还是为人处世，只要能够按照仁义而行就一定能够达致理想的境界。文天祥《衣带赞》中写道："孔曰成仁，孟曰取义，惟其义尽，所以仁至。"王夫之的"古今之通义"，其"义"是同仁相关并且兼赅仁之精神的，可谓仁与义的有机结合，而且是大仁大义的有机结合。正是因为"古今之通义"兼赅仁义之根本精神，所以它理所当然地担纲了中华民族道德慧命和核心价值观的重任，集聚着中华民族的整体价值共识和价值认同，挺立、护卫并建构着中华民族共有的精神家园。

　　"古今之通义"是中华道义的精神确证和价值集结。儒家在孟子那里就道义并举，文天祥《正气歌》有"道义为之根"的论断，王夫之的"古今之通义"实质是集道与义于一体。道义一体既发展着仁义又推高着仁义，是最高层级和最高境界的民族大义和国家正义。这种道义聚焦中华民族的整体利益、根本利益和长远利益，挺立的是中华民族的核心价值观和道统精神，构成中华民族的精神命脉、道德慧根、价值基点，因而是属于至善和粹然而善的根本性价值或终极价值。它维系着中华民族的精神命脉，渗透在中华民族的伦理血液之中，成为中华民族薪火相传的伦理基因和价值动原。

　　集仁义与道义于一身的"古今之通义"，在意义与价值的具化过程中首先注目于华夏民族的生死存亡，主张挺立和高扬伦理自保和价值重建的道德精神，并把承前启后、继往开来视为应有的价值担当和伦理期许。王夫之在《黄书》中倡言的奠三维，目的是为了保华夏，挺立华夏民族的道德主体性。他用"畛"（zhen）这一观念来加以系统论述。所谓"畛"即是区别、界线，亦即人应当意识到人之所以为人的独特规定性，华夏民族也应当意识到本民族的伦理特质和道德精神，千万不能丧失自我的内在本质，使自己沦为禽兽或夷狄。"保其类者为之长，卫其群者为之邱。故圣人先号万姓而示之以独贵，保其所贵，匡其终乱，施于孙子，须于后圣，可禅、可继、可革，而不可使夷类间之。"①只有能够保类卫群的人物才可以为天下君长，圣人也以保类卫群的行为为最有价值的行为。保类卫群说到底是为了华夏民族的整体利益和长远利益。华夏民族所建立的政权形式可以禅让、可以继承，也可以革除，但是绝对不能允许夷类来侵略或侵犯华夏民族的根本利益和长远利益。这是大本大源，亦即古今通义。如果颠覆了古今之通义，华夏民族遭遇灭顶之灾，那还有什么真正的价值可言？"圣人审知万物皆各有其族类，畛域分明而不乱，故亦'自畛其类'而固保之，不使其沦于禽兽而滥于夷狄。此其'尸天下而为之君长'之所以能与天地合其德也。不使其沦于禽兽，则保人类，此为人禽之辨；不使其滥于夷狄，则保华夏，此为夷夏之辨。此两辨者，皆是畛域其类而界线之，'所以绝其祸，而使之相救也。'"②梁启超指出，道德的目的就是"固吾群，善吾群，进吾群"。他认为，"群"是个人性命财产之所托，无群个人将不复存在。"群之于人也，国家之于国民也，其恩与父母同。盖无群无国，则吾性命财产无所托，智慧能力无所附，而此身将不可一日立于天地，故报群报国之义务，有血气者所同具也。"③在王夫之看来，古今之通义所倡扬和捍卫的道义，恰恰是维系中华民族整体利益和长远利益的根本性道义和至上性道义，是道义的最高表现形态，也是"万世守之而不可易"的核心价值。千万不能因为维护一时之君臣义道，而损害古今之通义。从某种意义上说，"古今之通义"是中华伦理文化和伦理价值观中最核心、最根本的精神要义，也是判断王道文化和中华价值观的根本标尺。

三、"古今之通义"是"公天下"和"天下为公"精神的价值确证

王夫之的"古今之通义"本质上是一种大公至正的公义，是一种中华民

---

① 王夫之.黄书[M]//王夫之.船山全书：第12册.长沙：岳麓书社,1992：503.

② 牟宗三.政道与治道[M].桂林：广西师范大学出版社,2006：155.

③ 梁启超.新民说·论公德[M]//王德峰编选.梁启超文选.上海：上海远东出版社,2011：49.

族的至上性道义。价值上的为公、动机上的兴公以及实践上的公正、公平是其基本的构成。这种公既是一种普遍的道德原则和绝对命令，又是一种同生民的生死及基本人权密切联系在一起的核心价值理念。维护庶民百姓的生存发展，实现天下的共建共享，反对那种专于一己之私的赤裸裸的利己主义以及家天下、私天下，是"古今之通义"的内在要求。

"古今之通义"这种大公至正的公义，表现在经济生活领域要求坚持基本的财富大家共享共有，反对那种只能自己私有而不允许他人私有的自私独占行为，尤其是土地和基本的劳动资源应当实现普泛性的私有或均等性的私有。公义如同天道与地道有着普泛性的均占性，大家既是它的受益者，又是它的维护者与建设者。夫之反对"普天之下莫非王土"的土地占有制度，认为这种土地制度实质上确证和保护的是君王或统治者的私人利益，而对庶民百姓的个人利益则有可能造成挤压与强占，因此是一种"利于一人，而他之不利者多矣"的私己专利制度。在王夫之看来，土地为天地所固有，因此任何人包括君王都不得擅自将天下的土地掠为己有。"王者能臣天下之人，不能擅天下之土……若夫土，则天地之固有矣。王者代兴代废，而山川原显不改其旧；其生百谷卉木金石以养人，王者亦待养焉，无所待于王者也，而王者固不得而擅之。故井田之法，私家八而公一，君与卿大夫士共食之，而君不敢私。唯役民以助耕，而民所治之地，君弗得而侵焉。民之力，上所得而用，民之田，非上所得而有也。"①君王可以管理天下之人，但是不能将天下之土地据归个人私有，因为土地是天地所固有的或自然生成的，应该使"有其力者治其地"，使农民有田可耕。"地之不可擅为一人有，犹天也。天无可分，地无可割，王者虽为天之子，天地岂得而私之，而敢贪天地固然之博厚以割裂为己土乎？"②土地是大家的，要求实现众人的私有，而不是君王个人的私有。因此真正的公义是要兼顾众人的私利，而不是剥夺众人的私利而成就一己的私利。仁义道德一个基本的价值视角是"己欲立而立人，己欲达而达人"，它的本质要求是善待每一个人的正当要求和物质利益。"天地之间有土而人生其上，

---

① 王夫之.读通鉴论：卷十四 [M]// 王夫之.船山全书：第10册.长沙：岳麓书社,1988：511.

② 王夫之.读通鉴论：卷十四 [M]// 王夫之.船山全书：第10册.长沙：岳麓书社,1988：511.

因资以养焉。有其力者治其地。"①民众拥有一定的土地，再通过自己的劳动，就能创造供自己消费的物质财富，因此土地关乎民众的生存。剥夺庶民百姓的土地，其实就是在切断他们的生计之源，只会把他们逼向绝路。而这恰恰是最违反"古今之通义"的不义行为，理应受到抵制。

"古今之通义"这种大公至正的公义表现在政治生活领域要求坚持天下共治原则，反对"家天下"和"私天下"的君主独裁专制。王夫之向往选贤与能、讲信修睦的"公天下"，崇尚尧舜禹时期的"公天下"，认为尧舜禹都是一心为公的圣贤。他继承并发展了《礼记·礼运篇》中"天下为公"的思想，指出："以天下论者，必循天下之公，天下非夷狄盗逆之所可尸，而抑非一姓之私也。"②国家神器属于众人也应当为众人服务，应当共治共享，"不以一人疑天下，不以天下私一人。"③天下是天下人的天下，而不是也绝不应该是一家一姓的私产或私有物。王位不私于一姓，天下为天下之人所共有，"治天下者，以天下之禄位公天下之贤者"④，治理天下应该选拔那些一心为天下的贤能之士。天子应与百官分权而共治天下。国家的权力政务应当按级分管，而不可由天子一人独揽权力。天子与臣吏各有其应具的职责和权力，如果天子独揽天下一切权力政务，而使百官无权无责，就会导致天下混乱。天子不可将天下视为一姓私有之天下，而应将天下视为天下生民公有之天下；天子治理天下，不可贪求一姓之私利，而应依循生民之公义行为。天子虽然是天之所命、臣民当尊者，但如果天子不能依循天下大公、生民公义而行为，那么天子之位就是可禅、可继、可革的。

基于"公天下"的价值认识，王夫之深刻反省了自秦以来"家天下"和"私天下"的弊端，对秦以来的家天下和私天下特别是君主专制、中央集权等制度予以深入批判，极大地凸显了"古今之通义"的价值内涵。他指斥秦为"孤秦"，宋为"陋宋"。"孤秦"是说秦朝建立的君主专制主义实质是孤家寡人的个体主义，秦始皇将天下完全视为个人的私产，使整个天下都服从服务

---

① 王夫之.噩梦[M]// 王夫之.船山全书：第12册.长沙：岳麓书社,1992：551.

② 王夫之.读通鉴论：卷末[M]// 王夫之.船山全书：第10册.长沙：岳麓书社,1988：1177.

③ 王夫之.黄书[M]// 王夫之.船山全书：第12册.长沙：岳麓书社,1992：519.

④ 王夫之.读通鉴论：卷三[M]// 王夫之.船山全书：第10册.长沙：岳麓书社,1988：134.

于他一个人的意志和利益，结果导致民怨沸腾，爆发了秦末农民大起义，推翻了秦王朝。"秦之所以获罪于万世者，私己而已矣。斥秦之私，而欲私其子孙以长存，又岂天下之大公哉！"①他进而对秦汉以来由君主之私导致的各种弊法、暴政进行了深刻的剖析和批判。"故秦、汉以降，天子孤立无辅，祚不永于商、周。"②秦汉以后的朝廷由于实行君主专制独裁，结果使得天子处于孤立而没有辅佐的地位，这就决定了朝廷的命运只能是短命或动荡，而不可能享有如同商周那样的国祚与福命。"陋宋"是说宋朝统治者出于私己而造成的丑陋与破败。王夫之十分痛恨赵普献计宋太祖"杯酒释兵权"及其所包藏的媚主和玩弄权术，认为"以天子而争州郡之权，以全盛而成贫寡之势，以垂危而不求辅车之援……岳飞诛死，韩世忠罢，继起无人，阃帅听短长于文吏，依然一赵普之心也……故坏千万世中夏之大闲者，赵普也。"③赵普向宋太祖献的罢免武将职权的权术，恰合宋太祖赵匡胤怀疑天下之人的私意，将宋代推向一个积贫积弱的不堪境地。"弱宋"原是"疑天下"的集权所致。"孤秦""陋宋"，其实就是将天下视为独占性的私有，悖逆了天下为公的基本定律。华夏民族要避免"孤秦""陋宋"之弊端，防范"孤秦""陋宋"之祸害，就必须倡扬"古今之通义"，挺立并重申"公天下"的核心价值理念，即"不以一人疑天下，不以天下私一人"，真正使天下成为天下人的天下，众人共建共享共护卫，才能使天下有道，实现长治久安。

"古今之通义"这种大公至正的公义表现在社会生活领域要求坚持关注和重视民生，把解决民生问题当作天下有道的基本内容。王夫之认为，"圣人之大宝曰位，非但承天以理民之谓也，天下之民，非特此而无以生，圣人之所甚贵者，民之生也。故曰大宝也。"④圣人把解决民生问题放在治理天下的尊贵地位，认为关注和解决民生问题是设立国家政权的重要依据和行政行为的价值目标。为了更好地解决民生问题，王夫之主张"宽其役，薄其赋，不幸而罹乎水旱，则蠲征以苏之，开仓以济之。而防之平日者，抑商贾，禁赁佣，

---

① 王夫之.读通鉴论:卷一 [M]// 王夫之.船山全书:第10册.长沙:岳麓书社,1988:68.

② 王夫之.读通鉴论:卷一 [M]// 王夫之.船山全书:第10册.长沙:岳麓书社,1988:68.

③ 王夫之.宋论:卷十 [M]// 王夫之.船山全书:第11册.长沙:岳麓书社,1992:219.

④ 王夫之.读通鉴论:卷十九 [M]// 王夫之.船山全书:第10册.长沙:岳麓书社,1988:723.

惩游惰，修陂池，治堤防，虽有水旱，而民之死者亦仅矣。"[①]解决民生问题需要"赋轻役简，务农重穀"。民众的吃饭穿衣问题是民生的现实问题，圣人之所以"重五穀而贱珠玉"就在于五穀维系着生民的生死。"所以贵者何也？人待之以生也。匹夫匹妇以之生，而天子以生天下之人，故贵；若其不以生天下之人奚贵焉？"[②]之所以把五穀看得重要或宝贵，完全在于它能满足民众的生理需求，如果五穀不能满足民众的生理需求，那又有什么值得尊贵的呢？依据"生民之生死，公也"的认识，王夫之强调尊重民意，维护民利，满足民众的基本需求，并把百姓的福祉作为天下有道的核心内容，认为这是公天下应有的伦理维度。他提出了"人欲之大公，即天理之至正"，"人欲之各得，即天理之大同"等命题，对民众的人欲予以充分的肯定。满足庶民百姓的物质欲望是统治者得道和天下有道的集中表现，君子的理想就是要实现人欲的"各得"与"大公"。真正的道义并不反对人们正常的物质利益追求，而是要协调人们的利益关系，使其都得到正当合理的满足与实现。道义的基本要求就是要在"天理人情上絜著个均平方正之矩，使一国率而由之。"[③]"絜著个均平方正之矩"，即"絜矩之道"，此即夫之所理解的社会公平。在王夫之看来，"民之所好，民之所恶，矩之所自出也。有絜矩之道，则已好民之好，恶民之恶矣。"[④]"好民之好，恶民之恶"也就是"以百姓心为心"，"因民之所利而利之"。一个政权，一个国家，能够"以百姓心为心""因民之所利而利之"，必定得到百姓的拥护，就能实现天下大治，获得长治久安。

四、以"古今之通义"为标准品评历史人物和事件

以古今之通义来评价历史人物和历史事件，才能够真正使评价合乎公道正义，彰显文明理性的精神和中华民族的整体利益和长远利益。

王夫之盛情讴歌中华民族历史上为民族整体利益挺身而出、奋不顾身、

---

① 王夫之.读通鉴论：卷十九 [M]// 王夫之.船山全书：第10册.长沙：岳麓书社,1988：703.

② 王夫之.读通鉴论：卷十九 [M]// 王夫之.船山全书：第10册.长沙：岳麓书社,1988：725.

③ 王夫之.读四书大全说：卷一 [M]// 王夫之.船山全书：第6册.长沙：岳麓书社,1991：439.

④ 王夫之.读四书大全说：卷一 [M]// 王夫之.船山全书：第6册.长沙：岳麓书社,1991：439.

誓死不屈、讲求民族气节的民族英雄。对敢于抵御外来民族侵扰的君臣如对秦始皇、汉武帝等人的民族抗战政策，都给予了很高的伦理评价。他佩服汉将赵充国的抗羌，认为赵充国"为人沉勇有大略，少好将帅之节，而学兵法，通知四夷事。"赵充国领兵攻打匈奴，擒获了西祁王，被提拔为后将军。神爵元年春，那些归顺的羌人以及归义羌侯杨玉等人，用武力胁迫那些羌族小部落，一起背叛汉朝，侵犯边塞，攻打城镇，杀死地方官吏。当时赵充国年已70多岁，皇上认为他老了，派御史大夫去问他谁可担任平定羌人的将领。赵充国主动请缨并获得皇上批准。对此，王夫之大加赞扬："然非充国也，羌之祸汉，小则为宋之元昊，大则为拓拔之六镇也。"[①]王夫之认为，幸亏当时有赵充国那样有勇有谋的将领，否则汉代将比较危险。

　　王夫之对出卖民族整体利益的昏君、奸臣充满了无比的痛恨。他痛斥投奔拓拔氏的刘昶和萧宝寅，谴责他们为家庭的"败类"和国家的"匪人"，指出："刘昶、萧宝寅因以受王封于拓拔氏，日导之以南侵，于家为败类，于国为匪人，于物类为禽虫，偷视息于人间，恣其忿戾，以微幸分豺虎之余食，而犹自号曰忠孝，鬼神其赦之乎？"[②]刘昶和萧宝寅等投奔异族并引领鲜卑族来南侵汉族，这样的人是家族的"败类"和朝廷的"匪人"。他们所自诩的"忠孝"，真是寡廉鲜耻到了极致，因此鬼神都不会赦免他们背国叛家的罪过。王夫之对于宋高宗和秦桧的投降行为也给予了尖锐的批判和猛烈的抨击。他指责"高宗之畏女直也，窜身而不知耻，屈膝而无惭，直不可谓有生人之气矣。"[③]"高宗忘父兄之怨，忍宗社之羞，屈膝称臣于骄虏，而无愧怍之色；虐杀功臣，遂其猜妒，而无不忍之心；倚任奸人，尽逐患难之亲臣，而无宽假之度。屏弱以偷一隅之安，幸存以享湖山之乐。"[④]在王夫之看来，宋高宗忘记了父兄所受的"靖康之耻"以及宗社所蒙受的羞辱，屈膝称臣于金朝而没有一点惭愧与汗颜，真是无耻至极。夫之对于秦桧力主求和，阻止恢复故土，陷害抗金英雄岳飞等的行为也做出了严厉的批判，并把秦桧的"请和"行为

① 王夫之.读通鉴论：卷四 [M]// 王夫之.船山全书：第10册.长沙：岳麓书社,1988：166.

② 王夫之.读通鉴论：卷十四 [M]// 王夫之.船山全书：第10册.长沙：岳麓书社,1988：437.

③ 王夫之.宋论：卷十 [M]// 王夫之.船山全书：第11册.长沙：岳麓书社,1992：216.

④ 王夫之.宋论：卷十 [M]// 王夫之.船山全书：第11册.长沙：岳麓书社,1992：254.

视为致宋灭亡的原因。他指出："宋之亡，亡于屈而已。澶渊一屈矣，东京再屈矣，秦桧请和而三屈矣。至于此，而屈至于无可屈。以哀鸣望瓦全，弗救于亡，而徒为万世羞。"[①]宋之奸臣秦桧为了保住个人地位，杀害忠良，屈膝向金人求和，致使抗金大业毁于一旦，并延及后世，最终导致宋朝灭亡。可见不能挺立国家和民族的伦理主体性，一味地向异族请和，只能葬送汉族政权，并使百姓受殃。没有一种政权能够在屈膝请和中获得长期延续。王夫之试图从更深层次去探寻宋朝灭亡的内在原因，总结出许多带有规律性的历史结论，不只引人深思，更启人心智。

王夫之把天下的罪人划分为"一时之罪人""一代之罪人"和"万世之罪人"，并用具体人物事例来加以论证："谋国而贻天下之大患，斯为天下之罪人，而有差等焉。祸在一时之天下，则一时之罪人，卢杞是也；祸及一代，则一代之罪人，李林甫是也；祸及万世，则万世之罪人，自生民以来，唯桑维翰当之。"[②]卢杞，字子良，唐滑州录昌（今河南滑县）人，以门荫入仕，唐德宗时，累官至门下侍郎、同门中书下平章事。他忌能妒贤，陷害大臣，搜刮财货，任意榜棰，怨声载道，后贬死澧州。李林甫为唐宗室权臣，开元中任礼部尚书，同中书门下三品。他为人阴柔狡猾，为相19年，厚结宦官、嫔妃，迎合唐玄宗李隆基意图，又排斥异己，使唐政日益败坏，酿成"安史之乱"。桑维翰，字国侨，洛阳人，唐庄宗时进士，石敬瑭引为掌书记。清泰三年（936年），石敬瑭叛唐，桑维翰为其出谋划策，以割让幽云16州、向契丹称儿等为条件，借此获得契丹的出兵，夺取后唐政权，建立后晋王朝。石敬瑭即位后，桑维翰累迁中书侍郎、同中书门下平章事，兼枢密使等。执政期间，他还是力主臣服契丹。在王夫之看来，卢杞那样的罪人，祸害的是一时之天下；李林甫那样的罪人，祸害的是一代之天下。而桑维翰祸害的则是万世之天下。桑维翰给华夏民族带来了莫大的耻辱，其行为酿成了严重的后果。桑维翰"力劝石敬瑭割地称臣，受契丹之册命。迫故主以焚死，斗遗民使暴骨，导胡骑打草谷，城野为虚，收被杀之遗骸至二十余万，皆维翰一念之恶，而滔天至此。"[③]桑维翰对华

---

① 王夫之.宋论：卷十[M]//王夫之.船山全书：第11册.长沙：岳麓书社,1992：334-335.

② 王夫之.读通鉴论：卷二十九[M]//王夫之.船山全书：第10册.长沙：岳麓书社,1988：1133.

③ 王夫之.读通鉴论：卷二十九[M]//王夫之.船山全书：第10册.长沙：岳麓书社,1988：1135.

夏民族犯下的是不可原谅、无法容忍的滔天之罪。幽云十六州的割让以及俯首称臣的行为，不仅使契丹贵族长驱直入，为侵扰中原创造了有利条件，而且使后来宋朝的东北边境，一直受到契丹、女真贵族的侵扰而不能防御。当蒙古贵族兴起之后，又沿此路南下灭掉了宋朝。所以桑维翰对华夏民族犯下的确实是祸及万世、贻害无穷的罪行，严重损害了华夏民族的根本利益和长远利益。

五、王夫之"古今之通义"的价值奠基意义

王夫之"古今之通义"是在明朝灭亡、满清入主中原的历史变故的时代情势催逼下通过精研历史理性以及华夏文明发展规律所确立起来的，体现着他对华夏文明道德精神的高度自信以及对这种精神有可能随着异族入侵遭遇失却的种种忧思，具有灵根自植和价值重建的伦理意义。

民族大义和至上正义的挺立与倡扬。1901年，章太炎发表《驳康有为论革命书》，其主题思想即王夫之的"不以一时之君臣，废古今夷夏之通义"。他在文章中说："若曰为之驰驱效用而有所补助于其一姓之永存者，非吾之志也。理学诸儒，如熊赐履、魏象枢、陆陇其、朱轼辈，时有献替，而其所因革，未有关于至计者。虽曾、胡、左、李之所为，亦曰建殊勋、博高爵耳！功成而后，于其政治之盛衰，宗稷之安危，未尝有所筹画焉，是并拥护一姓而亦非其志也。"[1]章太炎笃信夫之"一姓之兴亡，私也；生民之生死，公也""公者重，私者轻"的价值理念，强调中华民族的整体利益和根本利益比之一家一姓的私天下要更为重要、更为根本。萧公权在《中国政治思想史》中指出："船山思想上最大之贡献，为其毫不妥协之民族观。"[2]这是一种直面民族之种族特质，并对民族的种族特质做出"透辟精警，直可前无古人"论述的民族观。"船山民族本位之政治观与历史观已多独到之论……而注重种族之界限，尤为前人所罕发，足与近代民族主义相印证。"[3]

---

① 章太炎.驳康有为论革命书[M]//章太炎.章太炎全集·太炎文录初编.上海：上海人民出版社,2014：187.

② 萧公权.中国政治思想史[M].北京：新星出版社,2010：412.

③ 萧公权.中国政治思想史[M].北京：新星出版社,2010：420.

华夏道义湮没不彰的伦理忧思。在萧公权看来，"船山更有一石破天惊之论焉，则其谓文化有兴亡起伏之迹是也。船山以为今日中国之文化虽美，然推原邃古之时，逆想摧残之后，亦有沦澌隐灭可能。吾人殊不可过度自信或乐观……夫文明不必永存于一地，中国亦有退为夷狄之可能，则为神明之胄者，当取何种态度乎？船山于此虽无明文之解答，然就其思想之大体观之，船山迫不欲作消极之悲观，而希望君臣上下共本保类卫群之宗旨，兢兢业业，以维持神曲之家法于勿坠。吾人之所见如尚不误，则船山所揭橥者不仅为二千年中最彻底之民族思想，亦为空前未有最积极之民族思想也。"①天崩地解的时代情势激发了王夫之政治抱负中"扶长中夏"的伦理理性及其价值自觉，"于种族之感、家国之痛，呻吟呜咽，举笔不忘，如盲者之思视也，如痿者之思起也，如喑者之思言也，如饮食男女之欲一日不能离于其侧，朝愁暮思，梦寐以之"②。王夫之的忧患意识与遗民情结，早已超越了狭隘的明清满汉概念，上升到中华民族文化的兴亡、文明的进退以及伦理精神存废的层面上，是那样的深沉与隽永，又是那样的恢弘与高远，浸润着全部生命之思、心灵之慧，如同马克思笔下的普罗米修斯那种殉道风骨和侠义情肠，既令人扼腕唏嘘又令人肃然起敬。王夫之是一个为了"古今之通义"而耗尽自己生命最后一丝气息的杰出思想家，萦绕于他心灵深处和价值枢纽地位的始终是对华夏民族根本利益和长远利益的辩护与牵挂。

王夫之的"古今之通义"既有着华夏民族的伦理精神自信和道义自许，也有着唯恐受到夷狄颠覆和侵略的种种伦理忧思，主张有识之士必须而且应该挺立、拱卫和继承这种华夏民族光荣的伦理精神及其传统。时至今日，当此实现中华民族伟大复兴之中国梦成为民族价值共识和根本价值判断之际，掘发王夫之"古今之通义"的丰富内涵并挺立其根本精神，也许是增强和提升中华伦理文化软实力及其凝聚力的重要方面，对培育践行社会主义核心价值观自会有着独特的作用。

（原载《船山学刊》2014年第4期）

---

① 萧公权.中国政治思想史[M].北京：新星出版社,2010：422–423.

② 晏昌贵.中国古代地域文明纵横谈[M].武汉：湖北人民出版社,2000：124.

论王夫之的理欲观

当代社会道德治理在心理和人性层面的一个突出问题即是在欲望的满足和利益的追求中彰显天理良知的因素，陶铸并培育人之合理欲望或使自然欲望、本能欲望合理化，这是社会需要从道德教育、制度建构所要加以解决的重大问题，也是个人需要从自完其身和道德修养角度所要加以认真思考并努力践履的人生要义。因为，欲望的泛滥或穷奢极欲所导致的伦理危机，无论对社会亦或是对个人都会造成致命的伤害。我们今天所期盼和希翼的道德生活旋律既不能导向"存天理灭人欲"的禁欲主义路径，也不能因此走向它的对立面，即人欲横流的纵欲主义的或享乐主义的陷阱，只能是也应当是既尊重正当欲望又抑制其不当欲望的节欲主义或导欲主义的正途。深度发掘并弘扬王夫之理欲观的合理因素，从人之需要、人之人性以及人之发展完善诸方面正确认识欲望与道德价值之间的关系，进而建构一种新时代的理欲合性和以理导欲论，也许是一件既具历史意义亦具现实意义的事情。

一、王夫之理欲观的基本性质

王夫之的理欲观既批判了程朱理学存理灭欲的禁欲主义，又批判了李贽等人一味为私欲辩护的利己主义或享乐主义，本质上是一种既主张尊重庶民百姓基本欲望又倡导以理导欲的辩证的理欲合一论。这种在对基本欲望尊重的同时又对其进行引导和提升的理欲合一、以理导欲论既是传统理欲观的继承和发展，又兼具明清时期启蒙伦理思潮的理性主义特征，可以说是一种对禁欲主义和纵欲主义或享乐主义实现双重超越的理性的节欲主义。这种建立在"分言之则辨其异，合体之则会其通"①基础上的理欲观既重视"声色臭味"之欲的正当性，又肯定仁义礼智之德的合理性，它既不主张混同理欲关系亦不主张割裂理欲关系，推出的理欲观是理欲合一和以理导欲的有机结合。

（一）批判"灭欲论"，从人之生存意义肯定人欲的合理性

理欲之辨是宋明理学伦理思想的一个基本问题和范畴，以程朱为代表的理学家正是在严辨理欲的过程中得出"存天理，灭人欲"这一理学伦理思想的纲领和价值总论的。他们将《礼记.乐记》把天理人欲对称的思想推向极端，赋予天理以最为崇高的道德价值，极力贬损人欲的存在意义并将其视为恶的化身，由此建构了一种禁欲或灭欲主义的道德理论。程朱理学坚持认为，天理与人欲完全对立，不是天理便是人欲，"无人欲即皆天理"②"人之一心，天理存，则人欲亡；人欲胜，则天理灭，未有天理人欲夹杂者。"③"圣贤千言万语，只是教人存天理，灭人欲。"④因此，"存天理，灭人欲"成了程朱理学伦理思想的核心命题和基本价值取向。

王夫之深刻批判了理学家的"存天理，灭人欲"理论，认为这一理论的本质是一种"厌弃物则，而废人之大伦"的禁欲主义，是"禽心长而人理短"和"食人"的道德说教。在王夫之看来，"盖凡声色、货利、权势、事功之可欲而我欲之者，皆谓之欲。"⑤欲望是人们对声色货利、权势事功等这些可欲对象的追求。人们为什么会有对这些事物或现象的追求，完全在于它能满足人们身体乃至精神的各种需要。人欲首先表现为物欲或对物质生活资料的需求，它是人之生存、发展的基础要义，也是人类精神生活和道德生活的基础和来源。舍弃了物欲，不仅动摇人之生存发展的基础，也必然使人类精神生活和道德生活失去应有的根基或来源。他从"天地之大德曰生"的观点出发，提

①　王夫之.张子正蒙注：卷一 [M]// 王夫之.船山全书：第12册.长沙：岳麓书社,1992：27.

②　程颢，程颐.河南程氏遗书：卷十五 [M]// 程颢，程颐.二程集.北京：中华书局,2004：144.

③　黎靖德编.朱子语类：卷十三 [M].北京：中华书局,1986：224.

④　黎靖德编.朱子语类：卷十二 [M].北京：中华书局,1986：207.

⑤　王夫之.读四书大全说：卷六 [M]// 王夫之.船山全书：第6册.长沙：岳麓书社,1991：761.

出"尊生""珍生"的人生价值观,指出:"圣人者人之徒,人者生之徒。既已有是人矣,则不得不珍其生。"①珍重和珍惜生命既是人之生存所必须,也是伦理价值所当然。人道天德源出于对生命本质的把握和对生命价值的肯定。"圣人尽人道而合天德:合天德者,健以存生之理;尽人道者,动以顺生之几。"②"存生"与"顺生"均包含了对人欲特别是物欲的肯定,人之物质生活欲望及其利益是其生存和生活的前提、基础和必要条件,也是人类道德生活的前提、基础和必要条件。"存生之理"和"顺生之几"即是天德人道。因此物欲是不能禁绝的,禁绝了物欲就等于否定人之生命存在与生活需要。"且夫物之不可绝也,以己有物;物之不容绝也,以物有己。己有物而绝物,则内戕于己;物有己而绝己,则外贼乎物。物我交受其戕贼,而害乃极于天下。况夫欲绝物者,固不能充其绝也。一眠一食,而皆与物俱;一动一言,则必依物起。不能充其绝而欲绝之,物且前却而困己,己且龃龉而自困。则是害由己作,而旋报于己也。"③人作为天地之间的灵长物,自身的存在即是物质的存在,其生存发展一刻也离不开物质,且必须通过物质的活动满足其物欲的要求而使自己得以生存发展。所以对于人而言,物是不能绝,物欲是不能灭的,绝物、灭欲势必否定自身的存在,结果必然导致"裂天彝而毁人纪。"④如果按照理学家"灭人欲"的发展路径走下去,只会导致"灭情而息其生""亏减以归,人道以息"的严重后果。"倘须净尽人欲,而后天理流行,则兵农礼乐一切功利事,便于天理窒碍,叩其实际,岂非'空诸所有'之邪说乎?"⑤基于此种认识,王夫之针锋相对地提出了"大勇浩然,亢王侯而非忿""好乐无荒,思辗转而非欲"⑥的主张,旗帜鲜明地要求尊重庶民百姓的物质生活欲望,赋予人欲以深刻的合理性。

王夫之还意识到,人的饮食等物质生活欲望不只是满足人的需要,更是人从动物群中走出来的动力和基础,是人的本质力量的重要来源。"人之所以

---

① 王夫之.周易外传:卷二 [M]// 王夫之.船山全书:第1册.长沙:岳麓书社,1988:869.

② 王夫之.周易外传:卷二 [M]// 王夫之.船山全书:第1册.长沙:岳麓书社,1988:890.

③ 王夫之.尚书引义:卷一 [M]// 王夫之.船山全书:第2册.长沙:岳麓书社,1988:239.

④ 王夫之.周易外传:卷二 [M]// 王夫之.船山全书:第1册.长沙:岳麓书社,1988:886.

⑤ 王夫之.读四书大全说:卷六 [M]// 王夫之.船山全书:第6册.长沙:岳麓书社,1991:763.

⑥ 王夫之.周易外传:卷三 [M]// 王夫之.船山全书:第1册.长沙:岳麓书社,1988:924.

异于禽兽者几希。无不几希矣，况食也者，所以资生而化光者乎？"① 人从动物群中分化出来的基础恰恰是人之饮食需要的满足及其改善，正是由于人类改变了茹毛饮血的生活习惯，获得了"粒食"（即谷物），达到了丰饱，所以才使其逐步由禽兽而至人类。他说："食也者，气之充也；气也者，神之绪也；神也者，性之函也。荣秀之成，膏液之美，芬芎之发，是清明之所引也，柔懿之所酝也，蠲洁之所凝也……充生人之气而和之，理生人之神而正之，然后函生人之性而中之……呜呼！天育之，圣粒之，凡民乐利之，不粒不火之禽心其免矣夫。"② 人类如果否认其食欲等正当要求，"且将食非其食，衣非其衣，食异而血气改，衣异而形仪殊，又返乎太昊以前，而蔑不兽矣。"③ 正因为饮食欲望的满足和改善具有如此之大的伦理意义，因此尊重人的物欲以保证人们正常的物质生活就不是可有可无的，而是天德人道的必然要求，尊重天理必须落实到尊重人的物欲上。"君子敬天地之产而秩以其分，重饮食男女之辨而协以其安。苟其食鱼，则以河鲂为美，亦恶得而弗河鲂哉？苟其娶妻，则以齐姜为正，亦恶得而弗齐姜哉？"④ 君子也有正常的物欲和情欲，食求美味，情求美色亦是君子所好的，只是君子追求的物欲和情欲是不违背天理的，有其自身的限度和边界。

（二）批判纵欲论，从健康人生角度确立以理导欲论

明清之际，以李贽为代表的一部分思想家出于对程朱理学"存天理灭人欲"的不满，大胆地为个人私欲辩护，提出："夫私者，人之心也。人必有私，而后其心乃见；若无私，则无心矣。"⑤ 从私欲是人的本性的认识出发，李贽认为人的一切活动和行为都是在私欲的发动下，以私欲为动力展开的。并强调人生在世就是以满足和实现私欲为务，种种无私的言说都是"画饼之谈"，没有任何实际的意义。

王夫之批判程朱理学"存天理灭人欲"的观点，但是并不赞成李贽等人

---

① 王夫之 . 诗广传：卷五 [M]// 王夫之 . 船山全书：第3册 . 长沙：岳麓书社 ,1992：491.

② 王夫之 . 诗广传：卷五 [M]// 王夫之 . 船山全书：第3册 . 长沙：岳麓书社 ,1992：492.

③ 王夫之 . 思问录：外篇 [M]// 王夫之 . 船山全书：第12册 . 长沙：岳麓书社 ,1992：467.

④ 王夫之 . 诗广传：卷二 [M]// 王夫之 . 船山全书：第3册 . 长沙：岳麓书社 ,1992：374.

⑤ 李贽 . 德业儒臣后论 [M]// 李贽 . 李贽文集：第2—3卷 . 北京：社会科学文献出版社 ,2000：626.

为私欲辩护的利己主义和享乐主义理论。在王夫之看来，"一欲字有褒有贬。合于人心之所同然，故人见可欲。而其但能为人之所欲，不能于人之所不知欲、不能欲者，充实内蕴而光辉远发，则尽流俗而皆欲之矣。"① "合于人心之所同然"的人欲是人所具有的基本欲望或共欲，无疑应当得到肯定和满足，但那种非基本的并表现为损人利己或损公肥私的私欲，则应当得到抑制或谴责。即便是基本的人欲及其满足，也有个公私诚伪问题。王夫之主张"人欲中择天理，天理中辨人欲"②，主张应尽量尊重和满足正当的人欲，遏制和驱除私欲。他提出并深入阐释了以理制欲、以理导欲的观点，"以理制欲者，天理即寓于人情之中。天理流行，而声色货利从之而正。"③ 之所以要以理制欲，完全是因为任由欲望的发展，就有可能冲击并伤害天理，使人伦道德几近于丧。正可谓"无理则欲滥，无欲则理亦废。"④ 只有以天理制约和引导人欲，才能使人欲合乎正义，给社会和人生带来好处。"耳目口体之各有所适而求得之者，所谓欲也。君子节之，众人任之，任之而不知节，足以累德而损于物。"⑤ 只有不放任耳目口体之欲，对之加以合理的节制和范导，才能使欲望不损物败德，促进人的发展和社会进步。

（三）"理欲合性"：辩证理欲观的提出与证成

在理欲关系的认识和对待上，王夫之既不赞同把理欲关系对立起来，也不主张把理欲关系无差别地等同起来，而是主张把理欲关系辩证地结合起来，既重其异，又会其通，建构一种辩证的理欲合一论。这种理欲合一论既是一种健全的人性论，更是一种理性的价值论，含有尊欲重理或"珍生""务义"的因素。

王夫之认为，人性中包含天理与人欲两大因素，二者的有机结合即为人性。"性者，生之理也，均是人也。则此与生俱有之理，未尝或异；故仁义礼智之理，下愚所不能灭，而声色嗅味之欲，上智所不能废；俱可谓之为性。"⑥

---

① 王夫之.读四书大全说：卷六 [M]// 王夫之.船山全书：第6册.长沙：岳麓书社,1991：755.
② 王夫之.读四书大全说：卷九 [M]// 王夫之.船山全书：第6册.长沙：岳麓书社,1991：1025.
③ 王夫之.周易内传：卷三下 [M]// 王夫之.船山全书：第1册.长沙：岳麓书社,1988：355.
④ 王夫之.周易内传：卷二下 [M]// 王夫之.船山全书：第1册.长沙：岳麓书社,1988：255.
⑤ 王夫之.读通鉴论：卷三十 [M]// 王夫之.船山全书：第10册.长沙：岳麓书社,1988：1151.
⑥ 王夫之.张子正蒙注：卷三 [M]// 王夫之.船山全书：第12册.长沙：岳麓书社,1992：128.

完整健康的人性是人欲和天理即人的自然属性与道德属性的统一,二者缺一不可。"天以其阴阳五行之气生人,理即寓焉而凝之为性,故有声色嗅味以厚其生,有仁义礼智以正其德,莫非理之所宜。声色嗅味,顺其道则与仁义礼智不相悖害,合两者互为体也。"① 人性的这两个方面是互为体用的关系,天理寓于人欲之中,人欲之中有天理。"天理原不舍人欲而别为体,则其始而遽为禁抑,则且绝人情而未得天理之正,必有非所止而强止之患。"② "终不离人而别有天,终不离欲而别有理。"③ 如果仅仅以仁义礼智之理为性,把声色臭味之欲排除在外,那么这种理性就会失却物质载体而变成绝对抽象物;如果仅仅以声色臭味之欲为性,把仁义礼智之理排除在外,那就会使人欲混同于动物之欲,人同动物就无法区别开来。

声色臭味之人欲,是人之自然属性的集中表现。由于同其仁义礼智之德的关系,使其同禽兽的本能欲望区分开来,具有人化的自然欲望的性质。"人之形色足以率其仁义礼智之性者,亦唯人则然,而禽兽不然也。若夫喜怒哀乐爱恶欲之情,虽细察之,人亦自殊于禽兽。"④ 理学家们不懂得人性之生成有待于在酒色财货之追求中取精用弘的道理,每每视酒色财货为"伐性之斧",进而提出"禁欲"或"灭欲"的思想主张,其实是一种"绝己之意欲以徇天下"的非理之理。

在肯定声色臭味厚其生的基础上,王夫之肯定仁义礼智之德是人的内在和本质需要,是人区别于动物的最根本的规定性。人是有道德的动物,人之所以异于草木禽兽,就在于人能够讲求道德和拥有道德。"只如明伦察物,恶旨酒、好善言等事,便是禽兽断做不到处。乃不如此,伦不明,物不察,唯旨是好,善不知好,即便无异于禽兽。"⑤ 德性是人之所以为人的本质属性,"德性者,吾所受于天之正理"⑥,是人们在体天恤道的过程中形成并发展起来的仁义礼智诸品质。"德性者,非耳目口体之性,乃仁义礼智之根心而具足者

① 王夫之.张子正蒙注:卷三 [M]// 王夫之.船山全书:第12册.长沙:岳麓书社,1992:121.

② 王夫之.周易内传:卷四上 [M]// 王夫之.船山全书:第1册.长沙:岳麓书社,1988:413–414.

③ 王夫之.读四书大全说:卷八 [M]// 王夫之.船山全书:第6册.长沙:岳麓书社,1991:911.

④ 王夫之.读四书大全说:卷十 [M]// 王夫之.船山全书:第6册.长沙:岳麓书社,1991:680.

⑤ 王夫之.读四书大全说:卷九 [M]// 王夫之.船山全书:第6册.长沙:岳麓书社,1991:1024.

⑥ 王夫之.四书训义:卷四 [M]// 王夫之.船山全书:第7册.长沙:岳麓书社,1990:206.

也。常存之于心，而静不忘，动不迷，不倚见闻言论而德皆实矣。"①作为仁义礼智诸品德在人心中的积淀与内化，德性是人们精神追求和内心修炼的产物，并通过接于物而求其则的活动获得发展和强化。德性的形成过程就是人们继善不舍、自强不息、自克己私的过程。尊德性就是对仁义礼智诸道德品质的尊重，以此来范导自己的精神生活和人生，成就一种优秀的人性。

王夫之的理欲观既批判了程朱理学的灭欲论，从生存论意义上论述了人欲之为天理之基础和来源的重要意义，又批判了李贽等人为私欲辩护的利己主义和享乐主义理论，从健全人生论意义上阐释了以理导欲和以欲从理的内在必要性，揭示出合理之人生欲望的伦理价值，在此基础上论述了理欲合性，揭示出天理和人欲各以其自身独特功能共同架构起人性精神大厦。这种理欲观全面论述了人之欲望与道德价值的辩证关系，肯定了"各得其欲"就是"天理"，天理即是寓于人欲之中的正当合理性，又主张以欲从理，以理导欲，从而建构起了一种辩证的理欲统一观。

二、王夫之理欲观的理论贡献

王夫之理欲观的理论贡献，集中表现在他对理欲关系的次序、性质和类型做出了全面而深刻的辩证分析与论证，以其顺序上的欲先理后论、功能上的同行异情论以及理欲关系的类型分析彪炳于世。

（一）顺序上的欲先理后论

在王夫之看来，理欲关系，从其发生的顺序上讲，是先有人的物质生活欲望，然后才有对物质生活欲望调节和规范的要求。天理或道德本质上不是对人欲的压抑或禁绝，而是于民之好恶的过程中立一"絜矩之道"，使大家的欲望都能得到正当的满足与合理的实现，亦即"使之均齐方正，厚薄必出于一，轻重各如其等，则人得以消其怨尤，以成孝弟慈之化。"②天理源于人们的物质生活需要，其本质是对人欲及其利益关系的调节，"秩以其分""协以其安"是天理的本质内涵及其作用方式。"民之所好，民之所恶，矩之所自出也。

---

① 王夫之.张子正蒙注：卷二 [M]// 王夫之.船山全书：第12册.长沙：岳麓书社,1992：72.
② 王夫之.读四书大全说：卷一 [M]// 王夫之.船山全书：第6册.长沙：岳麓书社,1991：436.

有絜矩之道，则已好民之好，恶民之恶矣。乃'所恶于上，毋以使下'，则为上者必有不利其私者矣；'所恶于下，毋以事上'，则为下者必有不遂其欲者矣。君子只于天理人情上絜著个均平方正之矩，使一国率而由之。则好民之所好，民即有不好者，要非其所不可好也；恶民之所恶，民即有不恶者，要非其所不当恶也。"①天理源于人类欲望关系和利益关系调节的需要，亦须在各种欲望和利益的关系中谋求正当与合理。这种正当与合理虽然在不同的关系类型和架构中具有不同的内涵，但就其最基本的意义而言，应该倾向于对每个人基本欲望或共同欲望的价值肯定，亦即承认"各得"的人欲，并在此基础上使人与人之间的欲望关系和利益能够达成"均齐方正"，此则包含有从关系论的角度寻求人之欲望之共生共赢共发展的因素。这也正是天理不反人欲却有成全人欲的独特功能。

（二）功能上的同行异情论

天理、人欲都是人性的重要构成，二者功能不同，作用各异，缺一不可，它们的相辅相成使人性既健康全面又充满活力。天理与人欲是统一而不相离的关系。"以我自爱之心，而为爱人之理，我与人同乎其情也，则亦同乎其道也。人欲之大公，即天理之至正。"②人欲之大公，亦即大共，或者说最大多数人的最大幸福，也就是天理之至正，亦即天理最为正当合理的体现。"天下之公欲，即理也；人人之独得，即公也。"③

理欲关系具有同行异情的特质。"同行者，同于形色之实"④，即天理和人欲统一于原初意义上的存在机体或物质形体。"人有人之形，发为人之色，则即成乎人之理。耳目口体虽为小体，而皆足以听命于心，以载道而效其灵，以成仁义礼智之大用，细而察之，无毫发之同于禽兽，则人之所以贵于万物者，即在乎此。"⑤人的物质形体是生理和心理、肉体和精神的合一，这就决定了满足生理需要的人欲和满足心理和精神需要的天理是不能截然分割的。"天

---

① 王夫之 . 读四书大全说：卷一 [M]// 王夫之 . 船山全书：第6册 . 长沙：岳麓书社 ,1991：437-438.

② 王夫之 . 四书训义：卷三 [M]// 王夫之 . 船山全书：第7册 . 长沙：岳麓书社 ,1990：137.

③ 王夫之 . 张子正蒙注：卷四 [M]// 王夫之 . 船山全书：第12册 . 长沙：岳麓书社 ,1992：191.

④ 王夫之 . 周易外传：卷一 [M]// 王夫之 . 船山全书：第1册 . 长沙：岳麓书社 ,1988：837.

⑤ 王夫之 . 四书笺解：卷十一 [M]// 王夫之 . 船山全书：第6册 . 长沙：岳麓书社 ,1991：366.

理充周，原不与人欲相为对垒，理至处，则欲无非理。"① "人欲之各得，即天理之大同；天理之大同，无人欲之或异。"② 因此理在欲中，天理"必寓于人欲以见"即通过饮食男女之欲望来体现，饮食男女之中即有天理。"同于形色之实"强调了天理人欲的联系性和同一性，即它们有共同的基础或来源。"异情者，异于变化之几"，即天理、人欲具有层次上的区别，各有不同的涵义、性能与特征，前者满足人的生理需要，可以厚生；后者满足人的心理和伦理需要，可以正德，二者都是健康人性所需要的有机构成。

王夫之的理欲合性论既摆脱了德性主义人性论的局限，又避免了自然主义人性论的错误，既摆脱了性二元论对峙的理论窘境，又避免了纯粹性一元论的偏颇，它是一元的同时又体现为两个方面的，因而是辩证的性一元论。这种人性论无疑是中国历史上内涵丰富全面、性质健康完善的人性论，也是理欲关系的最理性而深刻的阐释论述。

（三）理欲关系的类型分析

抽象地说，人欲与天理是相互联系，互为体用的。具体而言，欲有不同的类型或层次，有个体存在论意义上的私欲，有社会关系论意义上的公欲或共欲，还有美德论或至德论意义上的志欲。诚如古希腊伊壁鸠鲁所说的"有些欲望是自然的和必要的，有些是自然而不必要的，又有些是既非自然又非必要的。"③ "我们要体会到，在欲望中间，有些是自然的，有些是虚浮的；在自然的欲望中，有些是必要的，有些则仅仅是自然的；在必要的欲望中，有些是幸福所必要的，有些是养息身体所必要的，有些则是生命本身的存在所必要的。"④ 现代伦理学把人的欲望分为三个层次：第一层是最原始的动物性欲望，第二层是社会利益的欲望，第三层是道德的欲望。对于不同的欲望应有不同的态度。有些欲望是必须满足而且应当满足的，有些欲望应当是有条件的满足，有些欲望则必须予以节制和压抑，甚至禁绝。

王夫之认为，欲在内容上包含了声色臭味、财货功利、权势、事功等，

---

① 王夫之．读四书大全说：卷六 [M]// 王夫之．船山全书：第6册．长沙：岳麓书社,1991：799.

② 王夫之．读四书大全说：卷四 [M]// 王夫之．船山全书：第6册．长沙：岳麓书社,1991：639.

③ 周辅成编．西方伦理学名著选辑：上卷 [M].北京：商务印书馆,1964：96.

④ 周辅成编．西方伦理学名著选辑：上卷 [M].北京：商务印书馆,1964：103.

在性质和类型上则可以区分为"共欲""私欲"和"志欲"。依天理判断人欲，有"或当如此，或且不当如此，或虽如此而不尽如此者"①等类型。这就决定了天理人欲关系的复杂性和矛盾性。理欲关系的矛盾性表现在有些理欲关系是根本对立的，如天理与私欲之间的关系；有些理欲关系是相互融合相互需要的，如天理与共欲之间的关系；有些理欲关系是高度一致的，如天理与志欲之间的关系。还有些理欲关系是不相关的。因此，需要具体分析，区别对待，不能不加区别地把私欲当成人欲。

共欲与天理之间的关系是一种基本一致而又相辅相成的关系。共欲是每个人都有的基本欲望，表现为声色臭味、耳目口体的基本欲求。"饮食男女，皆性也，理皆行乎其中也。"②"饮食起居，见闻言动"的欲望，是仁义道德产生和寓居的地方。"即此好货好色之心，而天以之阴骘万物，人之以载天地之大德者，皆其以是为所藏之用……于此声色臭味，廓然见万物之公欲，而即为万物之公理。"③声色臭味之欲望能够斟酌饱满于健顺五常之正，故此"日以成性之善"④。

私欲与天理之间是一种彼此对抗的关系。私欲是一种只顾自己不管他人和社会的个体欲望，私欲不是人的生活的基本需求，而是一种追求"肥甘"的贪欲，是一种"逐物而往，恒不知反"⑤的不知其所止的奢欲，是一种"同我者从之，异我者违之"，孜孜以求个人利益，不管他人死活的意欲。"理不行于意欲之中，意欲有时而逾天理"，这种私欲"不能通于天理之广大，与天则相违者多矣。"⑥任由这种欲望发展，就会导致"纵其目于一色，而天下之群色隐""纵其耳于一声，而天下之群声闷""纵其心于一求，而天下之群求塞"⑦的严重后果，因而对于这种私欲，应当加以坚决反对和遏制。王夫之指出，

---

① 王夫之．读四书大全说：卷六 [M]// 王夫之．船山全书：第6册．长沙：岳麓书社,1991：761.

② 王夫之．张子正蒙注：卷九 [M]// 王夫之．船山全书：第12册．长沙：岳麓书社,1992：362.

③ 王夫之．读四书大全说：卷八 [M]// 王夫之．船山全书：第6册．长沙：岳麓书社,1991：911.

④ 王夫之．尚书引义：卷三 [M]// 王夫之．船山全书：第2册．长沙：岳麓书社,1988：301.

⑤ 王夫之．张子正蒙注：卷三 [M]// 王夫之．船山全书：第12册．长沙：岳麓书社,1992：126.

⑥ 王夫之．张子正蒙注：卷三 [M]// 王夫之．船山全书：第12册．长沙：岳麓书社,1992：135.

⑦ 王夫之．诗广传：卷四 [M]// 王夫之．船山全书：第3册．长沙：岳麓书社,1992：439.

"人所必不可有者，私欲尔"①，"私欲净尽，天理流行，则公矣"②。

王夫之还分析了"于天理达人欲"和"于人欲见天理"二者之间的不同，指出："于天理达人欲，更无转折；于人欲见天理，须有安排。"③于天理达人欲，是建立在己之理尽的基础之上的"理尽而情即通"。亦即由天理达情欲没有什么转折，相对比较容易，此即是"己之理尽，则可以达天下之情（欲）"。于人欲见天理，是建立在己之情推的基础上的，而这就需要考察情推的性质、力度和效果，因此相对比较复杂，必须另有辅助的功夫，此即是"己之情（欲）推，则遂以通天下之理。"④"于其所推，则以欲观欲而后志可通矣。"⑤在王夫之看来，只有圣人才真正达到了完整意义上的理欲合一。"若圣人，则欲即理也，情一性也，所以不须求之忠而又求之恕，以于分而得合；但所自尽其己，而在己之情、天下之欲无不通志而成务。"⑥对于一般的人而言，尽己的功夫必须从区分天理人欲入手，其推己的功夫则要注重以欲观欲，即以己之欲絜人之欲，只有这样，才能发见是否真的合乎天理。

三、王夫之理欲观的现实意义

王夫之理欲观于其性质体现出理欲合一的辩证性，于其贡献体现出对其关系的次序、类型和轻重做出深度的理论分析，此则彰显出独特的建树和历史地位。就其现实意义而言，则莫过于从民生的视域，突出民之物质欲望满足的伦理意义；并在此基础上提出了尊重庶民物质欲望对于天下治理有着最为重要的功能作用；最后又提出了规范民之欲望，使其向着以理导欲、以欲从理方向提升的价值引领问题。

---

① 王夫之.读四书大全说：卷八 [M]// 王夫之.船山全书：第6册.长沙：岳麓书社,1991：899.

② 王夫之.思问录·内篇 [M]// 王夫之.船山全书：第12册.长沙：岳麓书社,1992：406.

③ 王夫之.读四书大全说：卷四 [M]// 王夫之.船山全书：第6册.长沙：岳麓书社,1991：639.

④ 王夫之.读四书大全说：卷六 [M]// 王夫之.船山全书：第6册.长沙：岳麓书社,1991：816–917.

⑤ 王夫之.读四书大全说：卷四 [M]// 王夫之.船山全书：第6册.长沙：岳麓书社,1991：637.

⑥ 王夫之.读四书大全说：卷四 [M]// 王夫之.船山全书：第6册.长沙：岳麓书社,1991：637.

（一）尊重人欲实质上关乎民生，关注民生理当满足民之共欲

在王夫之看来，"口之于味，目之于色，耳之于声，四体之于安佚"[①]的人欲，是"人之不能废"的自然欲望。"饮食男女之欲，人之大共也。"[②]耳、目、口、鼻、心等生理器官及其机能，是"天成之的自然之质"。人性的形成离不开"目日生视，耳日生听，心日生思"[③]等生理心理条件，离不开"饮食起居，见闻言动"等生理欲望和日常生活，人们只有"入五色而用其明，入五声而用其聪，入五味而观其所养"，才能够"周旋进退，与万物交而尽性，以立人道之常。"[④]人欲事关生民的生死，而生民的生死则比"一姓之兴亡"更加重要和根本。"圣人之所甚贵者，民之生也。"[⑤]关注和体恤民生，是仁道义德的集中体现，也是社会文明进步的象征。

尊重人欲与维护民生密切相关，解决民生问题说到底是对其欲望的尊重，应当"诚使减赋而轻之，节役而逸之，禁长吏之淫刑，惩奸胥里猾之凌压，则贫富代谢有其恒数，而民皆乐于有田，兼并者无所容其无厌之欲，而田自均"[⑥]。尊重和维护民生，要求承认土地私有及其财产的合理性。土地作为一种生产资料是"天地之固有"，所以不能为"王者"一人所私有和垄断。他尖锐抨击"溥天之下，莫非王土"的观念，指出："天无可分，地无可割，王者虽为天之子，天地岂得而私之，而敢贪天地固然之博厚以割裂为己土乎？"[⑦]土地是天赋予众人的，应当为众人所有，人们依靠土地资源再加上劳动创造，就能解决自己的生存问题。生命的第一需要就是通过劳动来解决人们的衣食住行等需要的满足问题。耕者有其田，住者有其屋，内无怨女，外无旷夫，养生送死没有什么遗憾等等，均是民生的基本要求，也是人欲的集中体现。关注和改善民生，必须而且应当满足民之共欲，这是社会文明的应有底线，也是伦理精神的价值基座。

---

① 王夫之.尚书引义：卷三 [M]// 王夫之.船山全书：第2册.长沙：岳麓书社,1988：296.

② 王夫之.诗广传：卷二 [M]// 王夫之.船山全书：第3册.长沙：岳麓书社,1992：375.

③ 王夫之.尚书引义：卷三 [M]// 王夫之.船山全书：第2册.长沙：岳麓书社,1988：296.

④ 王夫之.尚书引义：卷六 [M]// 王夫之.船山全书：第2册.长沙：岳麓书社,1988：409.

⑤ 王夫之.读通鉴论：卷十九 [M]// 王夫之.船山全书：第10册.长沙：岳麓书社,1988：723.

⑥ 王夫之.宋论：卷十二 [M]// 王夫之.船山全书：第11册.长沙：岳麓书社,1992：282.

⑦ 王夫之.读通鉴论：卷十四 [M]// 王夫之.船山全书：第10册.长沙：岳麓书社,1988：511.

（二）社会治理的枢机莫过于尊重庶民的欲望

王夫之还从社会治理和文明的角度，赋予尊重庶民百姓的物质利益需求和正当个人欲望以较高的道德价值，强调天下的太平和国家的治理均需建立在尊重和满足庶民百姓物质利益需求和个人欲望的基础之上，这就是真正意义上的天理，统治者必须将其视为治国安邦的核心要义，乐民之所乐、忧民之所忧，应当轻徭薄赋以减轻百姓的负担，千万不能无视百姓的欲望和利益。"狎人之欲，则且见民之有欲，卑贱而无与于道矣，无所可祗敬者也。夫天载存于见闻之表，诚不可谓其不微；人情依于食色之中，诚不可谓其不卑且贱而无当于道也。"①真正的道德"必以人为其归"。尊重人的价值，必从尊重人的物质欲望入手，想方设法满足其正当欲望和利益。王夫之特别强调"宽以养民"和"恤民隐"，提醒统治者多体恤百姓之疾苦，保障百姓"粟所以饱，帛所以暖"的物质生活需求。"夺民之财，其以乱天下也无疑。"②无视百姓的物质生活需求，剥夺他们的欲望，只会导致民怨沸腾，激化社会矛盾。

统治阶级要实现天下有道的政治目的，必须尊重庶民百姓的物质生活欲望，并为其正当满足与合理实现提供良好的制度环境和社会保障。在制度设计上，王夫之主张必须遵循公平正义原则，坚持标准的同一性，打破世俗的亲疏尊卑界限，不要因利害关系的轻重而失去应有的态度，不要因人际关系的厚薄而影响正当的对待，使所有人的欲望和利益都能得到应有的尊重和保障，尤其是鳏寡孤独废疾者的欲望和利益得到应有的保护，人们之间的利益财富应该能够得到公平合理的分配和实现。

（三）道德文明建设需要弘扬以理导欲和以欲从理的精神

尊重和满足庶民百姓的物质生活欲望，是一种本源性和基础性的伦理价值，在此基础上还应当对庶民百姓的物质生活欲望加以必要的引导和价值的提升，此即是孟子所提出的"既富之则教之"的伦理精神建构。王夫之在尊重和满足庶民百姓物质生活欲望基础上提出了"以理导欲"和"以欲从理"的"遏欲""存理"论，并认为"教养并行"才是真正的"为国之道"，既要保证满足庶民百姓仰足以事父母、俯足以蓄妻子的物质生活需要，使其做到

---

①　王夫之.尚书引义：卷五 [M]// 王夫之.船山全书：第2册.长沙：岳麓书社,1988：381.

②　王夫之.读通鉴论：卷三十 [M]// 王夫之.船山全书：第10册.长沙：岳麓书社,1988：1158.

养生送死无憾，也要对其进行伦理道德方面的教育。"教以父子之必有亲也，而生事没宁之必尽其道；教以君臣之必有义也，而上令下共之必循其礼；教以夫妇之必有别也，而辨姓分氏，且六礼之必修；教以长幼之必有序也，而兄友弟恭，且饮、射之必齿；教以朋友之必有信也，而入学亲师，与族党之必睦。"① 只有人伦教化才能弘扬人之为人的内在规定性，使人自别于禽兽。人伦教化一个十分重要的内容就是使人意识到人是社会群体的产物，人欲的满足必须在具体的人伦关系中展开，必须考虑他人欲望存在的客观性与合理性，学会使自己欲望的满足能够促成他人欲望的满足，至少不能伤害他人的正当欲望，这就需要以理导欲和以欲从理。以理导欲和以欲从理就是要实现欲望的合理化，即实现"人欲之各得"和"天下之公欲"。因为只有"各得"的人欲或天下的"公欲"才是体现和表征着天理的，而其他非"各得"的人欲或非"公欲"的人欲则是私欲，私欲的泛滥则导致人际关系的紧张和人性的堕落，因此对私欲予以遏制是成就健康人性、实现天下有道的重要内容。王夫之强调应当把遏欲与存理结合起来，指出："遏欲、存理，偏废则两皆非据。欲不遏而欲存理，则其于理也，虽得复失。非存理而以遏欲，或强禁之，将如隔日疟之未发。"② 不遏欲以存理，虽然可以得到天理，但是这种天理往往不能得到坚持而获得恒久发展，总是会在欲望的挑逗与引诱下得而复失。同时，不存理而遏欲，就会使遏欲缺乏应有的支撑与保障，每每陷入死寂空无的玄秘境界。真正的遏欲要求"辨""思"结合，即把遏欲与存理结合起来，使感性在去蔽的过程中不为其对象所诱引，成就一种能够分辨善恶并抵御不良诱惑的善良意志；同时在这种分辨善恶并抵御不良诱惑的过程中彰显理性的力量，使感性"不堕于虚""不逐于迹"，在遏欲的过程中得到升华并走向健全，发展起一种以理导欲、以欲从理的伦理价值观。

王夫之理欲观既继承了传统理欲观的合理因素，又反映了走向近代的开新特质，具有继往开来的意义，包含了许多在我们今天看来仍不失其合理性的价值元素。物质生活的欲望对于每一个人来说，既是自然的又是必然的，关键在于如何对待，总的原则是既要尊重又要引导。所谓尊重是指尊重其存

---

① 王夫之. 四书训义：卷二十九 [M]// 王夫之. 船山全书：第8册. 长沙：岳麓书社,1990：336.
② 王夫之. 读四书大全说：卷十 [M]// 王夫之. 船山全书：第6册. 长沙：岳麓书社,1991：1108.

在的合理性，是从欲望对人生和社会发展意义的角度而言的，由此需要反对和抵制禁欲主义和薄欲主义。所谓引导是指自然而必然的欲望未必都是当然的，人类文明有必要对自然必然的欲望予以必要的引导和规约，使其保持在合理的限度以内，由此需要反对纵欲主义和享乐主义。这种合理的一般要求是强调对他人欲望的关切与尊重，是从自身欲望的尊重与满足出发，尊重与满足他人欲望，至少不能伤害他人欲望的合理满足。道德价值和道德准则实质上是对欲望的合理引导和对利益的调节约束，从而使得各种正当需要能够得到尊重和满足，各种合理利益能够得到较好实现和保障。弘扬王夫之理欲观及其合理因素，对于我们正确应对各种利益矛盾、提升社会正能量、建设社会主义精神文明和道德文明，无疑具有一定的积极意义。

（原载《哲学研究》2013年第3期）

船山对安身立命之道的求索与建构

处于天地之间和人世间的人如何建构自己安身立命的精神家园，为自己自然的形体和心灵寻找一个可以栖息和安顿的地方，进而使人生活得有意义和有价值，无疑是芸芸众生的一种内在的精神和价值需求，也彰显着人的内在主体性和本质规定性。故此，对安身立命之道的探求成为中国历史上许多鸿儒贤哲理论致思和价值索解的枢纽或核心。明清之际的王船山也把目光聚焦于芸芸众生安身立命之道的探求上，在对儒家安身立命之道做出全面总结与批判的基础上，深刻阐述了安身立命的本质内涵及其价值建构，发展起了自己颇具启蒙特色的安身立命学说。船山的安身立命学说同"依人建极"的人本主义伦理思想密切相关，充满着对身心关系、性命关系的特别关注，有着一种对必然与自由、合规律性与合目的性的深刻洞见，其高远的智慧可以赋予人一种生命的意义和价值的动能，使人的身心获得一种栖息与安顿且不断发展完善的能量。①

一、安身的要义在于以德安身或以仁安身

"安身"之安，内涵着使身体处于一种安全、安顿、安放的状态，不特包含了一种物理意义上的容身，也包含了一种心理意义的安顿。"安者，知其不可过而无越思。"② 可见，"安身"是让人的身体处于一种可以容身、可以立身

---

① 王泽应.王夫之人的尊严论及其深远影响 [J]. 船山学刊,2014(4).

② 王夫之.周易内传：卷五上 [M]// 王夫之.船山全书：第1册.长沙：岳麓书社,1988：516.

的合理位置或居所。要使人的身体处于一种合理的位置或居所，必须依靠心理的价值指令及由此所形成的对身安的价值认识与维护，从某种意义上说"安身"必然要以"安心"和"心安"作为一种价值前提和基础。人对自己物质存在的保护、珍惜源于并依赖于心理的价值认同并形成"安身"的价值观念及其价值支持系统。所以，"安身"的本质、根源和动能其实是心对"身体"或"肉身"的价值体认、价值证成和价值维护。船山论"安身"，既包括使物理的身体得以庇护，更包含安顿心灵、安抚精神和抚慰情感，从而使人的身心灵肉处于一种健康、和谐与温馨的状态。"身，谓耳目之聪明也。形色莫非天性，故天性之知，由形色而发。"①身，作为耳目之聪明的载体和天之化的一个结晶，是人之生命的现实存在体，是生存的确证和生活的依托。安身，包含了使物理的身体置于安全的境地得以自由地活动，使其在遇到各种困境和危机的时候得以有效地庇护与存续，使其能够朝着有益于健康发展的方向运演等因素。安身的意义在于只有使物理的身体得以庇护与存续，才能实现人自身的各种价值。因为此一物理的身体是人们从事一切生命活动的前提和依托，没有此一前提和依托，其他一切心智的创化和精神的活动便无从谈起。船山的"珍生"内在地包含了对物理的身体或形体的珍爱及对身体健康的重视。当然，人的身体之所以能够有无可替代的价值，在于它"有心""有魂"，而"心""魂"能够成其生命之"德"，精神生命、道德生活反过来能够使人的形体获得一种内在的价值和精神的动能，彰显其人之形体不同于物之形体的独特价值。"德者，身之职也。乾乾自强，以成其德，以共天职，而归健顺之理气于天地，则生事毕而无累于太虚。"②德是安身、立身和护身的根本。只有崇尚道德、追求道德和践行道德，才能使身体或形体获得一种皈依、修整和活化的功能，从而增加其自我认同、自我发展与自我完善的力量。船山在解释《周易·系辞下传》"利用安身，以崇德也"时指出："利用者，观物之变而知之明、处之当，则天下之物，顺逆美恶，皆唯吾所自用而无有不利。安身者，随遇之不一，而受其正、尽其道，则素位以行而不忧不惑，无土而不安；则动而出应乎天下，非欲居之以为德，而物不能乱，境不能迁，则德自

---

① 王夫之.张子正蒙注·大心篇 [M]// 王夫之.船山全书：第12册.长沙：岳麓书社,1992：148.

② 王夫之.张子正蒙注·至当篇 [M]// 王夫之.船山全书：第12册.长沙：岳麓书社,1992：207.

崇，张子所谓'素利吾外，致养吾内'也。"① 人要想使诸物达致于己有用的境地，必须自安其身。利用安身既是崇德的基础和前提，也是崇德的集中体现。反过来说，崇德也具有利用安身的伦理妙用。

在船山看来，道德体现在人之生活的方方面面，人的一言一行、一举一动都有一个如何修养的问题，所以"安身"的要义在于"修身"，"修身"在于"崇德"，亦即按照道德的要求来支配身体的举动。所以"其本，身也。其立本者，心之主乎身，而恪恭严肃之不懈者也。"② 船山认为，"若夫修身者，修其言使无过言焉，修其行使无过行焉，修其动使无过动焉，盖责之躬者备矣。"③ 修身就是要使人的视听言动都处于一种无过的状态或者非常得体适度的状态。而要使身体的举动很好地符合道德的要求，就必须启动"为身之主"的心的功能，"明德之事，以正心为修身之主。"④ 从修身内在地包括了"正心"的要求看来，"安身"亦包含了"安心"的要求。从某种意义上说，"安身"即是"心安理得"。"人得其理而安矣。无徇人求安之心，不外求安人之术，人自安矣。"⑤ "心安理得"既有心安于理的价值挺立与建构，也有在安静的心境中才能得到理的修心之效果。"心安理得"给予身体或形体一种内在的精神依持和价值支撑，从而为身体建构了一个动静有致的栖息家园。

欲求安身的根本路径不是一般意义上的构筑家园或筑屋，而是构筑可供身心安顿的精神家园。安顿身心的伦理要义在于弘扬人之所以为人的仁义之道，其中孟子有"仁，人之安宅也；义，人之正路也"等命题直指安身之要旨或枢纽。船山解释"仁者人也"时指出："仁者，即夫人之生理，而与人类相为一体者也。相为一体，故相爱焉。而爱之所施，惟亲亲为大；一本之恩，为吾仁发见之不容已者，而民之仁，物之爱，皆是心之所函也，乃仁者人也。"⑥ "仁"是人之所以为人之理或人的内在本质规定性，而人应当是依仁而行的社会性动物，以仁之理，合于人之身而言之就是道。故此可以说，修

---

① 王夫之.周易内传：卷六 [M]// 王夫之.船山全书：第1册.长沙：岳麓书社,1988：592.

② 王夫之.四书训义：卷十八 [M]// 王夫之.船山全书：第7册.长沙：岳麓书社,1990：819.

③ 王夫之.四书训义：卷一 [M]// 王夫之.船山全书：第7册.长沙：岳麓书社,1990：47-48.

④ 王夫之.四书训义：卷一 [M]// 王夫之.船山全书：第7册.长沙：岳麓书社,1990：60.

⑤ 王夫之.四书训义：卷十八 [M]// 王夫之.船山全书：第7册.长沙：岳麓书社,1990：820.

⑥ 王夫之.四书训义：卷四 [M]// 王夫之.船山全书：第7册.长沙：岳麓书社,1990：173.

身当重道，修道当贵仁。"人"依"仁"行，就是"道"。修身"为人"，本质上就是"为仁"，"为仁"是人修身的关键环节。"为仁"是一种由主体自己生出的内在道德自觉，而绝不是来自外在的胁迫或要求。所以"我欲仁斯仁至矣"。"仁"绝不是远离人而存在的外在抽象物，只要人去追求仁，人就能得到并拥有仁德。"求仁而得仁"，这是"修道以仁"的基本规律或伦理定律。所以，"身之安不安，存乎人者也。"① 只要人自觉自为地修仁，就会使人成为有仁德的人，过上一种"居仁""安仁"和"成仁"的生活。仁是人身所居的安宅，只有仁才能够建立起一座供人栖息的家园。"夫居者有宅，而宅必求其安，则仁岂非安宅乎？以处心，则坦易而无忧也；以立身，则宁静而无危也；天生人而即以此为其生全之理。"② 仁作为人之"处心"和"立身"的安宅，使人的身与心都获得一种栖息和安顿，建构的是一种真正的精神家园。如果舍弃仁宅，人就无法获得身体和心理的安顿，那就会演绎出一幕幕人生和历史的悲剧。一个失去仁之德性的人是难以在人世间安身和立身的。"夫仁者，所以通人己之志而互相保者也。能保人则人亦保之，人保之而后能自保。如其不仁矣，天下叛之，亲戚离之，孤立于众怨之间，虽欲自保，岂能得乎？"③ 仁作为为人之道和处理人与人关系的伦理准则，既具有为人自己立精神价值又具有协调诸种人际关系的妙用，所以仁是"通人己之志而互相保者也"，亦即既能保全他人，亦能保全自己，只有仁才能为人自己的安身提供庇护和依托，舍弃了仁，人就很难自我保全，身体包括心灵就失去了内在的庇护和依托。

二、立命的精粹在于立精神和道德之命

如果说安身是对此身（由过去而现在）的安顿、安定和安放，那么立命则是基于安身而对此身性命（由现在而未来）价值的确立、建立和挺立，含有为前途、命运而奋斗的自我确证、自我发展和自我完善意义。船山所论及的立命不是指的立天之所命，而是立人之慧命，亦即立一种把握与超越天命

---

① 王夫之.四书训义：卷十一 [M]// 王夫之.船山全书：第7册.长沙：岳麓书社,1990：494.

② 王夫之.四书训义：卷三十一 [M]// 王夫之.船山全书：第8册.长沙：岳麓书社,1990：444.

③ 王夫之.四书训义：卷三十一 [M]// 王夫之.船山全书：第8册.长沙：岳麓书社,1990：422.

的人命，或者说立一种内在的道德与精神生命。[①] 立命的基本要求是"全其天之所付，不以人为害之"。此处的"不以人为害之"，实质上是说人不能糟蹋天所命于人的机理和功能，应当想方设法存心养性，并以此来知性知天，从而更好地彰显人的生命功能，实现人的生命价值。

（一）区分"正命"与"非命"是立命的必要前提

天之所受人物之命是一个无心而化的自然过程，在充满着必然性的同时包含着种种偶然性。"命以吉凶寿夭言。"[②] 它有人力不及的某种必然力量。命"须有予夺"，如果既无所予亦无所夺，则不能谓之为命。"言吉言福，必有所予于天也；言凶言祸，必有所夺于天也。故富贵，命也；贫贱，非命也。由富贵而贫贱，命也；其未尝富贵而贫贱，非命也。死，命也；不死，非命也。夭者之命因其死而言，寿者之命亦要其终而言也。"[③] 懂得了这一点，就不至于把盗跖的终其天年称之为命。既然不能把盗跖的终其天年称之为命，那么也就没有必要去辨析这种终其天年在理上是"正"还是"不正"。就天道而言，无疑应该剥夺盗跖之生。然而天并没有剥夺盗跖的生命，这就意味着"天之失所命也"。如果就人生而言，"则盗跖不死，亦自其常耳"。因此，就盗跖的生命而言，是没有什么"正命"与"非正命"的区别的。船山指出，无论盗跖"早服其辜"还是"桎梏死"，都谈不上正命与非正命。所以，理解孟子正命说的初衷，此"原为向上人说"而不是"与小人较量"。"孟子之言命，原为有所得失而言，而不就此固然未死之生言也。"[④] 只有把握这一点，才能比较好地理解孟子的"正命"说。船山指出："桎梏死非正命，盗跖不死又非正命，不揣其本而齐其末，长短亦安有定哉？"[⑤] 船山在解释张载"顺性命之理，则所谓吉凶，莫非正也"时指出："诚者，吾性之所必尽，天命之大常也。顺之则虽凶而为必受之命，逆则虽幸而得吉，险道也，险则未有不危者。故比干死而不与恶来同其诛，曹丕、司马昭虽窃大位而祸延于世，不可以屈伸之数，

① 张立文. 王船山的性命论 [J]. 船山学刊,1997(2).

② 王夫之. 张子正蒙注·诚明篇 [M]// 王夫之. 船山全书：第12册. 长沙：岳麓书社,1992：119.

③ 王夫之. 读四书大全说：卷十 [M]// 王夫之. 船山全书：第6册. 长沙：岳麓书社,1991：1113.

④ 王夫之. 读四书大全说：卷十 [M]// 王夫之. 船山全书：第6册. 长沙：岳麓书社,1991：1113.

⑤ 王夫之. 读四书大全说：卷十 [M]// 王夫之. 船山全书：第6册. 长沙：岳麓书社,1991：1113.

幸事之未有而不恤理之本无也。""性命之理本无不正，顺之，则当其伸而自天佑之，当其屈而不愧于天。若灭理穷欲以侥幸者，非其性之本然，命之当受，为利害之感所摇惑而致尔。"[①] 人生的吉凶祸福，都有一个正当与不正当的问题，亦即有一个义与不义的问题。"义不当死，则慎以全身，义不可生，则决于致命，直也。气常伸而理不可屈，天所命人之正者此也。"[②] "义不当死"，那就应当好好地珍惜生命，使其焕发出应有的光彩，实现其最大价值。"义不可生"，那就应当义无反顾地牺牲生命，舍生取义，这也是生命价值的最大实现，不仅生得伟大，而且死得光荣。

船山继承了张载"论死生则曰有命，以言其气也；语富贵则曰在天，以言其理也"的思想，强调人的立命本质上不是在立生死寿夭与富贵贫贱之命，而是在立道德性命之命，"以善之纯养才于不偏，则性焉安焉于德。而吉无不利，则皆德之所固有，此至于命而立命也。"[③] "天有生杀之时，有否泰之运，而人以人道受命，则穷通祸福，皆足以成仁取义，无不正也。"[④] 人以人道受命，蕴含着无论人承受的是何种状况的人生命运，都不会妨碍人锻铸道德上的命运，穷通祸福都是锻铸自己道德慧命的绝好条件。[⑤]

（二）立命是一个天人合一、性命合一的精神建构过程

人既有天命，又可立命，立自己的道德慧命。天命是一种自然的给予，天命自然的必然性并不具有明确的目的性，而是依照其固有的法则运动变化。然而人却不同，人是有意识、有目的的存在物，他能够在自然天地所给予的环境和情况中，依据自身需要主动地进行选择，这种选择性体现了人的目的性、自为性和自觉性，也彰显着人的价值。人可以而且应当发挥天所赋予的人的潜能，不断地取精用弘，取纯用粹，建树一番可以与天地参的德业。天所赋予的人的材质潜能，只有在实际的发挥和使用过程中才能得到更好的长养。从某种意义上说，开掘人的材质潜能是越开采越富有，越使用越多藏。

---

① 王夫之.张子正蒙注·诚明篇 [M]// 王夫之.船山全书：第12册.长沙：岳麓书社,1992：140-141.

② 王夫之.张子正蒙注·诚明篇 [M]// 王夫之.船山全书：第12册.长沙：岳麓书社,1992：139.

③ 王夫之.张子正蒙注·诚明篇 [M]// 王夫之.船山全书：第12册.长沙：岳麓书社,1992：132.

④ 王夫之.张子正蒙注·诚明篇 [M]// 王夫之.船山全书：第12册.长沙：岳麓书社,1992：127.

⑤ 肖群忠.礼义廉耻的时代价值——船山伦理思想新悟 [J].船山学刊,2014(3).

这集中体现在船山"竭"的观念中。"竭"即尽力发掘和释放人之潜能，是一种集认识和实践于一体的人类主体性活动，只有竭其所能才能新造自己的道德慧命，成就一个全新的自我。[①]

立命不仅是一个天人合一的精神建构过程，也是人本身性命合一的价值融通和价值实现过程。船山把天所赋予人物的称之为命，把人受之于天的称之为性。认为"自天之与人者言之，则曰命；自人之受于天者言之，则曰性。命者，命之为性；性者，以所命为性；本一致之词也。"[②]天命具有广大普遍性，命人以生的同时也命其资生的禀赋与人性，命物以生的同时也命其资生的功能与物性。区别在于人所受之天命与物所受之天命是不同的。天命人以特有的禀赋使人在承受天之所命的过程中成就了人的人性。人之为性有其秉承天命精微的地方，故能与动物之性区别开来。不特如此，人能"函性于心"，通过心性的修养确证人的内在精神生命，使其优于并高于万物并成为万物之灵。人的心性修养使人对人之所以为人之道有了内在的认同和遵循，人能凭借自己的人道在弥补天道之不足的同时更好地成就自己。船山指出："立命以相天治。夫人物者，裁成有道，而茂对咸若其化，人物之命皆自我而顺正矣。"[③]君子有事于性，无事于命，亦即人们不要过多地关心自然的天命，而要关心人为的道德慧命，强化后天的道德修养和行为实践。尽其性然后能至于命。"至于命，然后能成己成物，不失其道。己无不诚，则循物无违而与天同化，以人治人，以物治物，各顺其受命之正。虽不能知者皆可使由，万物之命自我立矣。所以然者，我与人物莫不性诸道，命诸天，无异理也。"[④]"性诸道，命诸天"是指人物之性莫不源出于道，人物之命莫不源出于天。船山肯定人是自然界的最高产物，人性受命于天，但人不是消极被动地承受天命。人能够以自己的主体性和能动性不断地改造天命，成就自己内在的道德性命。"命之情者，天命我而为人，则固体天以为命。惟生死为数之常然，无可奈何者，知而不足劳吾神；至于本合于天，而有事于天，则所以立命而相天者，有其在

---

① 王泽应.论王夫之关于人的价值学说 [J].船山学刊,1996(1).

② 王夫之.四书训义：卷三十八 [M]// 王夫之.船山全书：第8册.长沙：岳麓书社,1990：932.

③ 王夫之.张子正蒙注·诚明篇 [M]// 王夫之.船山全书：第12册.长沙：岳麓书社,1992：125.

④ 王夫之.张子正蒙注·诚明篇 [M]// 王夫之.船山全书：第12册.长沙：岳麓书社,1992：125–126.

我而为独志，非无可奈何者也。"① 天之所以生我者为命；所以生我之理者为性；我受所生之理，而有其神明之用以尽其理为心；因是而措之事为身。命性理心身既各有所指又相辅相成。

（三）立命是一个俟命、永命和造命的过程

船山提出了"一介之士，莫不有造焉"的造命思想。"君相可以造命，邺侯之言大矣！进君相而与天争权，异乎古之言俟命者矣。乃唯能造命者，而后可以俟命，能受命者，而后可以造命，推致其极，又岂徒君相为然哉。"② 邺侯为唐代著名政治家李泌，他主张发挥人的能动性，与天争权。人"知命"，并不是为了"顺命"，而是为了"造命"。只有"造命"，才能"俟命"；只有"知命""造命"，才能真正顺应自然必然性。在船山看来，不仅君相可以"与天争权"，新造自己的生命，一般的庶民百姓也可以"造命"，成为自己命运的主人。船山为普通人民争与君相平等的造命之权，凸显了主体自觉和人作为类主体的价值和尊严。无论是君相，还是普通老百姓，要使自身具有造命的能力，就需要加强自己的修养和行为实践，提高自身的能力和道德素质，才能"造命"。任何人的命运都是操纵在自己手里的，"天固无喜怒，惟循理以畏天，则命在己矣。"③ "命在己矣"说明根本就没有什么天命，人的命运是人自己所选择和造就而成的。为什么人能够知命、俟命、永命和造命，就在于人有自己的类特性和人性，人能够凭借自己的这种人性创造出属人的生活，使人成为自己的主人。

三、安身立命之道的伦理意义

船山论述的安身立命之学，所突出的首先是"内圣"层面，所解决的是人的精神生活、精神境界、精神寄托、精神安顿问题，亦即精神家园的建构与守望、修缮与维护问题。但是船山又不仅仅限于"内圣"，船山的安身立命包含了注重实践和外王的要义，并把知行同功而成德业当作安身立命的重

---

① 王夫之.庄子解·达生 [M]// 王夫之.船山全书：第13册.长沙：岳麓书社,1993：293.

② 王夫之.读通鉴论：卷二十四 [M]// 王夫之.船山全书：第10册.长沙：岳麓书社,1988：934.

③ 王夫之.读通鉴论：卷二十四 [M]// 王夫之.船山全书：第10册.长沙：岳麓书社,1988：937.

要维度，凸显了行动哲学和实践哲学的伦理意义。人之立命是一个知行同功的过程。天赋予人之知能，人又可以发挥自己的知能作用于天。所以，只有人才可以将自己同天或自然界区别开来，既用知去认识天人之间的差别，又用行去法天相天，创造一个人化的自然界。船山指出："夫天人之量别矣，而见天于人者，其道在知；天人之事殊矣，而以人法天者，其道在行。知行各全其本量，而人通于天；知行各臻其极至，而天即在我矣。"① 人通过发挥自己知行的功能可以更好地去认识天把握天道，而如果能够将这种知天相天的活动发挥到极致，那天就在人身上表现出来，人与天达到一种圆融具足的状态。"由其知之至者而天无不知，则见生我者之唯此理，而气数不得以操其权；则旷然于生死屈伸之一致，而为殀为寿，皆非人之所可以私智而异其情，坦然信之而不贰。由其行之纯者而极于事天，则念我之所以为功于天者唯此理，而言行皆不可违其则；则确然有贞常不易之修能，而为殀为寿，皆为吾之所可以自尽而守其恒，敬以俟之而不违。若此者，乃以未生而使有生，其命在天，天有立天之道而制乎命；既生而生在我，命亦在我，我有立人之道而贞其命，君子之所以立命者此也。夫至于立命，则即我即天，而作圣之功极矣。"② "由其知之至者而天无不知""由其行之纯者而极于事天""知之至"和"行之纯"凸显了人之把握天命和新造自己性命的丰富内涵，说明人之安身立命是一个在认识天命之必然的过程中获得新造自己性命的自由，实现了必然与自由、合规律性与合目的性的有机统一。

　　船山论述的安身立命之学，在突出人之主体自觉的同时也有着对天命必然的尊重。人之立命的意义，在于以健康的心态去安然面对天命的必然。人物所遭逢的吉凶祸福之运命，从某种意义上说实属一种自然的天命。这种天命对人来说在具有偶然性的同时又具有某种不可抗拒的必然性。知天命就是要懂得天所命于人的这种集偶然与必然于一身的运命，人只能欣然接受，并以此作为修身立德、建构自己内在道德慧命的始基和出发点。把知天命与改造天命的造命有机地结合起来。在船山看来，就命之不可以人力与也而言之，则自寿殀而推之，"为穷为达，为吉为凶，理有其相因，而数亦听乎偶遇，莫

① 王夫之.四书训义：卷三十七[M]// 王夫之.船山全书：第8册.长沙：岳麓书社,1990：822.

② 王夫之.四书训义：卷三十七[M]// 王夫之.船山全书：第8册.长沙：岳麓书社,1990：823-824.

非自天主之而为命也。"另一方面，自命之可以修身而立者言之，"有天使之然，而我当之者为正；天未必使之然，而我致之者为不正。则君子知其正者，顺天之理，听天之为而受之，而不废乎身之修，乃可以安乎命之俟。夫命唯有正，则天命我以吉凶祸福之偶然，而即使我有趋吉避凶之正理。"①所以，一个人理解和知晓命运，其要义在"知其可俟也，而不可逆也。有如岩墙之下有取祸之理，而往立焉，则天未尝命我以危亡，而我自取之矣，必不立也。"②船山批判了人生遭遇宿命论，指出那种"举凡琐屑固然之事而皆言命，将一盂残羹冷炙也看得閧天动地"观点实在可笑之极，"真惭惶杀人！"在船山看来，"且以未死之生，未富贵之贫贱统付之命，则必尽废人为，而以人为可致者为莫之致，不亦舛乎！故士之贫贱，天无所夺，人之不死，国之不亡，天无所予；乃当人致力之地，而不可以归之于天。"③人的生命的终极来源是天，但生而为人还是可以作对于天，"尽人道以配天地""保天心以立人极"。人在德行层面的立命，虽然不能改变他的夭寿之命，但却可以保全上天授予他的已然之命。因此才能产生"乐天知命，故不忧"的伦理效应。乐天亦即把握天道的法则，快乐地接受天道的宰制与规约，知命亦即知道生命的道理，生命的真谛，包括自己个体生命的价值。一个人既能乐天又能知命，当然就不会有什么烦恼与忧虑了。乐天知命决不是"死生由命"的宿命论或庄子式的"安之若命"，而是建筑在对天之所命基础上的自由之识以及安于必然而又超越必然的自由伦理精神的生动体现。

船山置重的安身立命本质上是"身成"与"性成"的合一。船山指出："身者道之用，性者道之体。合气质攻取之性，一为道用，则以道体身而身成；大其心以尽性，熟而安焉，则性成。身与性之所自成者，天也，人为蔽之而不成；以道体天，而后其所本成者安之而皆顺。君子精义研几而化其成心，所以为作圣之实功也。"④在船山看来，人之所以不同于一般动物的根本之所在是人具有一种内在的德性生命精神，人的生命本身虽然是有限的，但在追寻

---

① 王夫之.四书训义：卷三十七 [M]// 王夫之.船山全书：第8册.长沙：岳麓书社,1990：825.
② 王夫之.四书训义：卷三十七 [M]// 王夫之.船山全书：第8册.长沙：岳麓书社,1990：825.
③ 王夫之.读四书大全说：卷十 [M]// 王夫之.船山全书：第6册.长沙：岳麓书社,1991：1114.
④ 王夫之.张子正蒙注：卷四 [M]// 王夫之.船山全书：第12册.长沙：岳麓书社,1992：161.

生命意义的过程中，只要能够使自我的德性生命精神与生生不息的天地精神相贯通，就可以超越有限而融入无限，建构安身立命的精神家园，并使个体生命获得一种超越必死之肉体生命的精神价值。

安身立命既内在于人生各个阶段之中，又引领和完善着人生的追求和意义建构，本质上集目的合理性和工具合理性、内在价值和外在价值于一身，体现为终生不懈的追求和实践。天积日以为岁功，岁功相积而德行其中。如果在一年的岁月中，认得某一天是岁功的开始，而开始之后就万事大吉，"听命于此一日"，而不能坚持，那就完全可能导致旷废德能的严重后果。船山力倡自强不息的坚持精神，认为只有自强不息，才能真正体认乾道和乾德，从而更好地弘扬人的主体性、目的性和自觉性，建树人自己所独有的精神慧命。船山的"性日生论"作为安身立命之道的有机组成部分，特别强调"命日受，性日生，日生则日成也"的伦理意义。自然界日日命于人，人日日受命于自然。人性就是在不断接受天之所命的同时日渐形成和发展的。与此相关，安身立命之道也是一个不断去体天恤道、弘扬人之主体性和潜能的过程，其建构亦是一个不断建构、不断丰富和不断完善的过程。

船山对安身立命之道的求索与建构内化为他自己迎战苦难人生的动能。正是苦难中对安身立命之道的求索与建构，给了船山本人极大的精神支撑和价值感召，那种在迷乱之世上不遇明君，下不得民望的人生窘境并没有止息船山"舍我其随"和"为仁由己"的人生自觉和价值担当，倒是成为砥砺人生、新造性命的源头活水。亦即船山所探寻的安身立命之道成为他自己信奉、信仰和信念的内在命根和精神魂魄。深哉，安身立命的道德精义！伟哉，安身立命的精神家园！

（原载《黄河科技大学学报》[哲学社会科学版]2017年第4期）

船山的文化自觉、文化自信和文化自强精神论

中华文化之所以能够跨越一次次历史的陷阱和思想的困顿，在革故鼎新中不断向前发展，并呈现出特有的传承定力、创造活力与蓬勃生机，究其根本原因在于产生了一批又一批对中华文化既有清醒的理性自觉，又有坚定的价值自信且有不懈的精神自强的思想家、哲学家和学问家。生当明清易代之际的王船山即是中华文化自觉、文化自信和文化自强的杰出代表。面对明清之际的民族危机和政治变局，船山把民族复兴的希望寄托在民族文化的承亡继绝和革故鼎新上，为此进行了长达40多年动心忍性的艰辛探索和深入研究，并因此形成了"希张横渠之正学"的文化自觉、"寒梅春在野塘边"的文化自信和"六经责我开生面"的文化自强。200年后船山遗书的大规模刊刻和印行，让许多在文化战线上从事继往开来事业的学人们触摸到船山精神并深深为之折服，而充溢其中的文化自觉、文化自信和文化自强的性灵和品质成为激励和敦勉人们披荆斩棘、奋力前行的力量源泉。

一、"希张横渠之正学"的文化自觉

船山的文化自觉集中表现在"希张横渠之正学"的努力与开掘之中，这种努力与开掘是建立在对中华学术史诸家理论致思、价值追求以及人文关怀等的比较与品评基础之上的，是同船山本人对中华正学寻源索流、学脉传承的深度觉解以及"仁以为己任"的使命担当密切联系在一起的。萧萐父先生

指出，面对明清之际的民族危机和政治变局，"王夫之以一定的历史自觉，从哲学上总其成，'学成于聚，新故相资而新其故'，不仅全面扬弃程、朱、陆、王，批判地总结了宋明道学，而且精研易理，熔铸老庄，旁及佛道二教，博取新兴质测之学，特别是按'依人建极'的原则，高度重视人类史观的研究，使朴素唯物辩证法的理论形态发展到顶峰，并落足到天人、理欲等关系问题上的明确的人文主义思想，预示着新的哲学胎儿已躁动于母体而即将问世。"① 船山的文化自觉源于对中国哲学与文化的深刻反思，沿着"'即事穷理''以理御心''入德以凝道''要变以知常'的认识途径，对自然和人类社会的矛盾运动进行了'会其参悟，通其错综'的辩证考察……从而把我国朴素形态的唯物辩证法推进到时代条件所允许的高度。"② 船山的文化自觉集中体现在他对儒家正学特别是张横渠正学的继承与发展上，他以"希张横渠之正学而力不能及"总结自己的学术活动，应该说，他不仅很好地承继并光大了张横渠的正学，而且也使孔孟儒学的真精神重新光耀于世，对整个中华哲学文化做出了全面系统的总结，并建立了一个立乎其大而又着眼于远、极深研几而又显察于微的学术理论体系，促进了中华正学的创新性发展。

船山在对中华学术各家各派的学术研修和比较品评中，从对中华民族整体利益和长远利益的维系与发展的角度，且从思想本身的正当性探求以及合乎中华正道的高度，认为以孔孟为代表的儒家学说，在宋代的承继者为张载，即是中华正学的集中表现，而商韩法家、佛道二教与儒家学说既有彼此之间的交锋对峙又有相互吸收与补充。理学中的程朱学派和陆王学派本质上是孔孟儒学的传扬者和阐释者，但是也有一些观点或主张偏离了儒学的正道。明清之际一些思想家如李贽、何心隐在对程朱理学的批判中又走向了另一个极端，对个人的私心、私欲作了不切实际的强调。船山在《张子正蒙注·序论》中揭示了宋明学术的传承发展线索及其程氏后学和朱子后学偏离其师祖学术方向的乖谬，指出："宋自周子出，而始发明圣道之所由，一出于太极阴阳人道生化之终始，二程子引而伸之，而实之以静一诚敬之功，然

---

① 萧萐父主编.王夫之辩证法思想引论 [M].武汉：湖北人民出版社，1984：11.

② 萧萐父主编.王夫之辩证法思想引论 [M].武汉：湖北人民出版社，1984：23.

游、谢①之徒，且歧出以趋于浮屠之蹊径。故朱子以格物穷理为始教，而檠括学者于显道之中；乃其一再传而后，流为双峰、勿轩②诸儒，逐迹蹑影，沉溺于训诂。故白沙起而厌弃之，然而遂启姚江王氏阳儒阴释诬圣之邪说；其究也，为刑戮之民、为阉贼之党皆争附焉，而以充其无善无恶、圆融理事之狂妄，流害以相激而相成，则中道不立、矫枉过正有以启之也。"③此处从学术发展史的角度论述了周敦颐对孔孟圣道发明的价值，也肯定了二程、朱熹所做出的学术贡献，同时也指出二程的门人如游酢、谢良佐等人并没能将二程的静一诚敬之功加以很好地传承，却偏向了佛教的寂灭教义；朱熹的后学饶鲁、熊禾诸儒不得要领，使朱子之学退化为训诂学。船山认为，在宋儒各派中，二程之学和朱子之学虽都是正统儒学，但皆有矫枉过正之偏，所以在战胜异端方面缺乏应有的力量，只有关学的代表人物张载的学说才是"引万派而归墟"的正学。但由于张载是无官职的平民百姓，"是以其道之行，曾不得与邵康节之数学相与颉颃，而世之信从者寡，故道之诚然者不著。"④如果张子学说能够得到有效传扬，并用张子之学"正童蒙之志于始"，那么，佛教宣说的那些非生非死之狂惑就将"不折而自摧"，陆王心学那些过度主观化的观点亦会得到有效的抵制。

为什么张子之学是中华正学的代表呢？船山认为，"张子之学，上承孔孟之志，下救来兹之失，如皎日丽天，无幽不烛，圣人复起，未有能易焉者也。"⑤这就是说，张载的学说往上继承了孔孟儒家的学术志向，往下具有挽救后来者学术之失的功能，其理论的力量如同天上的皎日可以照彻地上的幽处，使人顿生一种思想的光明。同时，船山还谈到了中华第一经《周易》的学术建造力，认为"周易者，天道之显也，性之藏也，圣功之牖也"，而张子学说也是紧紧围绕易学来展开的。他说："张子之言无非易，立天，立地，立人，

---

① 游谢指二程门人游酢、谢良佐。游酢，字定夫，福建建阳人。伊川一见，便以为其资可以进道。谢良佐，字显道，河南上蔡人，先从明道，明道卒后，复从学于伊川。

② 双峰、勿轩指朱子门人饶鲁、熊禾。饶鲁，字伯舆，号双峰，江西余干人，为朱熹第一高第黄干（勉斋先生）的弟子。熊禾，字去非，一字退斋，建阳人，学者称为勿轩先生。志濂洛之学，拜朱子门人辅汉卿为师。

③ 王夫之.张子正蒙注·序论[M]// 王夫之.船山全书：第12册.长沙：岳麓书社,1992：10—11.

④ 王夫之.张子正蒙注·序论[M]// 王夫之.船山全书：第12册.长沙：岳麓书社,1992：12.

⑤ 王夫之.张子正蒙注·序论[M]// 王夫之.船山全书：第12册.长沙：岳麓书社,1992：11.

返经研几，精义存神，以纲维三才，贞生而安死，则往圣之传，非张子之孰与归。"①张子之正学其实就是立天、立地、立人之中华易学的传承与发展，有一种"精义存神，以纲维三才，贞生而安死"的价值特质和学术品性灌注其中，彰显出"为往圣继绝学"的使命担当和价值担当。

船山推崇张子之学首先是因为张载提出了气本论，论述了世界是一种由物质形态的气所构成的。在张载看来，"气聚则离明得施而有形，气不聚则离明不得施而无形"②，气聚则为万物，通过光色显现出物的形体，使人能够看得见，气散则为虚空，无光无色，人不得而见，即便是气消散的虚空状态，也是气的存在样态。所以他又说，"太虚者，气之体"，"太虚无形，气之本体，其聚其散，变化之客形耳"，"太虚不能无气，气不能不聚而为万物，万物不能不散而为太虚。"③世界上一切有形的物体和无形的虚空，均属于"气"的存在样态，本质上都是由气所构成的，因此，世界的本原是气。这种气本论对世界的把握和认识比之程朱的理本论、陆王的心本论以及胡安国、胡宏湖湘学派的性本论都要更加符合世界的客观真实情况，所以受到王船山的高度认同。船山继承并发展了张载的气本论，并从道器、理气以及纲缊化生等方面予以创造性发展，提出了"天下惟器""无其器则无其道""一气之中，二端既肇，摩之荡之而变化无穷"④等命题，认为构成世界本原的气内涵阴与阳，因此是一个不断化生化合的纲缊体。纲缊既是万物化生的起始，也是万物化生的归宿，它以密集的压缩方式储存了万有化生的一切要素，纲缊化生的物质世界就是一个气化的世界，这一气化的世界是阴阳二气相摩相荡而形成的，也随着阴阳二气相摩相荡而发展变化。船山的气本论既有着唯物主义的因素，也放射着辩证法的思想光芒，是朴素唯物主义与朴素辩证法思想的结合。

其次，船山推崇张子之学还在于张子之学具有强烈的人本主义和民本主义的思想因素，有着对人的内在价值、尊严以及良好人际关系建构的深刻论述，与明末清初时期思想家们在抨击程朱理学价值观中所崇尚的近代人本主

---

① 王夫之.张子正蒙注·序论 [M]// 王夫之.船山全书：第12册.长沙：岳麓书社,1992：12.

② 张载.正蒙·太和篇第一 [M]// 王夫之.张载集.北京：中华书局，1978：8.

③ 张载.正蒙·太和篇第一 [M]// 王夫之.张载集.北京：中华书局，1978：7.

④ 王夫之.张子正蒙注·太和篇 [M]// 王夫之.船山全书：第12册.长沙：岳麓书社,1992：42.

义理想有更多的契合之处。虽然广义上张子之学也属于宋明理学系列,《宋史·道学传》也将张载置于道学家之列来为之立传。但是,王船山经过自己的比较和批判性分析,发现张子之学与程朱理学和陆王心学有根本的不同。船山认为,张载以"志道强礼"为治学之本,把获得知识作为人在道德上不断进步的阶梯,这样,人们就会在自己不断的求知中达到更高的人生境界。考虑到这一层,王船山认为张载的学说是人本之学,是"圣功之学"。比较而言,朱子之学则以"格物"为前提,以"致知"为目标,把人生的命运都押在"一旦之豁然"上,这就很不靠谱,而且也看不到人生境界提高的连续性和无限性,这样的学说只能称得上是"贤者之学",是理学,与张载的"圣功之学"有着本质上和境界上的根本差异。从某种意义上说,陆九渊批评朱熹"支离事业竟浮沉"有一定的合理性。当然,船山也不赞同陆九渊的"易简功夫终久大",坚持认为"尊德性"与"道问学"二者应该有机地结合起来。船山指出:"尊德性焉,而洋洋者得其体于心也;道问学焉,而优优者得其用于心也:无不与圣人之道而相符也。"[①]把"尊德性"看作是体,把道问学看作是用,体用不二,故此二者不能够割裂,必须辩证地统一起来。不仅如此,船山还深刻揭示了"尊德性而道问学"对"致广大而尽精微,极高明而道中庸,温故而知新,敦厚以崇礼"的贯穿与引领意义,认为"尊德性"富含"致广大""极高明""温故"和"敦厚"的要义,而"道问学"也具有"尽精微""道中庸""知新"和"崇礼"的深蕴,必须而且应该将其结合起来,才能真正成就"圣功之学",亦即既成就道德人格也提升智慧水平,成为一个"仁且智"的圣人。

再次,船山推崇张子之学在于张子之学有着"辟佛老而正人心"的独特功能,有着对生死问题的理性分析,建构了一种"存,吾顺事;没,吾宁也"的人生观和价值观。张载用自己的气化论和存神尽性的人生观批判了佛道二教虚无主义和悲观主义人生观。他在《正蒙·太和篇》中指出:"彼语寂灭者,往而不返;释氏以灭尽无余为大涅槃。徇生执有者,物而不化;物,滞于物也。魏伯阳、张平叔之流,钳魂守魄,谓可长生。二者虽有间矣,徇生执有者尤拂经而为必不可成之事。以言乎失道则均焉。皆不知气之未尝有有无而

①　王夫之.四书训义:卷四 [M]// 王夫之.船山全书:第7册.长沙:岳麓书社,1990:209.

神之通于太和也。"船山在综论此一段大指时指出:"贞生死以尽人道,乃张子之绝学,发前圣之蕴,以辟佛、老而正人心者也。朱子以其言既聚而散,散而复聚,讥其为大轮回。而愚以为朱子之说反近于释氏灭尽之言,而与圣人之言异。孔子曰:'未知生,焉知死。'则生之散而为死,死之可复聚为生,其理一辙,明矣。"①此处把"贞生死而尽人道"视为张子之绝学的主旨和价值旨归,有着"发前圣之蕴,以辟佛老而正人心"的独特功能。"贞生死"内含有正确地认识生死,既不能陷入"方死方生,方生方死"的生死轮回论陷阱之中,也不能以生死为空无、堕入贪生怕死的泥潭之中,贞生死的目的是为了更好地尽人道,即发挥生命的主观能动性、积极性和创造性,在存神尽性中实现生命的价值,真正做到生得有意义,死得有价值。船山发展了张载的气化论,以气之聚散为万物之成毁与人之生死,要求人们客观地认识生死这一自然现象,同时又发展了张载的存神尽性论,提出了珍生务义的伦理价值观,并由此批评了佛老患生患死的生死观。船山指出:"释、老执一己之生灭,畏死厌难,偷安而苟息,曲学拘闻见之习而不通于神化,以自画而小成,邪正虽殊,其与道违一也。"②又说:"且夫天地之生也,则以人为贵。草木任生而不恤其死,禽兽患死而不知哀死,人知哀死而不必患死。哀以延天地之生,患以废天地之化。故哀与患,人禽之大别也。"③佛老不懂得"哀死而不必患死"的道理,陷入了"患生患死"的陷阱之中,"所患者必思离之。离而闪烁规避其中者,老之以反为用也;离而超忽游侠其外者,释之以为离钩为金鳞也。其为患也均,而致死其情以求生也亦均。"④无论是老子还是佛教徒都没有脱离患生患死的陷阱,他们不仅在患生患死上是一样的,在贪生怕死上也是一样的。只有张载"辟佛老而正人心""贞生死而尽人道"才彰显了儒家生死观的真精神,建构的才是中华正学。船山的学术自觉就是要把张载的正学继承下来发扬光大。船山既继承了张载的气化论,又进一步诠释了张载由气化之自然本体论而发展出的"存顺没宁"的生死观,从而继承并发展了张载的

---

① 王夫之.张子正蒙注·太和篇 [M]// 王夫之.船山全书:第12册.长沙:岳麓书社,1992:21.

② 王夫之.张子正蒙注·至当篇 [M]// 王夫之.船山全书:第12册.长沙:岳麓书社,1992:211.

③ 王夫之.周易外传:卷二 [M]// 王夫之.船山全书:第1册.长沙:岳麓书社,1988:889.

④ 王夫之.周易外传:卷二 [M]// 王夫之.船山全书:第1册.长沙:岳麓书社,1988:889.

生死观而建立了比较合理完整的人生哲学体系。船山从生死本体论出发，把儒家之伦理道德提升为生死的根本价值，论述了珍生务义的人生观和价值观，从而为摆脱生灭的囿限，达到精神上的不朽提供了价值确证。船山认为："天地之大德者生也，珍其德之生者人也。"[①]"圣者人之徒，人者生之徒。既已有是人矣，则不得不珍其生。生者，所以舒天地之气而不病于盈也。"[②]生命是宝贵的，人应该珍惜天所赋予人的生命，好好地活着并活出自己的风采；但是人又不能仅仅停留在"珍生"的层面上，因为人世间还有比生命更加珍贵的东西，即"义"。船山指出："生以载义，生可贵，义以立生，生可舍。"[③]"义不当死，则慎以全身，义不可生，则决于致命。"[④]人在生与死的抉择中，应该以"杀身成仁""舍生取义"为最高的价值标准和价值选择，只有这样的人生才是真正有价值的人生。

船山"希张横渠之正学"的文化自觉，不仅使张横渠之正学重新光耀于世，而且使孔孟儒学的真精神得到了新的发展与弘扬，更为重要的是船山本人在这种希正学的过程中建构起了既继承张载又超越张载的哲学思想体系，从而将朴素形态的唯物主义和辩证法思想发展到一个新的阶段和水平。钱穆在《中国近三百年学术史》中通过将船山与明清之际的诸思想大家以及与宋明诸儒加以比较得出结论，认为船山之学继承了横渠长于精思、显真明体的传统，同时又能"旁治老庄佛理"，并能于"心理入微处推见症结""切中流俗病痛"，进而生发出"豁蒙辟昧之力"，从而远远超越了横渠之学，具有"掩诸家而上之"的特点。在钱穆看来，"明末诸老，其在江南，究心理学者，浙有梨洲，湘有船山，皆卓然为大家。然梨洲贡献在学案，而自所创获者并不大。船山则理趣甚深，不徒近三百年所未有，即列之宋明诸儒，其博大阂括，幽微精警，盖无多让。"[⑤]这里将船山视为明末300年来所未有的思想大家，不独如此，即便将船山置于宋明诸儒的行列予以比较，船山之学的"博大阂括，

① 王夫之.周易外传：卷六 [M]// 王夫之.船山全书：第1册.长沙：岳麓书社,1988：1034.

② 王夫之.周易外传：卷二 [M]// 王夫之.船山全书：第1册.长沙：岳麓书社,1988：869.

③ 王夫之.尚书引义：卷五 [M]// 王夫之.船山全书：第2册.长沙：岳麓书社,1988：363.

④ 王夫之.张子正蒙注·诚明篇 [M]// 王夫之.船山全书：第12册.长沙：岳麓书社,1992：20.

⑤ 钱穆.中国近三百年学术史：一 [M].北京：九州出版社，2011：102.

幽深精警"也是其他诸儒所不及的。钱穆又用以下的论说来加以确证,指出:"船山之博大精深,其思路之邃密,论点之警策,则又掩诸家而上之。其用意之广,不仅仅于社会人事,而广推之于自然之大化,举凡心物、人天,种种现象皆欲格通归纳,冶之一炉,良与横渠之学风为近。"[①]船山接过了横渠正学的衣钵,将"心物、人天,种种现象格通归纳,冶之一炉",建构了一个思路邃密、论点警策的博大精深的哲学思想体系,为中国传统哲学的创造性发展做出了自己的贡献。

二、"寒梅春在野塘边"的文化自信

船山不独有清醒的文化自觉,更有强烈的文化自信。他不仅多处讲到"吾自信也"[②],而且在深入探讨中国学术文化之真精神中挺立并强化了这种文化自信。船山的文化自信既根源于中华悠久的伦理文明和源远流长的爱国主义传统,根源于古今夷夏之通义的精神挺立与民族认同和文化认同,又根源于中华道统的精神建构与学统的精神开掘。在船山看来,中华文化虽然遭遇种种不幸,但终究能够化险为夷、转危为安。它有一种激浊扬清、革故鼎新的发展活力,有一种承前启后、继往开来的生命意志并形成了代代相传、生生不息的文化血脉。

(一)中华道统自有其为华夏文明立根、铸魂的独特妙用

中华伦理文明有一对"道"之根本义理深刻体认和核心价值系统认同的道统,并因之涵化着民族精神并生成文化根脉,进而引领和宰制着政统和学统的形成发展。以"祖述尧舜,宪章文武"为精神取向的儒家,建构起了一个自尧舜禹汤文武周公至孔孟的道传谱系。船山批判地吸收了中国历史上关于道统思想的理论成果,在对佛道二教批判的基础上,肯定张载"正学"的地位,从中华民族根本利益和长远利益以及民族文化精神等高度,重新阐释和论证儒家道统的理论内涵、价值基质和精神范导的意义。船山批评理学家把"道统"归结为"心法"或"单传"的观点,指出:"古今此天下,许多大君子

---

① 钱穆.中国近三百年学术史:一[M].北京:九州出版社,2011:124.

② 王夫之.读通鉴论:卷十五[M]//王夫之.船山全书:第10册.长沙:岳麓书社,1988:579.

或如此作来，或如彼作来，或因之而加密，或创起而有作，岂有可传之心法，直指单传，与一物事教奉持保护哉！"① 船山否定那种狭隘、诡异的道统观，对"道统"做出了颇富祛魅意蕴的理性揭示,强调道统的继任者不应仅仅局限于韩愈、朱熹等所例举的圣人，更不能将韩愈、朱熹所阐说的传承谱系绝对化、简单化，坚持认为任何自觉体认儒家伦理道德的真精神，拱立和坚守中华文明根本义理及其核心价值的人都是道统的光大者与弘扬者。船山肯定"道统"与"治统"的并列存在，指出："天下所极重而不可窃者二：天子之位也，是谓治统；圣人之教也，是谓道统。"②"道统"是"圣人之教"的伦理价值统系，含有为华夏文明立定根基、指明方向和价值范导的本根性和终极性伦理意义。中华文明的理想性建构要求把"道统"与"治统"有机地结合起来，"儒者之统，与帝王之统并行于天下，而互为兴替。其合也，天下以道而治，道以天子而明；及其衰，而帝王之统绝，儒者犹保其道以孤行而无所待，以存人道，而道不可亡。"③"不可亡"的中华道统是我们在文化上自信和价值观自信的拱心石。"道统"作为儒者所拱立和传承的核心价值系统具有"孤行而无待者也"的特质，具有超越时空的"亘天垂地而不可亡"的超越性。这一儒家自立的"纲维"自会有一种撼人心魄"而莫能乱也"的价值震慑性和伦理引领力。"天下自无统，而儒者有统。道存乎人，而人不可以多得，有心者所重悲也。虽然，斯道亘天垂地而不可亡者也，无忧也。"④ 船山作为一个传承道统价值高度自觉的学者，在孤独而无所依持的精神追求中接续儒家道统，从而使道统在困境中得以传承和发展，为中华伦理文明贡献出自己"继往圣，开来学"的历史功绩。

（二）中华爱国主义自有其凝聚国人价值共识的独特功能

"公义为上""公忠为国"以及"民为邦本"的爱国主义是中华民族精神的核心，也是船山避居山野、发愤著书的重要思想动因和精神动力来源。中华爱国主义以"苟利社稷，死生以之"为基本的价值追求，集结着成仁取义的民族正气，凸显出"先天下之忧而忧，后天下之乐而乐"的忧乐情怀，故

① 王夫之.读四书大全说：卷九 [M]// 王夫之.船山全书：第6册.长沙：岳麓书社,1991：1029.

② 王夫之.读通鉴论：卷十三 [M]// 王夫之.船山全书：第10册.长沙：岳麓书社,1988：479.

③ 王夫之.读通鉴论：卷十五 [M]// 王夫之.船山全书：第10册.长沙：岳麓书社,1988：568.

④ 王夫之.读通鉴论：卷十五 [M]// 王夫之.船山全书：第10册.长沙：岳麓书社,1988：569.

能凝聚民族共识，形成并不断强化民族的凝聚力和向心力。船山高度认同中华爱国主义的精神义理和不朽价值，并对之做出创造性阐释，认定真正的爱国主义精神本质上是"古今之通义"的价值确证和价值呈现，古今之通义也就是集中表现中华民族精神的国家民族之大义，爱国就是要爱代表中华民族整体利益的天下，爱体现公道正义的天下芸芸众生。① 船山对生民的生死和人民的价值给予了高度的关注，主张对反映"民之天"的"民之视听"予以重视，强调顺乎民心，尊重民意，并把爱国的实质归结到爱民上来。

在《黄书·宰制第三》中，船山指出："是故中国财足自億也，兵足自强也，智足自明也。不以一人疑天下，不以天下私一人，休养厉精，士佻粟积，取威万方，濯秦愚，刷宋耻，此以保延千祀，博衣弁带，仁育义植之士旷，足以固其族而无忧矣。"这是一段对国家民族自信和文化自信的经典论述，深情地揭示出中华民族有足够的财力能够使其成员更好地生聚繁衍，有足够的兵力来实现富国强兵的价值目标，有卓尔不群的伦理文化和民族精神代代相传，有为国民提供精神武装和价值砥砺的独特优势。更为重要的是"不以一人疑天下，不以天下私一人"的天下主义及其核心价值观，能够形成民族的价值共识和道德共识，建构民族安身立命的共有的精神家园。以爱国主义核心的民族精神及其中华核心价值观一定能够促成中华民族的精诚团结，形成坚如磐石的民族凝聚力、向心力和吸引力，从而在未来的岁月里产生荡涤秦愚、洗刷宋耻和复兴民族的伦理效应，催生民族走上伟大复兴的壮阔道路。

（三）中华文化"参万岁而一成纯"的价值建构自有其不可遮掩的光芒

中华文化不是一种气量狭小、格局偏窄且着眼于短期应对的俗世主义或实用主义文化，虽然它也有对于世俗生活的基本肯定和对起居伦常的注重，但是整体上看，它始终有着既扎根世俗生活的泥土而又破土朝向灿烂天空的超越性追求，有着"致广大而尽精微""极高明而道中庸"的"由凡入圣"和"圣凡合一"的价值追求。船山肯定庄子"参万岁而一成纯"的命题及其背后所隐含的伦理意义，认为一种伟大的文化必然要把视野朝向万古长空而不局限于一时一隅。一个人乃至一个群体的生活范围也许是极其有限的，但是一

---

① 王泽应 . 王夫之"古今之通义"的深刻内涵与价值建构 [J]. 船山学刊 ,2015(3).

个人的心志和精神追求却不应该为这种生活范围所束缚，他应该超越生活环境的有限而去寻觅万世的生活理想和精神价值，有一种如同张载所言的"为往圣继绝学""为万世开太平"的价值追求及其伦理禀赋。儒家创立之始就十分强调创业垂统和建纲立极的伦理意义，凸显了"止于至善"和终极关怀在伦理精神和价值体系中的地位，并把"谋道不谋食""忧道不忧贫"视为士君子的人格操守和伦理禀赋，彰显了超迈现实生活和面向未来的价值感召性和伦理合理性。这种"参万岁而成一成纯"的伦理文化使得"居于陋室"的人们也能"心怀天下"，从而不断激励其改造现实以及改造自我的精神动能。中华伦理文化因其"注目于远"自会有一种跨越时空的独特魅力和神韵，这是我们之所以能够产生文化自信的一个价值支点，也意味着我们要为其增加新的光辉也一定要有一种"千秋万代"的价值思维和伦理执着。自信是对"参万岁而成一成纯"之精神气量和高远心志的高度肯定，也彰显出对创业垂统、建纲立极之精神的深情礼赞及其由此所形成的"趋向崇高""止于至善"之伦理品质的仰视和坚守。

整体而言，船山之所以能在"湘西草堂"几十年峥嵘岁月中发奋著述，探寻民族复兴和文明复兴的内在机理和路径，是因为他心目中积淀并充盈其中的民族自信和文化自信，这种民族自信和文化自信既敦勉和激励他"情不容吝"地去揭橥其内在价值和超迈品性，也使他本人获致一种战胜生活苦难和个体生命之疾病缠身的内在力量。"寒梅春在野塘边"这一诗句是船山对中华文明自信的形象阐释，也昭示着中华文明春意盎然、生机无限、不可阻挡。

三、"六经责我开生面"的文化自强

船山既有清醒的文化自觉，又有坚定的文化自信，更有融入生命运程和机理的文化自强。在船山看来，中华文化要实现古而不老、久而不衰的传承与发展，就必须弘扬自强不息的民族精神并以此来从事文化的推陈出新、革故鼎新，进而实现其创造性发展。

（一）文化自强必然要求对文化做出革故鼎新式的创造与发展

革故鼎新是中华民族精神的要义之一，船山对"苟日新，日日新，又日新"的精神予以全面总结与系统发挥，特别强调道德上的日新或"与时偕行"，提出了"道莫盛于趋时"和"日新之谓盛德"的命题并对之予以深刻论证，强调人们应该在道德上不断地追求和超越，生命不息，修养不止，使人格日臻完善，成为真正有道德的人，进而促进社会的改造与发展。他从修己的角度探讨并论述了自强不息的精神内涵，强调君子修己当以自强不息为要，应当"以乾自强"。他说："纯乾之卦，内健而外复健，纯而不已，象天之行。君子以此至刚不柔之道，自克己私，尽体天理，发愤忘食，乐以忘忧，不知老之将至，而造圣德之纯也。"①君子之强是自强不息，本质上是修己成己之道，要求人们以天之健行之乾德来自克己私，使自己成为一个在道德上不断进取、不断完善的人物。船山认为，人来到这个世界，就应当体天恤道，"保天心以立人极"，"贞生死而尽人道"，做一个顶天立地的人。他指出："天地既命我为人，寸心未死，亦必于饥不可得而食、寒不可得而衣者留吾意焉。"②又说："天地授我以聪明，父母生我以肢体，何者为可以竭精疲神而不可堕？思之思之，尚知所以用吾勤乎！"③中华民族之所以能够跨越历史的沟沟坎坎，一次次地实现"衰而复兴""阙而复振"，就在于有一种自强不息的民族精神。这种自强不息的民族精神体现在文化上就是文化自强。文化自强特别强调文化精神上的建设与创造，强调要以自强不息的精神来从事精神文化的创造，不断激活中华文化的生命力和创造力，使其在革故鼎新中不断发展。

船山将革故鼎新与"道莫盛于趋时"的伦理命题有机地联系起来，坚持认为"道莫盛于趋时"既是一种"道"自身运行和发展的规律，又是"道"之所以能够宰制自然、规范人生的内在机理。"道"的趋时更新是自然界和人类社会发展变化的根本原因。无论对于人类社会的改造亦或是对于人类自我的改造都有一个尊道而为、依道而行的伦理要求，此即是吐故纳新、革故鼎新。中华文明是一种古老而又弥新的伦理文明，《诗经》上所言的"周虽旧邦，其命维新"是对中华文明特质的价值揭示，"旧邦新命"蕴含着革故鼎新、吐故纳新以及推陈出新等多方面的伦理要义。我们要能对中华伦理文明做出创

① 王夫之.周易内传：卷一 [M]// 王夫之.船山全书：第1册.长沙：岳麓书社,1988：55.

② 王夫之.俟解 [M]// 王夫之.船山全书：第12册.长沙：岳麓书社,1992：488.

③ 王夫之.俟解 [M]// 王夫之.船山全书：第12册.长沙：岳麓书社,1992：494.

造性的发展和贡献，就必须与时偕行，不断地在继往的同时开来，此即是文化自强和思想创新的本然之义，也是一个深受中华文明深恩的学人和后代应有的伦理品性和道德禀赋。

（二）文化自强呼唤并要求"舍我其谁"的文化担纲意识

船山是中国历史上文化自强的典范性人物，他毕生以"六经责我开生面"的精神自许，希望通过弘扬和创新中华文化来成就自己的学术志业和实现人生价值。《诗广传》卷四有言："孰有当迷乱之世，上不获君，下不获民，志勿为之荼，皇然念四国之训乎？隆然谋四国之顺乎？谋唯恐其不訏，而不忧其大而不容乎？犹唯恐其不远，而不忧其深而逢忌乎？能此，然后一旦举六宇以任之，目昭心旷，习于光大，而铢两之计、穴罅之智、不足以动其心而成其大业，退不见有生之乐也，进不见天下之利也。故君子之视察察之智、放达之识，如盎缶而已矣……"①这一段颇具自白心迹的名言，是船山对有为之君子敢于担当、率天载义之人格品质的深情礼赞，浸润其间的是"仁以为己任"的使命担当和"舍我其谁"的责任意识。面对着中华文化在明清鼎革之际所遭遇的坎陷和种种危机，船山挺身而出，以前所未有的使命意识和责任担当从事着中华文明承亡继绝的宏大志业，渴望能够经由自己的系统总结、理性反思和价值重构使中华文明实现"阙而复振""衰而复兴"的理想目标。在当时那样一个"天崩地解"的危亡之世，一些人以个体性命的苟活而聊以度日，有谁在自身性命都难以保全的情况下还去从事中华文化的阐幽探微、极深研几而寄望"贞下起元"呢？有谁在那样一个迷乱之世仍能孜孜不改文化自强之志而且唯恐自己探讨得不深入、研究得不全面、总结得不到位，即便有第二次生命都觉得不够用呢？那是一个迫切需要学术自强和文化自强的时代，船山在认识到时代需要和文化需要的价值理性基础上展开了"动心忍性"的苦斗，充溢于他那内在心灵的始终是民族文化复兴的理想和学术建构、理性致思。他以"舍我其谁"的文化精神从事着中华文化和哲学的系统总结、全面清理和理性反思，不仅重建中华正学的风骨和框架，而且开启了中华文化由中古而向近代过渡的端绪，"鸡声历历曙光微"是船山在深夜著述中所寄

---

① 王夫之.诗广传：卷四 [M]// 王夫之.船山全书：第3册.长沙：岳麓书社,1992：467.

寓的不尽理想及其文化精神，昭示的是黑夜之后文化朝日的喷薄欲出。这又是怎样一种文化自强的精神品质及其价值证成啊！

（三）"残灯绝笔尚峥嵘"的风骨是文化自强最好的精神确证

船山的文化自强精神体现在他以病弱之躯去孜孜以求文明复兴要义的学术生涯中。晚年的船山生活困顿，身体多病，仍坚持着未竟的文明复兴志业。《病起连雨》有"白发重梳落万茎，灯花镜影两堪惊"，"故国余魂常缥缈，残灯绝笔尚峥嵘"[①]的诗句，表达了船山在因病枯瘦如柴的形体内仍跃动着一颗"绝笔峥嵘"的赤子之心，身体的抱恙无法止息其学术上"仰高钻坚"般的价值企求，虽"腕不胜砚，指不胜笔"，仍有一种"力极而纂注"[②]的生命意志和人格操守闪烁其中。《船山记》借"顽石"而自喻的底部其实就是历尽苦难痴心不改的学术自强和文化自强之志。船山在隐居"湘西草堂"的数十年时间，将自己的文化理想、伦理精神和道德品质化为笔底风云，"分言之则辨其异"，"合体之则会其通"，对中华文化多部经典均做出了别开生面的分析论述，建构了一个博大精深而又自成一家之言的理论体系，将中国古代的唯物主义和辩证法以及民生史观发展到最高峰，留给后世一笔精深厚重的哲学和文化遗产。

船山的文化自觉、文化自信和文化自强是中华民族精神的集中体现。他在明清易代的艰难生活中所陶铸并通过著述所体现出来的文化自觉、文化自信和文化自强精神在近代激励着不少对中国文化作传承发展之士的性灵、胸次，成为其披荆斩棘、奋勇前行的力量源泉。当今，中华民族正行进在走向伟大复兴的征程中，建设与中华民族伟大复兴相一致并能引领中华民族伟大复兴的新的中华文化，迫切需要我们有清醒的文化自觉、坚定的文化自信和不懈的文化自强。承继并弘扬船山的文化自觉、文化自信和文化自强精神，对于我们培育和发展新时代的文化自觉、文化自信和文化自强，无疑有着重要的价值启迪和精神激励作用。

（原载《中原文化研究》2018年第4期）

---

① 王夫之.姜斋诗集·七十自定稿[M]// 王夫之.船山全书：第15册.长沙：岳麓书社,1995：412.

② 王敔.大行府君行述[M].北京：中国书店，2016：245.

船山学的学术基质

船山学是中华国学的重要组成部分，是指由船山本人所阐释和建构起来的学术思想体系及其后人对船山思想和精神研究成果的总和。在船山学的思想研修和体系建构中，船山本人阐释和建构的学术思想体系是原初的理论基点和学人们不断聚焦、不断接近和不断深入研究的原点，后人对船山学的理论致思、学术品评以及体系建构则是从船山思想体系出发的再研究与再建构，二者组合成了船山学的义理建构和体系建构。

就船山本人对其学术致思和建构的成果而言，可以用船山的三句名言来概括，此即"坐集千古之智""希张横渠之正学""六经责我开生面"。

一、"坐集千古之智"

"坐集千古之智"是说船山治学是建立在对前人学问全面系统总结基础之上的，有一种对中华学术予以全面清理、深刻反思和系统总结的学术自觉和不懈努力。它不仅揭明了船山学得以挺立的思想来源和学理基础，也昭示出船山学集中华学术之大成的建构意义和精神气象。在中华学术史上，孔子是集大成的代表人物，他对中华学术做出了第一次全面系统的总结。《孟子·万章下》有言："孔子之谓集大成。集大成者，金声而玉振之也。金声也者，始条理也。玉振之也者，终条理也。"金声玉振是孟子用来比喻孔子对中华学术全面系统的整理总结及其所做出的贡献的词语。司马迁《孔子世家》对孔子

"追迹三代之礼，序《书》传，上纪唐虞之际，下至秦穆，编次其事"以及"以《诗》《书》、礼、乐教"的学术文化总结贡献也做出了高度的肯定。除孔子外，荀子、董仲舒、朱熹、王船山等人也对中华学术文化做出了全面系统的总结。从某种程度上说，船山的总结似乎有超越荀子、董子、朱子而遥契孔子的意义。现代中国著名哲学家冯友兰认为，"王夫之的历史任务是对中国封建社会的文化，特别是哲学中的各种问题作总结。这个任务他出色地完成了"。"王夫之的学问广博，对于儒家的重要经典都作了注解，对于以前的哲学思想都有所讨论和批判。"①船山生当明清鼎革之际，试图对引起当时社会变故、民族危机的内在因由予以学术文化史的全面考察和系统总结，以其为锻铸未来寻找新的希望的种子。他以清醒的文化自觉和"学成于聚，新故相资而新其故"的精神，从经史子集诸领域总其成，不仅全面扬弃程、朱、陆、王，批判地总结了宋明道学，而且精研易理，熔铸老庄，旁及佛道二教，对中华学术文化做出了堪比孔子的全面系统的清理、总结和反思，由此使其学术呈现出"分言之则辨其异，合体之则会其通"的特点，这是船山学博大精深、含义微妙的根本所在。

二、"希张横渠之正学"

"希张横渠之正学"是说船山学在对宋明道学比较品评的过程中希翼阐发张载关学的精深义理，弘扬张载关学的真精神的一种学术致思路径及其学术价值追求，标接出船山学在对中华学术文化特别是宋学义理探求和价值建构上的自我定位，也道明了船山学希翼弘扬中华正学的理论品味和学术指向。船山学在对中华学术各家各派的学术研修和比较品评中，从对中华民族整体利益和长远利益的维系与发展的角度，且从思想本身的正当性探求以及合乎中华正道的高度，认为以孔孟为代表的儒家学说，在宋代的承继者为张载，即是中华正学的集中表现。而商韩法家、佛道二教所宣扬的人生哲学、道德哲学多有偏离中华正学的乖谬之处，则是他所要去批驳和匡正的。此即是船山所言的"辟佛老而正人心"。船山认为，在宋儒各派中，二程之学和朱子之

---

① 冯友兰.中国哲学史新编：下 [M]. 北京：人民出版社，1998：328,331.

学虽都是正统儒学，但皆有矫枉过正之偏，所以在战胜异端方面缺乏应有的力量，只有关学的代表人物张载的学说才是"引万派而归墟"的正学。张子之正学其实就是立天、立地、立人之中华易学的传承与发展，有一种"精义存神，以纲维三才，贞生而安死"的价值特质和学术品性灌注其中，彰显出"为天地立心，为生民立命，为往圣继绝学，为万世开太平"的使命意识和价值担当。张子之正学"上承孔孟之志，下救来兹之失"，其理论的力量如同天上的皎日可以照彻地上的幽处，使人顿生一种思想的光明。但由于张载是无官职的平民百姓，"是以其道之行，曾不得与邵康节之数学相与颉颃，而世之信从者寡，故道之诚然者不著。"如果张子学说能够得到有效传扬，并用张子之学"正童蒙之志于始"，那么，佛教宣说的那些非生非死之狂惑就将"不折而自摧"，陆王心学那些过渡主观化的观点亦会得到有效的抵制。对张子之正学和对中华正学的倾慕及其所做出的肯定性接续与弘扬，无疑是船山学之学术气质、学术追求的集中呈现，也彰显出船山学走向主流和引领潮流的学术特质和价值禀赋。

三、"六经责我开生面"

"六经责我开生面"是说船山学既以六经为根源，守护中华文化之根脉，又对六经做出创造性诠释，赋予六经新的时代内涵，开拓出中华文化新的局面和气象的学术品质和创新个性。船山学在"学"与"思"诸环节上都坚持并弘扬"必在我而审其从违"的学术独立性和学术主体性，始终洋溢着一种革故鼎新和文化自强的精神，且在"道莫盛于趋时""德莫贵于日新"道德信念的支撑下，将眼光投向于未来民魂、国魂的锻铸以及华夏民族的"衰而复兴""阙而复振"这一宏大志业上，以此来建构面向未来的中华学术新体系。船山以"六经责我开生面"的学术精神献身学术，"究天人之际，通古今之变，原人境之美，穷性命之原，明兴亡因革之理，在哲学思想、史学思想、道德伦理思想、政治经济思想、文艺美学思想、宗教思想诸方面都做出了'推故而别致其新'的新突破和新贡献。"[①]为中华民族留下了一份精深厚重、历久弥

---

① 参阅萧萐父，许苏民. 王夫之评传 [M]. 南京：南京大学出版社，2002：608.

新的精神文化财富。钱穆在《中国近三百年学术史》中通过将船山与明清之际的诸思想大家以及与宋明诸儒加以比较得出结论，认为船山之学，继承了横渠长于精思、显真明体的传统，同时又能"旁治老庄佛理"，并能于"心理入微处推见症结"，"切中流俗病痛"，进而生发出"豁蒙辟昧之力"，从而远远超越了横渠之学，具有"掩诸家而上之"的特点。在钱穆看来，"明末诸老，其在江南，究心理学者，浙有梨洲，湘有船山，皆卓然为大家。然梨洲贡献在学案，而自所创获者并不大。船山则理趣甚深，不徒近三百年所未有，即列之宋明诸儒，其博大闳括，幽微精警，盖无多让。"①这里将船山视为明末300年来所未有的思想大家，不独如此，即便将船山置于宋明诸儒的行列予以比较，船山之学的"博大闳括，幽深精警"也是其他诸儒所不及的。侯外庐先生在《船山学案》指出："夫之先生的学术，比清初的诸大儒都要丰富多面……夫之先生的学术是清以前中国思想的重温与发展，他不但把六经别开生面地重新解说，而且从孟子以后的中国哲人多在他的理性主义批判之下翻案估定，所以他的思想涵盖了中国学术史的全部传统……他在瑶洞里著作，有那样大的成就，我们不能不钦服他可以和西欧哲学家费尔巴哈并辉千秋，他使用颇丰富的形式语言成立他的学术体系，我们又不能不说他可以和德国近世的理性派东西比美。"②应该说，侯外庐先生的评价是契合船山"六经责我开生面"的学术品质及其创造性建构的实际的。船山学"六经责我开生面"的学术品质及其学术建构是船山学具有跨越时空、超越国界之永恒魅力的源泉和集中表现。

从船山学"坐集千古之智""希张横渠之正学"和"六经责我开生面"这三大学术基质而言，我们可以说，船山学是中华国学中承前启后、继往开来的典范，表现出我们如何对待国学、如何研究国学以及如何赋予国学新的时代内涵应有的态度和精神，对于我们既礼敬中华国学又促使其实现创造性转化和创新性发展，具有极其重要的精神启迪和价值砥砺意义。

（原载《光明日报》"国学版"2018年3月31日）

---

① 钱穆.中国近三百年学术史[M].北京：九州出版社，1986：108-114.

② 侯外庐.船山学案[M].长沙：岳麓书社，1982：1-5.

船山学的博大精深和别开生面

——纪念船山诞辰 400 周年

船山学是船山思想和精神品质的学理化体现和体系性呈现，是船山思想和精神品质能够自成体系并长久绵延的内在机理和学术价值之综合凝结。船山学不同于那些当时闻名遐迩而后却湮没不彰的学说的地方到底表现何在？为什么它能够在200年以后的中国发生持续且不断精进、深入的影响？它之超越时空的神韵和魅力究竟是什么？这是令许多船山学爱好者和研究者十分感兴趣的话题。在中华国学发展史上，像船山学那样既继中华之正学又予以创造性开新并在朴素唯物论的基础上把朴素辩证法发展到时代条件所允许的高度，从而使其最接近马克思主义的世界观和价值观，整体上看并不多见。船山学的横空出世，有着它特有的社会历史条件和学术渊源，同时也与船山本人"极物理人事之变，以明得失吉凶之故"①的学术自觉以及"六经责我开生面"的学术自强有着最为内在的联系，与他自觉继承张载的"正学"又精研易理、改铸老庄、扬弃程朱、批判佛学和吸取新兴质测之学的治学方向和方法有着密切的关系。船山学之所以具有跨越时空的独特神韵和魅力，既在于它对中华学术文化或国学特别是中国哲学思想做出了全面系统的总结，从而显示出一种集大成的学术特质，也在于它在总结中华学术文化的基础上试图促使其别开生面向前发展，提出了一系列破快起蒙的新命题、新观点和新思

① 王夫之.周易内传：卷一 [M]// 王夫之.船山全书：第1册.长沙：岳麓书社,1988：41.

想，体现出一种"新故相资而新其故"或革故鼎新的学术品质。总结并开掘船山学历久弥新的学术品格、学术神韵和魅力，既是实现中华国学创造性转化和创新性发展的内在要求，也是繁荣和发展当代中国哲学社会科学的深刻呼唤。

一、博大："坐集千古之智"与"其学无所不窥"

船山学具有集大成的学术特质，是对船山之前各家各派学术文化的全面总结和系统清理。康熙五十年，李周望（时任湖广学政）为船山的《张子正蒙注》作序，指出船山"于学无所不窥"，"是先生之学，固合马、郑、伏、刘、何、杜、匡、辕、涑水、紫阳、王弼、向秀、王逸诸子之学，萃于一身，其才高而学赡为何如也。"①认为船山学有着将先秦子学、两汉经学、魏晋玄学和宋明理学集于一身的学术特质，它全面吸收了如马融、郑玄、伏生、刘歆、何晏、杜元凯、匡衡、辕固生、司马光（世称涑水先生）、朱熹（别称紫阳）、王弼、向秀、王逸等人的思想精华，体现了一种"坐集千古之智"的博采广纳和圆融性创造。当代著名船山学专家张立文先生认为船山学"纵贯周秦百家和两汉经学，魏晋玄学，隋唐佛、道之学和宋明理学；横摄经学、史学、子学、集学；博通诗、词、歌、赋。其学术思想之广大，成就造诣之高深，在中国学术史上可谓罕有者之一。"②应该说，李周望和张立文先生对船山学"于学无所不窥"以及"集大成"的论说是符合船山著述和思想实际的。船山在论学问百川归海时有言："百川学海而至于海，苟学焉而皆以至也。以其至而尽于一川也，陋矣。知海之非一川，而谓川无所至也，亦陋矣。"③船山对先秦至明清之际的学术思想均做出了比较全面的梳理与总结。

船山学"以汉儒为门户，以宋五子为堂奥"④，故而具有"汉宋兼采"的学术特质。船山虽承宋学之后，解经重在探寻义理，但极为重视汉代以来的古

① 李周望.《张子正蒙注》序 [M]// 王夫之.船山全书：第16册.长沙：岳麓书社,1996：398–399.

② 张立文.正学与开新：王船山哲学思想 [M].北京：人民出版社，2001：1.

③ 王夫之.春秋家说 [M]// 王夫之.船山全书：第5册.长沙：岳麓书社,1993：263.

④ 清史列传·王夫之 [M]// 王夫之.船山遗书：第15册.北京：中国书店，2017：260.

文经学，认为读经自考文始，不从事于文字名物训诂，就无由以通经。从船山治经的过程来看，诸经稗疏多成于传、义、章句之前，也就说，经学义理以经学考据为学问基础。船山学不仅融合了两宋道学中的周张之学和程朱之学，而且融合了汉学和宋学。段谔廷说："谔廷曩求得衡阳王船山先生《易》《诗》《书》《春秋稗疏》读之，知其志在集汉宋之大成，卒能身困而心亨，节艰而学粹，濂溪而后，于吾楚诸儒得不首屈一指哉？"①汉学重考据，宋学重义理，船山之学兼容汉学与宋学之长，而集大成。谢鸿熙在1934年《船山学报》第2卷第6期撰文论述船山学说与中国关系时指出："船山先生之学说，集汉宋诸儒之长，而尤切于实用，咸、同之间，海内鼎沸矣。湘乡曾文正公，以船山先生之心为心，有助于覆物之仁，经邦之礼，出其所学，卒以拯生民于涂炭。则知船山学说之可以兴国，固不在阳明之下矣。"②"集汉宋诸儒之长"是船山学一个基本特征，也显示了船山学博大宏阔的学术品质和精神气象。船山学既有汉学注经、解经的深厚功底，又有宋学阐扬义理的精湛智慧，故而能够"立文苑儒林之极，阐微言绝学之传。"③船山"自少喜从人间问四方事，至于江山险要，士马食货，典制沿革，皆极意研究。读史注疏，于书志年表，考驳同异，人之所忽，必详慎搜阅之，而更以闻见证之，以是参驳古今，共成若干卷。"④船山在注经、解经的过程中既注意消除历代理解者、解释者和文本原作者之间由于时间差而产生的误解和误读，试图还原经典文本原来的意思，又致力于开掘前人所未曾发现的新的意蕴。刘人熙在读《四书训义》后撰文指出："《训义》发紫阳之微言大义，并其所以至此者而亦传之，使学者得入其门焉。"该书"阐邹鲁之宏旨，畅濂洛之精义，明汉唐之故训，扫末学之秕糠，儒林鸿制，伟矣皇哉。"⑤船山《四书训义》不仅深刻地阐扬了孔孟儒学的宏大旨归或目的性追求，而且使濂溪学和洛学的思想精义得以掘发畅通，不仅对汉唐时期四书的多种诠释文本有揭明倡扬的功效，而且将那些背离四书

① 段谔廷.儒粹[M]// 王夫之.船山全书：第16册.长沙：岳麓书社,1996：551.

② 谢鸿熙.论船山学说与中国关系[J].船山学报,1934(6).

③ 邓显鹤.王夫之[M]// 王夫之.船山遗书：第15册.北京：中国书店,2016：267.

④ 王之春.船山公年谱[M]// 王夫之.船山遗书：第15册.北京：中国书店,2016：251.

⑤ 刘人熙.四书训义叙[M]// 王夫之.四书训义：下[M]// 王夫之.船山全书：第8册.长沙：岳麓书社,1990：976.

精义的肤浅著述及其糟粕一扫而光，从而使得该书成为"儒林鸿制"。其他如《读四书大全说》《张子正蒙注》《读通鉴论》《宋论》《黄书》《思问录》等莫不"敷宣精义，羽翼微言"，[①] "原本渊源……往乘原反之故，靡不有以显微抉幽，晰其奥窔。"[②]

　　船山学的博大不独在对儒家四书做出了全面系统的考订、解读与训义，而且对五经亦做出了言之有据的疏解和微言大义的引述，从而极大地总结并推进了儒学的发展。船山于易学研究领域写有《周易内传》《周易外传》《周易大象解》《周易稗疏》。在《周易内传发例》中，船山回顾了自己自"隆武丙戌"开始有志于学易，在"避戎于莲花峰"时进入其堂奥，"乙未于晋宁山寺"开始撰写《周易外传》，"丙辰"撰写《周易大象解》，乙丑又为"从游诸生"作《周易内传》的学易和研究易经的学术历程，坦陈："初得《观》卦之义，服膺其理，以出入于险阻而自靖。乃深有感于圣人画象系辞，为精义安身之至道。"[③] 船山以至深且远的忧患意识，体悟易学的真精神，建构了他的易学思想体系。船山易学的重心是要揭示"乾坤并建"而不独建的义理，指出："《周易》并建《乾》《坤》为太始，以阴阳至足者统六十二卦之变通。"并认为"阴阳二气纲缊于宇宙，融结于万汇，不相离，不相胜，无有阳而无阴，有阴而无阳，无有地而无天，有天而无地。故《周易》并建《乾》《坤》为诸卦之统宗，不孤立也。"[④] 天地共同发生功用。天给万物以存在及其性质，地给万物以存在之展开与性质所以发生功效的现实能量。在揭示"乾坤并建"之义理的基础上，船山阐释并强调"占学一理""象爻一致"和"四圣一揆"在易学中的独特地位。"占学一理"是指《易经》虽是一部占卜吉凶得失的筮书，但是又是通过占卜吉凶得失而富含义理的一门学问，"文王周公之彝训，垂于筮氏之官守且然，而况君子之有为有行而就天化以尽人道哉！"[⑤] 在船山看来，占义不占志，为君子谋不为小人谋，是《易经》区别于占卜书的根本点，易学本质

---

① 王之春.船山公年谱[M]// 王夫之.船山遗书:第15册.北京:中国书店,2016:251.

② 余廷灿.王船山先生传[M]// 王夫之.船山遗书:第15册.北京:中国书店,2016:254.

③ 王夫之.周易内传发例[M]// 王夫之.船山全书:第1册.长沙:岳麓书社,1988:683.

④ 王夫之.周易内传:卷一上[M]// 王夫之.船山全书:第1册.长沙:岳麓书社,1988:43页,第74.

⑤ 王夫之.周易内传发例[M]// 王夫之.船山全书:第1册.长沙:岳麓书社,1988:653.

上是一种精义之学，平时学易理当应向"义"上学，临时占易也应当就"义"上去占。《象》《爻》一致是指言乎象的象辞和言乎变的爻辞具有一致性，因此不能离开爻辞来孤立地探论象辞，也不能脱却象辞来抽象地探论爻辞。"四圣一揆"是指伏羲、文王、周公、孔子四位圣人在对待易学基本精神和态度上的一致。《易》为往圣所传之大道所在，是"伏羲、文王、周公、孔子继天立极，扶正人心之大法。"船山的易学正是因为置重乾坤并建、占学一理、象爻一致和四圣一揆而有别于其他各家易学，是一种从整体上注重对立面统一的易学理论，不仅对宇宙的缊缊化生、天地的变化和人事的代谢有比较精当的论证，而且凸显了对立双方相互运动变化对统一体的影响，揭示了事物变化发展的动力和源泉。

船山在尚书学方面的研究成果体现在《尚书稗疏》和《尚书引义》二书中。《尚书引义》有着对治道人事、知行关系、心物关系、义利关系等的深刻探讨和论述，既强调尊重天道规律，否定唯意志论，又重视弘扬人的主体性，反对历史和人生宿命论，并对宋明理学的理本论、心本论、性二元论多有辩证性的批判。他还提出了"日生则日成"的人性论，认为人性未成可成，已成可改，人性的善恶不是先天的、不可改变的，而是后天行为和习染的产物，要成就善良的人性，必须不断地加以修养并注重躬行践履。《尚书引义》推崇"诚"的实有精神，认为天地万物是实存的，天道固有的本性即是诚，人效法天道，当以思诚、明诚而涵养诚心诚意，并以务实求真、实事求是和躬行践履来更好地认识和改造客观世界和主观世界。

船山对诗经学的研究主要集中在《诗广传》和《诗经稗疏》二书。《诗广传》"从个人的哲学、历史、政治、伦理和文学的观点出发，对《诗经》各篇加以引申发挥，所以叫作《广传》。"[①]《诗广传》云："情为至，文次之，法为下。"文从情生，情发为文，特定的情景产生特定的诗文，因此船山论诗称："景以情合，情以景生。"情是生命动能的呈现，在道德上既可以为善，即达善成善之情，也可能于善有违。对于于善有违的情，船山主张加以必要的引导和理性的规约，而不是简单地主张加以禁绝或溟伏。船山综合、继承和发

---

① 王孝鱼．中华本点校说明 [M]// 王夫之．船山全书：第3册．长沙：岳麓书社,1992：517.

展了古典诗学理论中的"言志缘情"的优秀传统，总结并发展了"诗道性情"的诗学本体论。

船山对于"礼学"著有《礼记章句》49卷。《礼记章句》是船山礼学研究的代表作，对《礼记》中蕴含的礼学思想做出了比较全面的总结与分析。他在卷一中揭橥自己研究礼记的心志是"悼大礼之已斩，惧人道之不立，欲乘未死之暇，上溯三礼，下迄汉、晋、五季、唐、宋以及昭代之典礼，折衷得失，立之定断，以存先王之精意，征诸实用，远俟后哲。"①虽然他取的是戴圣所述之礼记，作的是章句，恐于微言有所不逮，但是萦绕他心中的始终是"人禽之辨、夷夏之分、君子小人之别"。因此在为《礼记》作章句的时候"未尝不三致意焉"，意即非常认真专注，尽心尽力。此书虽为分章逐句训诂疏释《礼记》之作，但却蕴含着深刻的弘扬《礼记》义理精神的论述，有着对儒家礼学精义的独特理解和创发性论述。

关于"春秋学"，船山著有《春秋家说》《春秋世论》和《续春秋左氏传博议》三部著作。船山称《春秋》为"义海"。《春秋》三传大义，本在夷夏大防。基于深切的亡国之痛和亡种之忧，以及强烈的民族文化危机感，船山认为，夷夏大防不在人禽，不在种族，而在文化，即礼的有无与存亡。船山《春秋世论》"盖酌《春秋》之义，纲之以天道，即之以人心，揣其所以失，达其所以异，正之以人禽之辨，防之以君臣之制，策之以补救之宜者，非直一世之论。故其书泛论古今，颇多明快之论。"②船山春秋学在纵论历史事实及其兴亡机理方面多有洞彻底蕴、直抒胸臆的阐说，而其最受世人称道的乃是奔涌于文字中的家国情怀、民族大义和文明慧思。

船山学的博大不惟对儒家四书五经做出了全面系统的总结与清理，且充溢着对先秦子学、两汉经学、魏晋玄学、隋唐佛学和宋明理学深入的研究和品评。对待先秦儒、墨、道、法、兵、农诸家，船山都做出了自己的批判性总结，其中既有对孔孟儒家思想传统和核心价值的肯定，亦有结合学术成果和社会现实对孔孟儒家思想的发展；既有对老庄道家"有生于无"以及执着于全性保真之个体生命的深刻批判，也有对其朴素辩证法思想的吸收与认可。

---

① 王夫之. 礼记章句序 [M]// 王夫之. 船山全书：第4册. 长沙：岳麓书社,1996：10.

② 杨树达. 杨树达省志艺文志初论 [M]// 王夫之. 船山全书：第5册. 长沙：岳麓书社,1993：533.

对待两汉经学、魏晋玄学、隋唐佛学、宋明理学，船山既吸收其某些思辨性的哲学智慧，也对其以空无为本的哲学世界观以及虚玄的学风做出了尖刻的批判。船山学的博大赋予船山学一种"坐集千古之智"和"其学无所不窥"的学术特质，彰显出船山学"学成于聚，新故相资而新其故；思得于永，微显相次而显察于微"①的学术气象，从而能够建构起自己"致广大而尽精微，极高明而道中庸"的思想体系。

二、精深："极深研几"与"理趣甚深"

船山学以博大成其浩然气象，以精深筑其沉潜底蕴，从而在"致广大"的同时又有"尽精微"的基质。船山学的精深是同"极深研几"和"理趣甚深"联系在一起的，或者说"极深研几"和"理趣甚深"是船山学精深的集中表现和价值确证。"极深研几"原出于《易经系辞上》"圣人之所以极深研几也。唯深也，故能通天下之志。唯几也，故能成天下之务。"指谓圣人能够体悟易道精义，所以穷极幽深，研核几微。极深者，是指"君子将有为，将有行，问焉而以言，其受命如响，无有远近幽深"，是极深也。研几者是指"参伍以变，错综其数，通其变，遂成天地之文；极其数，以定天下之象"，是研几也。②船山学的极深研几是指对其所研究的对象和问题有"穷极幽深，研核几微"的学术品质与学术个性，亦如嵇文甫先生有言："在清初诸大师中，能极深研几，切实做穷理功夫的，怕没有谁比得上王船山先生吧。"③"理趣甚深"是船山学富含清醒的理性意识和理性精神，他品评百家，注重辨析义理，服膺"以理折之"。在船山看来，学术就是究元决疑、求取真知并去捍卫真理、弘扬正学的精神文化事业。他强调"知之方有二，二者相济也，而抑各有所从。博取之象数，远证之古今，以求尽乎理，所谓格物也。虚以生其明，思以穷其隐，所谓致知也。非致知，则物无所裁而玩物以丧志。非格物，则知

---

① 王夫之.周易外传：卷五 [M]// 王夫之.船山全书：第1册.长沙：岳麓书社,1988；1008.

② 孔颖达.周易正义 [M].北京：中国致公出版社2009；273.

③ 嵇文甫.王船山学术论丛 [M].北京：三联书店1962；85.

非所用而荡智以入邪。二者相济，则不容不各致焉。"①求知的路径包含了"格物"与"致知"两个方面，格物就是"博取之象数，远证之古今，以求尽乎理"的学问功夫，致知就是"虚以生其明，思以穷以隐"的思辨功夫，二者是相互补充、相辅相成的。"大抵格物之功，心官与耳目均用，学问为主，而思辨辅之，所思所辨者皆其所学问之事。致知之功则唯在心官，思辨为主，而学问辅之，所学问者乃以决其思辨之疑。"②船山学主张把"格物"与"致知"有机结合起来，因而十分崇尚"即物以穷理"以及"学思兼致"，并在这种"即物以穷理"和"学思兼致"的为学功夫中凸显并证成了自己理趣甚深的特质。船山学以深入中国哲学与文化的堂奥而做精细入微的研究而名世，极深研几和理趣甚深是其显著的学术品质和学术价值追求，他沿着"'即事穷理''以理御心''入德以凝道''要变以知常'的认识途径，对自然和人类社会的矛盾运动进行了'会其参悟，通其错综'的辩证考察……从而把我国朴素形态的唯物辩证法推进到时代条件所允许的高度。"③

具体来说，船山学的极深研几和理趣甚深集中表现在以下几个方面。

首先，"会其参悟""通其错综"的辩证思维。船山是中国哲学史上的辩证法思想大师，对自然界和人类社会的矛盾运动规律有深入的探讨，既能清醒地意识到事物之间的对立性和差异性，又能看到彼此之间的同一性和联系性，并且主张将矛盾双方的性质做辩证统一的考察，强调"天下之变万，而要归于两端，两端归于一致。"④他从"乾坤并建""阴阳不孤行于天地之间"⑤的认识出发，肯定阴阳二气相摩相荡而成就万事万物，指出"阴阳具于太虚缊缊之中，其一阴一阳，或动或静，相与摩荡，乘其时位以著其功能，五行万物之融结流止，飞潜动植，各自成其条理而不妄。"⑥任何事物都是在"一之

---

① 王夫之.尚书引义：卷三 [M]// 王夫之.船山全书：第2册.长沙：岳麓书社,1988：312-313.

② 王夫之.读四书大全说：卷一 [M]// 王夫之.船山全书：第6册.长沙：岳麓书社,1991：406.

③ 萧萐父主编.王夫之辩证法思想引论 [M].武汉：湖北人民出版社，1984：23.

④ 王夫之.老子衍 [M]// 王夫之.船山全书：第13册.长沙：岳麓书社,1993：18.

⑤ 王夫之.周易外传：卷七 [M]// 王夫之.船山全书：第1册.长沙：岳麓书社,1988：1089.

⑥ 王夫之.张子正蒙注：卷一 [M]// 王夫之.船山全书：第12册.长沙：岳麓书社,1992：32.

体立，故两之用行"①的状态下生成与发展变化的，都是"合两端于一体"②的。以阴阳为例，一方面它们"相峙以并立"，二者各有独特的功能效用，不能互相取代；另一方面二者又是"相倚而不离"的，不能将它们截然分割开来。如果说"相峙以并立"是"一分为二"，那么"相倚而不离"则又是"合二为一"。船山指出："合二以一者，即分一为二之所固有矣。"③把握自然界和人类社会的矛盾运动规律要求我们将"一分为二"与"合二为一"辩证地结合起来，从差异中把握同一，从对立中认识联系，避免绝对主义与相对主义两个极端。船山学之所以能够实现朴素唯物主义与朴素辩证法的结合，将其发展到中国古代朴素形态的唯物辩证法的"顶峰"④，与其"分一为二"与"合二为一"的矛盾观及"分言之则辨其异，合体之则会其通"的学术致思路径是密切联系在一起的。正是这种"分言之则辨其异，合体之则会其通"的致思特点，使船山学获得了既会通百家又自成一家之言的理论品性。

其次，"伸斧钺于定论"的批判意识和精神。船山学在总结自先秦至明清之际各家学术思想时浸润着一种鞭辟入里、敦厚分明的学术评析，而其探赜索隐、拨乱反正、正本清源的学术个性随着品评百家、针砭时弊而愈趋显明。"辟佛老""辟象山、阳明之谬"是其学术批评的两个重点，透过这两大批判，可以一窥船山学极深研几、理趣甚深的学术特质。

"辟佛老而正人心"。佛教宣称空无的世界观并因此主张"绝物"，船山认为这是一种"废人伦，坏物理"的"邪见"，指出："此无他，不明于物之不可绝也。"⑤在船山看来，己与物是一个不可分割的辩证关系，人是不可能独立于物质世界之外或不受物的影响的。"且夫物之不可绝也，以己有物；物之不容绝也，以物有己。己有物而绝物，则内戕于己，物有己而绝己，则外贼乎物。物我交受其戕贼，而害乃极于天下。"⑥船山说人与物不能相绝，不仅是从

---

① 王夫之.张子正蒙注：卷一 [M]// 王夫之.船山全书：第12册.长沙：岳麓书社,1992：36.

② 王夫之.张子正蒙注：卷一 [M]// 王夫之.船山全书：第12册.长沙：岳麓书社,1992：37.

③ 王夫之.周易外传：卷五 [M]// 王夫之.船山全书：第1册.长沙：岳麓书社,1988：1027.

④ 萧萐父.中国哲学启蒙的坎坷道路 [J].王夫之辩证法思想引论,武汉：湖北人民出版社，1984：11.

⑤ 王夫之.尚书引义：卷一 [M]// 王夫之.船山全书：第2册.长沙：岳麓书社,1988：239.

⑥ 王夫之.尚书引义：卷一 [M]// 王夫之.船山全书：第2册.长沙：岳麓书社,1988：239.

物为人提供赖以生存的生活资料这一层面来说的，即所谓"一眠一食，而皆与物俱；一动一言，而必依物起"①；更是从人的文明获得，自然和人文互相影响、互相促进、融合共生这一意义上立论的。佛教宣称四大皆空以及解脱理论造成了毁弃伦常的严重后果，信奉佛教的人每每陷入蔑弃生命、害人害己的深渊。船山指出："楚王英始事浮屠，而以反自杀；笮融课民盛饰以事浮屠，而以劫掠死于锋刃；梁武帝舍身事浮屠，而以挑祸乐杀亡其国；邪说暗移人心，召祸至烈如此哉！"②这里从历史的角度谈到了一些相信佛教的人走向可悲的人生结局，佛教使得他们尽失人性，干出了许多伤天害理的事情，教训十分深刻。在船山看来，"浮屠之教，以慈愍为用，以寂静为体，以贪嗔痴为大戒"。"浮屠之说，穷大失居，谓可旋天转地而在其意量之中，则惟意所规，无不可以得志。习其术者，侈其心而无名义之可守。且其为教也，名为慈而实忍也：发肤看忍也，妻子可忍也，君父可忍也。情所不容已而急绝之，则愤然一决而无所恤矣。"③他认为佛教名义上倡扬慈悲而实质上则是一味地忍让，并在这种忍让中使正常的人伦关系无法确立与维护，最后达致对世界上任何有价值的事情都不能产生怜恤之心的虚无主义和悲观主义，所以佛教是以"裂天彝而毁人纪"④的"谬说淫词"。

《老子衍》是船山系统地研究和批判《老子》哲学思想的一部代表性成果。在序言中，船山明言是为了廓清历代注老解老的附会及其不得其要的迷雾，而试图对《老子》做出深刻反思，"昔之注《老子》者，代有殊宗，家传异说，逮王辅嗣、何平叔合之于乾坤易简，鸠摩罗什、梁武帝滥之于事理因果，则支补牵会，其诬久矣。"针对这种情况，"夫之察其悖者久之，乃废诸家，以衍其意；盖入其垒，袭其辎，暴其恃，而见其瑕矣，见其瑕而后道可使复也。"⑤在船山看来，《老子》一书的瑕疵兼有三个方面的含义，此即是对道的"不公""不经"和"不祥"的认识和对待。他说："夫其所谓瑕者何也？

① 王夫之.尚书引义.卷一 [M]// 王夫之.船山全书：第2册.长沙：岳麓书社,1988：240.

② 王夫之.读通鉴论.卷七 [M]// 王夫之.船山全书：第10册.长沙：岳麓书社,1988：256.

③ 王夫之.读通鉴论.卷七 [M]// 王夫之.船山全书：第10册.长沙：岳麓书社,1988：257.

④ 王夫之.周易外传.卷二 [M]// 王夫之.船山全书：第1册.长沙：岳麓书社,1988：886.

⑤ 王夫之.老子衍·自序 [M]// 王夫之.船山全书：第13册.长沙：岳麓书社,1993：15.

天下之言道者，激俗而故反之，则不公；偶见而乐持之，则不经；凿慧而数扬之，则不祥。三者之失，老子兼之矣。故于圣道所谓文之以礼乐以建中和之极者，未足以与其深也。"①《老子衍》批判了《老子》"道在物先"的道本论，认为"道"不是先天地生的世界主宰，而是寓于万物之中并支配万物发展的客观规律性，指出："若夫道，含万物而入万物，方往方来，方来方往，婉嬗希微，固穷不已。"②"道"与天地万物并不存在一个先后的问题，"道"实质上是蕴含在天地万物之中的规律性，"道者器之道"，离开了万事万物，不可能存在一个孤立自存的"道"。与此相关，船山还批判了《老子》"有生于无"的观点，指出这一判断的错谬之处在于要给万有的物质世界寻找一个起始，并将这个起始归结为"无"。船山指出："言始者有三：君子之言始，言其主持也；释氏之言始，言其涵合也；此之言始，言其生动也。夫生动者气，非徒气也，但以气，则方其生动于彼，而此已枵然矣。"③船山用气化论来祛除老子"有生于无"的迷雾，坚持认为"生息无穷，机漾于渺。欲执之而已逝矣，欲审之而已迁矣。"④因此不能在气化的物质世界断然地区分一个"有"与"无"并声称"有生于无"，而是应当看到气化的物质世界本身是一个既没有开端也没有结束的永无止境的化育过程。纲缊化生的物质世界是内部矛盾展开的自己的运动，当然也就没有什么起点和终点。时间的每一瞬间都既可以作为起点，也可以作为终点，"宇宙者，积而成乎久大者也。二气纲缊，知能不舍，故成乎久大。"⑤

船山"辟佛老"还在于佛教和老子思想从虚无主义出发对生死问题做出了悲观厌世的定性分析，从而走向了"惑世诬民"的蒙昧主义。佛教的"患生作俑"，道教的"患死相沿"，都对生死问题做出了错误的理解和认识，都需要做出批判。在船山看来，佛教和老子的生死观由于不能正确认识生与死之间的辩证关系，本质上都落入了患生患死的生死观的窠臼，从而不能使人

① 王夫之.老子衍·自序 [M]// 王夫之.船山全书：第13册.长沙：岳麓书社,1993：15.

② 王夫之.老子衍 [M]// 王夫之.船山全书：第13册.长沙：岳麓书社,1993：41.

③ 王夫之.老子衍 [M]// 王夫之.船山全书：第13册.长沙：岳麓书社,1993：49.

④ 王夫之.老子衍 [M]// 王夫之.船山全书：第13册.长沙：岳麓书社,1993：49.

⑤ 王夫之.思问录·内篇 [M]// 王夫之.船山全书：第12册.长沙：岳麓书社,1992：420.

们树立起一种正确的生死观。船山所主张的生死观是一种"贞生死以尽人道"的生死观，其基本内容是"生以尽人道而无歉，死以反太虚而无累"①，"健以顺生之理"，"动以顺生之几"，并认为此即是"尽人道而合天德"②，对于弘扬人的主体性，实现生命的意义无疑具有正面的价值。

"辟象山、阳明之谬"。船山对陆九渊和王阳明过分置重内省功夫和以主体意识来代替天道宇宙的学术倾向不以为然，认为他们的学术有严重的偏弊，不能真正把握天人合一之道的根蒂。船山以陆王心学为儒家传统中的偏至之学，并认为其与佛老无异。船山在《礼记章句》"中庸"开篇论及王阳明对朱熹《中庸章句》精湛义理的片面性理解及其所导致的理论错谬，指出王阳明"以其所得于佛老者强攀是篇以为证据，其为妄也既莫之容诘，而其失之皎然易见者，则但取经中片句只字与彼相似者以为文过之媒，至于全书之义，详略相因，巨细必举，一以贯之而为天德王道之全者，则茫然置之而不恤。"③可见王阳明对朱熹《中庸章句》所阐发的天德王道完全置之而不恤，由是导致对朱子之学的断章取义或纯主观化理解。发展到阳明后学，王畿、王艮、钱德洪（号绪山）、罗洪先（号念庵）等人"恬不知耻，而窃佛老之土苴以相附会，则害愈烈，而人心之坏，世道之否，莫不由之矣。"④《张子正蒙注》卷九"王氏之学，一传而为王畿，再传而为李贽，无忌惮之教立，而廉耻丧，盗贼兴，中国沦没，皆惟怠于明伦察物而求逸获，故君父可以不恤，肤发可以不顾。陆子静出而蒙古兴，其流祸一也。"⑤船山指责阳明及其后学毫无忌惮之学说的确立是导致君父不恤、肤发不顾进而导致廉耻丧、盗贼兴和中国沦没的主要原因。这种怠于明伦察物而一味地求逸获的学问，无论对国家民族亦或个人安身立命都没有什么好处。正是在对阳明学说和阳明后学的批评中，船山深刻地认识到天德王道的内在价值，认识到偏离天德王道的所谓"致良知"学说的主观臆断及其尽废人伦之实的可怕，认识到"儒者之道，著于孔、孟、

---

① 王夫之.张子正蒙注：卷一 [M]// 王夫之.船山全书：第12册.长沙：岳麓书社,1992：20.

② 王夫之.周易外传：卷二 [M]// 王夫之.船山全书：第1册.长沙：岳麓书社,1988：890.

③ 王夫之.礼记章句：卷三十一 [M]// 王夫之.船山全书：第4册.长沙：岳麓书社,1996：1246.

④ 王夫之.礼记章句：卷三十一 [M]// 王夫之.船山全书：第4册.长沙：岳麓书社,1996：1246.

⑤ 王夫之.张子正蒙注：卷九 [M]// 王夫之.船山全书：第12册.长沙：岳麓书社,1992：371.

程、朱之籍者，如二曜水火之在天地，系于民之性命，不可一日无"的重要性和必要性。船山深刻忧虑的正在于阳明心学，"以为姚江之说不息，濂、洛、关、闽之道不著；濂、洛、关、闽之道不著，生民之祸将未有已。"① 在《尚书引义》中船山结合对浮明的批评，批评陆王："张子韶、陆子静、王伯安窃浮屠之邪见以乱圣学。为其徒者，弗妨以其耽酒嗜色渔利赖宠之身，荡闲蔑耻，而自矜妙悟。呜呼！求'明'之害，尤烈于不'明'，亦至此哉！"② 陆王心学与佛学一样本质上都是"以乱圣学"的邪说，尤其是阳明后学泰州、龙溪学派。他们直任本体，轻弃功夫，自认开口即得本心，实则夹带私欲，结果不免于为害家国。阳明心学及其后学从对良知的推崇进而"自矜妙悟"，过分地夸大了主体的精神作用，过信"唯己之所胜"，导致"明而无诚"，亦即对天道、理则或规律的无视。

最后，"以发明正学为己事"。船山学"以发明正学为己事"，"希张横渠之正学"是其毕生的学术理想和宗旨性追求。船山"慨明统之坠也，自正、嘉以降，世教早衰，因以发明正学为己事。"③ 船山有感于明季自正德和嘉靖年间道统和学统的沉沦及其所导致的"世教早衰"，决意以发明和弘扬儒家正学为己任。伏羲、周文王和孔子奠定了穷神知化、上达天德的中华正学，此即是立天、立地、立人的易学。后来士人未能体悟其中精义，醉心于"取爵禄之科""就功名之利"，进而使中华正学遭遇坎陷甚或被遮蔽不彰。虽然汉晋时期有不少学易、研易和阐发易学之士，但是由于他们不能够通天人、原始要终，往往将易道解释成"壬遁奇禽之小技"，如京房、郭璞之流，他们以星占术数、巫觋之言利诱世人，导致对正学的肢解和误用。魏晋隋唐时老耽、浮屠之说竞起，玄学家、释家和道教不认天理、蔑弃彝伦，并以此诱惑聪明果敢之士，使其性命不正，唐末五代的士风堕落乃至民风不正即是明证。船山"守正道以屏邪说"是同其对孔孟儒家的推崇和对佛道二教的批判紧密联系在一起的。为了更好地弘扬孔孟儒家的真精神，就必须"辟佛老而正人心"，因为佛道二教以空、无等思想观念冲击儒家伦理道德，导致了寡廉鲜

① 缪沅. 王船山先生书集序 [M]// 王夫之. 船山全书：第16册. 长沙：岳麓书社,1996：399-440.

② 王夫之. 尚书引义：卷一 [M]// 王夫之. 船山全书：第2册. 长沙：岳麓书社,1988：241.

③ 王敔. 大行府君行述 [M]// 王夫之. 船山遗书：第15册. 北京：中国书店, 2016：245.

耻、世风日下。理学的兴起，本质上是对汉晋隋唐正学遭遇坎陷或危机的某种解救、匡正和理想主义的建构。船山"守正道以屏邪说"整体上是在参照周敦颐创立的濂溪学、二程兄弟创立的洛学、张载创立的关学和朱熹创立的闽学等基本义理的基础上来挺立儒学的真精神。船山从学术发展史的角度论述了周敦颐对孔孟圣道发明的价值，也肯定了二程、朱熹所做出的学术贡献，同时也指出二程的门人如游酢、谢良佐等人并没能将二程的静一诚敬之功加以很好地传承，却偏向了佛教的寂灭教义；朱熹的后学饶鲁、熊禾诸儒不得要领，使朱子之学退化为训诂学。船山认为，二程之学和朱子之学虽都是正统儒学，接明了儒家伦理之学的正理和要义，但对天人之道疏于深究，故不能很好地彰显正学的规模，拱立正学的气象，皆有矫枉过正之偏，所以在战胜异端方面缺乏应有的力量，只有关学的代表人物张载的学说才是"引万派而归墟"的正学。

在船山看来，孔孟儒家的正学在宋代的集中代表为张载的关学，所以他以"希张横渠之正学"为自己的学术宗旨和目的性追求，希望通过弘扬张载的正学来重现儒家正学的真精神和风骨，借以实现在学术上的拨乱反正。他对张子《正蒙》一书，尤有神契，精绎而畅衍之，为《正蒙注》九卷，《思问录内外篇》各一卷，以为张子之学，上承孔孟之至，下救来兹之失，如皎日丽天，无幽不烛，圣人复起，未之能易。"[1]船山有言："张子之言无非易，立天，立地，立人，返经研几，精义存神，以纲维三才，贞生而安死，则往圣之传，非张子之孰与归。"[2]张子之学得以"发前圣之蕴"，具有"贞生死以尽人道"[3]的学术品质和功能。而这一点正是船山"希张横渠之正学"的内在因由。

三、别开生面："推故而别致其新"

唐鑑在《国朝学案小识·王夫之传》中指出："先生理究天人，事通今古，探道德性命之原，明得丧兴亡之故，流连颠沛而不违其仁，险阻艰难而不失

---

[1]　清史列传·王夫之 [M]// 王夫之.船山遗书：第15册.北京：中国书店,2016：260.

[2]　王夫之.张子正蒙注·序论 [M]// 王夫之.船山全书：第12册.长沙：岳麓书社,1992：12.

[3]　王夫之.张子正蒙注：卷一 [M]// 王夫之.船山全书：第12册.长沙：岳麓书社,1992：21.

其正。穷居四十余年，身足以砺金石；著书三百余卷，言足以名山川。遁迹自甘，立心恒苦。寄怀弥远，见性愈真。奸邪莫之能攖，渠逆莫之能慑，嶔崎莫之能踬，空乏莫之能穷。先生之道可以奋乎百世矣。"① 刘人熙有言："船山之学，通天人，一事理，而独来独往之精神，足以廉顽而立懦，是圣门之狂狷、洙泗之津梁也。"② 船山以"六经责我开生面"的学术精神献身学术，"究天人之际，通古今之变，原人境之美，穷性命之原，明兴亡因革之理，在哲学思想、史学思想、道德伦理思想、政治经济思想、文艺美学思想、宗教思想诸方面都做出了'推故而别致其新'的新突破和新贡献。"③ 船山学的学术创新着眼于中华学术文化核心价值理念的建构、学术主旋律的弘扬以及中华正学的继往开来等大本大源的学术方向或目标指向，有一种立民族文化之潮头，发时代精神之先声，以及通古今之变、成一家之言的学术精神和学术品质渗透其中并成为其不屈的学术追求，故而有许多超越时空的精神价值。

（一）二气合一、绸缊化生的宇宙本源论

《思问录·内篇》中提出："天不听物之自然，是故绸缊而化生。乾坤之体立，首出以屯，雷雨之动满盈，然后无为而成。"④ "绸缊"源于《易传》"天地绸缊，万物化醇"，船山将"绸缊"与"太和"以及宇宙本体联系起来分析，揭示了天地万物是一个由绸缊而化生的过程。"绸缊"即是"太和未分之本然"⑤ 亦即"阴阳未分，二气合一"的宇宙的本源状态，此即"绸缊之本体"。绸缊与太和是高度密合的一体，太和既内涵着绸缊又是通过绸缊化合而成的有气有神的本源状态，绸缊确证着太和、表现着太和又成就为太和，故此可以称之为"太和绸缊之本体"。太和是宇宙万有绸缊化生的一种"和之至"的本源状态。"阴阳异撰，而其绸缊于太虚之中，合同而不相悖害，混沦无间，和之至矣。未有形器之先，本无不和，既有形器之后，其和不失，故曰太和。""太和之中，有气有神。神者非他，二气清通之理也……阴与阳和，气与神和，

① 唐鉴.国朝学案小识·王夫之传[M]// 王夫之.船山全书：第16册.长沙：岳麓书社,1996：544-545.

② 刘人熙.刘人熙集[M].长沙：湖南人民出版社,2009：347.

③ 萧萐父,许苏民.王夫之评传[M].南京：南京大学出版社,2011：608.

④ 王夫之.思问录·内篇[M]// 王夫之.船山全书：第12册.长沙：岳麓书社,1992：402.

⑤ 王夫之.张子正蒙注：卷一[M]// 王夫之.船山全书：第12册.长沙：岳麓书社,1992：15.

是谓太和。"①絪缊既是太和未分之本然的一种存在始基，又是形成和化生天地万物的动因。"散而归于太虚，复其絪缊之本体，非消灭也。聚而庶物之生，自絪缊之常性，非幻成也。聚而不失其常，故有生之后，虽气禀物欲相窒相牿，而克自修治，即可复健顺之性。"②太和絪缊之本体作为宇宙万化的本源和始基"初无定质"，是"非目力所及，不可得而见"③的"真体"。它同时内具阴阳二气于一体，"絪缊之中，阴阳具足，而变易以出，万物不相肖而各成形色，并育于其中，随感而出，无能越此二端。"④絪缊中固有的阴阳二气相感相交、相摩相荡，形成宇宙万有变化而日新的气化运动。"气化者，气之化也。阴阳具于太虚絪缊之中，其一阴一阳，或动或静，相与摩荡，乘其时位以著其功能，五行万物之融结流止，飞潜动植，各自成其条理而不妄，则物有物之道，人有人之道。"⑤絪缊化生是一个即自然即内在的运动过程，由此造成宇宙万物生生无穷。船山的絪缊化生论集宇宙论、本体论、发展论、认识论和价值论于一体，有着对宋儒宣称"理在事先"以及"无极而太极"理本论的批判性超越。

（二）"天下惟器"与"道器合一"的道器论

船山在《周易外传》提出"天下惟器而已矣""道者器之道，器者不可谓之道之器"⑥"据器而道存，离器而道毁"⑦等理论命题，对道器关系做出了既唯物又辩证的诠释与论证。在船山看来，形而下的器与形而上的道不是道先器后或道本器末的关系，相反，天下万物都是"器"的存在，"道"其实是"器之道"或曰器的内在规定性和发展必然性，"道"只有寓于"器"之中才能获得自己的存在，离开了"器"，"道"就无法确证自己的存在，更难使自己发挥作用。因此，那种离开"器"来论"道"就一定会使"道"脱离器物而成为抽象的存在。事实上，这样的"道"是不存在也无法发挥作用的。船山指

---

① 王夫之.张子正蒙注：卷一[M]// 王夫之.船山全书：第12册.长沙：岳麓书社,1992：15-16.

② 王夫之.张子正蒙注：卷一[M]// 王夫之.船山全书：第12册.长沙：岳麓书社,1992：19-20.

③ 王夫之.张子正蒙注：卷一[M]// 王夫之.船山全书：第12册.长沙：岳麓书社,1992：35.

④ 王夫之.张子正蒙注：卷一[M]// 王夫之.船山全书：第12册.长沙：岳麓书社,1992：43.

⑤ 王夫之.张子正蒙注：卷一[M]// 王夫之.船山全书：第12册.长沙：岳麓书社,1992：32.

⑥ 王夫之.周易外传：卷五[M]// 王夫之.船山全书：第1册.长沙：岳麓书社,1988：1027.

⑦ 王夫之.周易外传：卷二[M]// 王夫之.船山全书：第1册.长沙：岳麓书社,1988：861.

出，有器方有道，"未有弓矢而无射道，未有车马而无御道，未有牢醴璧币，钟磬管乐而无礼乐之道。"① 船山的"道器合一"是建立在"天下惟器"的基础之上的，"道者器之道，器者不可谓之道之器也"② "尽器则道在其中……尽器则道无不贯"③。这就比较科学地揭示了道与器之间的辩证关系，为人们认识存在与规律、现象和本质之间的关系提供了基础。在船山看来，正因为"道者器之道"，而器又是不断变化发展的，这也就决定了道是与时偕行，不断发展变化的，趋时更新是道之运行发展的基本规律，因此没有一成不变、万古如斯的道，那种"天不变，道亦不变"的永恒之道实质上是不存在的，并深刻揭示了"洪荒无揖让之道，唐虞无吊伐之道，汉唐无今日之道"的历史进化论，并由此得出"则今日无他年之道者多矣"④ 的判断。谭嗣同有言："衡阳王子申其义曰：'道者器之道，器者不可谓之道之器也。'无其道则无其器，人类能言，虽然苟有其器矣，岂患无其道哉？君子之所不知，而圣人知之。圣人之所不能，而匹夫匹妇能之。人或昧于其道者，其器不成，不成非无器也。无其器则无道，人鲜能言之，而故其诚然者也。"⑤ 船山天下惟器和器道合一的道器论既是对物象和本质的正确把握，更有其冲破"天不变道亦不变"之绝对主义的独特功效。

（三）理势相成、即民见天的历史论

船山认为，人类社会的历史发展本质上是"理势合一"的过程，"势之必然"表现了"理之当然"，人们的历史活动"得理自然成势"，顺势且合理，所以"理势不可以两截沟分"⑥，两者在历史的发展进程中是相辅相成、辩证统一的。理势合一包含了"理成势"和"势成理"两个相互关联的方面。船山思想初具唯物史观的雏形，有着肯定历史发展规律性和庶民百姓历史主体性的一面，强调把尊重客观规律（"以天治人"）和发挥人的主体能动性（"以人造天"）有机地结合起来，认为"以天治人而智者不忧，以人造天而仁者能

---

① 王夫之.周易外传：卷五 [M]// 王夫之.船山全书：第1册.长沙：岳麓书社,1988：1028.

② 王夫之.周易外传：卷五 [M]// 王夫之.船山全书：第1册.长沙：岳麓书社,1988：1027.

③ 王夫之.思问录·内篇 [M]// 王夫之.船山全书：第12册.长沙：岳麓书社,1992：427.

④ 王夫之.周易外传：卷五 [M]// 王夫之.船山全书：第1册.长沙：岳麓书社,1988：1028.

⑤ 王孝鱼.船山学谱 [M].北京：中华书局，2014：94.

⑥ 王夫之.读四书大全说：卷九 [M]// 王夫之.船山全书：第6册.长沙：岳麓书社,1991：994.

爱，而后为功于天地之事毕矣。"①阐释了历史的规律性通过人的主体性活动而实现的"天人合一"论，并在"理势相成""延天祐人"的基础上论述了历史进程中的"贞一之理"与"相乘之几"之间的关系即历史前进运动的内在之理与杰出人物对推动历史发展作用的关系。船山历史哲学既以人为历史活动的起点，又以人为历史活动的重心，且以人为历史发展的目的，认为人类社会的历史本质上是以人为中心和根本的人文化成的历史，其"依人建极""法因时改""理势合而为天""生民之生死，公也"等命题，及由此形成的进化史观和文明史观无不彰显着朴素唯物史观的光辉。他的"即民以见天"和"援天以观民"的思想以民众这一历史活动的主体来阐释天道、天理的内容，肯定民之视听明威在促进历史发展中的巨大力量，初步摆脱了英雄史观和神学史观的束缚，向着民本主义的民众史观迈出了实质性的步伐。船山阐释了"主动""珍生""行健"的哲学伦理思想，较为全面系统地论证了"命日受，性日生，日生则日成也"以及"继善成性"的人性论，形成了他别开生面的历史哲学，堪与德哲黑格尔的历史哲学媲美。

（四）理欲合性、义利统一的道德论

理欲合性是在对理学家"存天理，灭人欲"思想批判的基础上提出来的，理学家认为天理和人欲是截然对立的，而船山则认为天理和人欲是相辅相成的，"有声色臭味以厚其生，有仁义礼智以正其德……合两者而互为体也。"②天理和人欲两者都是人性的有机构成，天理本身既寓于人欲之中又是对人欲的引导与规约，人欲中既蕴含着天理又有对天理的呼唤或需求，因此不能离开人欲空谈天理，"人欲之各得，即天理之大同"。"各得"的人欲不仅不能灭，而且本身即是普遍的天理，理应得到保护和尊重。船山的理欲合性论既反对历史上和现实生活中的禁欲主义和薄欲论，又反对完全陷入欲望之中不能自拔的纵欲主义和享乐主义，主张将欲望的满足与对天理的追求有机地结合起来，成就一种欲望的理性和理性的欲望，亦即一种健康的人性。义利统一是对理学家贵义贱利思想的批判，强调的是道义和功利并不是截然对立的，

---

① 王夫之.周易外传:卷五 [M]// 王夫之.船山全书:第1册.长沙:岳麓书社,1988: 1019.

② 王夫之.张子正蒙注:卷三 [M]// 王夫之.船山全书:第12册.长沙:岳麓书社,1992: 121.

而是相互统一的，船山指出："义者利之合也。知义者，知合而已矣。"① 没有离开功利的纯粹抽象的道义，道义本质上是对正当谋利的肯定和协调利益关系的确证，真正的道义就是要实现各种利益关系的辩证结合，尤其是那种人人各得其所的共利和公利，更是道义的直接体现。所以，"义之与利""则故合也"。船山的义利统一既在功利与道义之间主张实现一种辩证的结合，又在对生民正当的个人利益和人人都有的共利以及与个人利益密切相关的公共利益的分析中彰显了合于道义的性能，从而赋予这几类利益以合道义的性质进而使其成为义利统一的确证。而对于那些游离于道义之外的利益则主张以义导之、以义范之或重义轻利。船山理欲合性、义利统一的伦理思想既肯定人欲和庶民百姓物质利益追求的合理性，又强调以义制利、以理导欲的必要性，建构起来的是一种把天理与人欲、道义与功利辩证结合起来的正确的理欲观和义利观，有着超越那种混同理欲义利关系和割裂理欲义利关系的价值合理性，能够成为社会主义义利观的丰厚资源。

船山义利学说度越前代或先哲的地方还在于提出了以"古今之通义"为最高价值追求和至善目标的价值观。"古今之通义"是船山道义论伦理思想的重要范畴和命题，它与"一人之正义"与"一时之大义"一起构成王夫之义范畴的有机体系并在其中起着引领、规范和宰制"一人之正义"与"一时之大义"的独特作用而成为最高层级的义范畴和义判断，是贯穿中华民族古今历史文化价值之中的维系着民族的团结、文化的传承和精神的命脉的至上道义，是民族整体利益、根本利益、长远利益集中体现的最高正义，也是属于道统、核心价值观和根本性的民族精神的最高正义。在船山看来，忠于一个帝王或一个朝代，只能算"一人之正义"或"一时之大义"，只有那些鼎力抗击异族入侵，维护中华民族主权和独立的行为以及维护中华民族根本价值观和民族精神的行为才能称得上是"古今之通义"。从某种意义上说，"古今之通义"是中华伦理文化和伦理价值观中最核心、最根本的精神要义，也是判断王道文化和中华价值观的根本标尺。

---

① 王夫之.春秋家说：卷下 [M]// 王夫之.船山全书：第5册.长沙：岳麓书社,1993：268.

（五）"参万岁而一成纯"的人生信念论

船山认为，历史是变化的，社会是发展的，人的肉体生命是有限的，那么，人究竟如何来建构自己安身立命的精神家园？如何使有限的人生获得深刻的意义？这就需要人有一种把握历史规律、洞察社会机理以及树立正确的人生观、价值观的精神建构，并以此来指导人生和度越人生。船山于"古今之通义"的价值建构和"即民以见天"的意义建构以外，更提出了"参万岁而一成纯"的精神建构之思想，主张在参悟千秋万世之演化机理和规律的基础上来为人生立一成熟纯粹的精神家园和意义世界。在船山看来，人来到这个世界，就应当体天恤道，"保天心以立人极""贞生死而尽人道"，做一个顶天立地的人。他指出："天地既命我为人，寸心未死，亦必于饥不可得而食、寒不可得而衣者留吾意焉。"①又说："天地授我以聪明，父母生我以肢体，何者为可以竭精疲神而不可堕？思之思之，尚知所以用吾勤乎！"②上天既然使我生而为人，那么我就应当体悟人之为人的内在必然性和价值合理性，应当使有限的人生活出无限的意义，这就需要去体悟天道，把握人道，"尽人道而合天德。合天德者，健以存生之理；尽人道者，动以顺生之几。"③船山的人生观主张"健以存生之理""动以顺生之几"，以刚健自强的精神去保存并弘扬生命的义理和机理，以行为实践的方式去把握或顺应生命的境况和机会，从而最大限度地实现生命的意义和价值。船山特别强调信守和遵循这种正确而纯粹的人生观、价值观对于人生的意义和价值，斥责那种没有人生依傍、价值追求的"无恒小人"，肯定我们民族那种"泊然于生死存亡而不失其度"④"历乎无穷之险阻而皆不丧其所依"⑤的坚贞之士。《船山记》揭示出了船山以石船山上顽石自况的心志和精神境界，本质上是船山的理想人格和道德意志的集中呈现。中华民族之所以能够跨越历史的沟沟坎坎，一次次地实现"衰而复兴""阙而复振"，就在于有一种自强不息、坚忍不拔、矢志不渝和不屈不挠

---

①　王夫之．俟解 [M]// 王夫之．船山全书：第 12 册．长沙：岳麓书社,1992：488.

②　王夫之．俟解 [M]// 王夫之．船山全书：第 12 册．长沙：岳麓书社,1992：494.

③　王夫之．周易外传：卷二 [M]// 王夫之．船山全书：第 1 册．长沙：岳麓书社,1988：890.

④　王夫之．读通鉴论：卷六 [M]// 王夫之．船山全书：第 10 册．长沙：岳麓书社,1988：216.

⑤　王夫之．俟解 [M]// 王夫之．船山全书：第 12 册．长沙：岳麓书社,1992：486.

的伦理信念和民族精神。

"四百年来神不死，船山应共颂芳春"。[①] 船山学是中华国学系统中承前启后、继往开来的典范，既重视历史上中华国学经典智慧的总结、传承和吸收，更重视发掘国学经典的精意和深蕴，做出了创造性的转化与创新性的发展。"旧邦新命"是中国的"国性"和中华文化的基本精神。"阐旧邦以辅新命"是许多中华学人共同的价值追求。中华文化之所以能够成为世界史上连续性文明的典范，根本原因在于有一批如同船山一样的既"坐集千古之智"又"推故而别致其新"的学人，他们怀抱"为天地立心，为生民立命，为往圣继绝学，为万世开天平"的宏大志向，在学术文化战线上从事着薪火相传、继往开来的伟大工作，不断为中华文化添加着新的养料、新的内容，使其绵延不绝，正大日新。船山"学成于聚，新故相资而新其故；思得于永，微显相次而显察于微"的学术品质，自有其跨越时空的精神魅力，永远是我们从事学术研究最为需要的伦理精神。

---

① 著名船山学研究专家萧萐父的《湘西草堂杂咏十首》第六首为"当年翁蠕秉孤灯，笔隐惊雷俟解人。三百年来神不死，船山应共颂芳春。"萧萐父，许苏民．王夫之评传 [M]．南京：南京大学出版社，2011：5. 这里，笔者引用萧萐父先生诗句，将"三"改成"四"，实际是对船山诞辰四百周年的纪念，亦表达对萧萐父先生对船山学所做出的杰出贡献的敬仰！

第二编　　船山学的现代价值

船山对中华正学的弘扬与开新

　　船山学的实质究竟是什么？学术界一直在探讨之中。就船山本人的学术追求及其价值守护而言，是要在传承正学的同时促进其不断向前发展。所以，他"辟佛老而正人心""贞生死以尽人道"，力图接续孔孟儒家道统并使其涵泳诸家学说精华，以为民族复兴锻造凝心聚力之精神魂魄。

　　船山对正学的理解可以从学术传承体系和价值追求体系两个维度上来考察。从学术传承体系考察，船山所谓正学是指尧舜禹汤文武周公孔孟所建立的学术传承体系，这一体系到宋代开出新儒学的局面，周敦颐、二程、张载等均做出了独特的贡献。在理学诸子的学术谱系中，船山基于自己对正学的理解而有"宗师横渠，修正程朱，反对陆王"的学术选择。船山之所以要"宗师横渠"，原因在于张横渠的学说不仅"上承孔孟之志，下救来兹之失"，而且具有"无曲学以阿世"的中正品格。所以，张横渠的学术是他所要"希"即倾慕、阐扬和光大的"正学"。对于程朱，船山虽然承认其对儒学的创造性贡献和正统地位，但是在与横渠之正学的比较中，船山还是取尊横渠而修正程朱的立场。船山认为，朱子以格物为始教之说，不能跟张载"以博文之功，在能立之后""以天德为志，所学皆要归焉"相提并论，只有横渠的学说才是"作圣"的正路。至于陆王，船山认为他们是"叛圣学而趋于佛老"的"无忌惮之教"，有着极大的偏弊与"流祸"。

　　从价值追求体系考察，船山所谓正学是以"古今之通义"为至上价值追求的价值体系。"古今之通义"是相对于"一人之正义"和"一时之大义"

而言的中华民族整体利益、根本利益和长远利益的道义确证，是"天下为公""民为邦本""保延千祀"等精神的价值证成，同时也熔铸着对"生民之生死"的高度关注以及对华夏文明传承发展的深刻智慧。船山主张"奠三极，长中区，智周乎四皇，心尽乎来许"，把"保类""卫群"，"血脉强固"视为"正学"应有的价值关怀和伦理取向。

面对中华正学，船山既有一种"为往圣继绝学"的学术使命和价值担当，更有一种"舍我其谁""当仁不让于师"的内在主体精神自觉，有一种承前启后、继往开来的光大意识。在个体生活极端困难的条件下，他"理究天人，事通今古，探道德性命之原，明得丧兴亡之故，故流连颠沛而不违其仁，险阻艰难而不失其正"（唐鑑：《国朝学案小识·王夫之传》）。船山之学不仅全面继承孔孟儒学，扬弃程朱陆王，批判地总结了宋明道学，而且精研易理，熔铸老庄，旁及佛道二教，博取新兴质测之学，建立了一个立乎其大而又着眼于远、极深研几而又显察于微的学术理论体系，从而在一定程度上促进了中华正学的创新性发展。

新的时代，建设具有中国特色、中国风格和中国气派的哲学社会科学，特别需要船山对中华正学弘扬与开新的精神禀赋和学术气质。让我们"广船山于天下而新天下"吧！

（原载《船山学刊》2016年第6期）

船山"依人建极"的人本主义思想

　　船山提出并深刻论证了"依人而建极"的理论命题，从而形成了自己颇具特色的人本主义思想。王孝鱼认为："依人而建极，即人本主义也。""人本主义，固亦为先生之一根本思想。"（王孝鱼：《船山学谱》，中华书局2014年版，第145—146页。）在船山看来，人是天地之心，是天地之妙用的承担者和实施者，只有人才能为天地立道建极。"道行于乾坤之全，而其用必以人为依。不依乎人者，人不得而用之，则耳目所穷，功效亦废，其道可知而不必知。圣人之所以依人而建极也。"（《周易外传》卷一）"依人而建极"意味着只有人才能够建构可以趋赴的价值目标和精神家园，只有人才能为世界彰显其意义并确立人自己应当追求的价值目标和伦理原则。即是说，我们不应抽象地去谈论"天道""物理"，而应以"人"作为出发点来考察天地万物，以人为目的来评判天地万物。

　　船山"依人建极"的人本主义思想既体现在人与自然的关系之中，亦体现在人与道或德的关系之中。船山认为，"天地之生人为贵"。"天地之生，以人为始。故其吊灵而聚美，首物以克家，明聪睿哲，流动以入物之藏，而显天地之妙用，人实任之。"（《周易外传》卷二）人从自然界中产生出来，自然界就成为人所认识和改造的对象。通过人的实践活动，天下之物才由"自在之物"变成"为我之物"。人类在自己所开辟的天地之中，"存人道以配天地，保天心以立人极"，从而开始了人类自己的文明发展历史。

　　就人与道或德的关系而言，船山认为，人是道德的主体，"人能弘道，非道弘人"。如果没有人，那贯穿天地万物的"道"也就失去了自身的意义和价值。何况"道"的功用的发挥还必须"以人为依"。针对宋儒"以天道率人道"的思想，船山理直气壮地提出了"以人道率天道"的主张，指出"由仁义行，以人道率天道也"，并认为"天道不遗于禽兽，而人道则为人之独"。由此可见，人在道德上不能完全待天机之动而后行，必须而且应该弘扬自己作为道德主体的能动性和创造性，做道德生活的真正的主人。

船山哲学，首重"人极"，"立人极"即是立人应当追求的价值目标和伦理原则，亦即弘扬人之所以成为人的因素，使人超越自然的局限而走向真正的与人的内在本质相契合的文明之途，成为真正占有自己本质和实现自己本质的社会动物和文明创化者。船山的"依人建极"是对儒家人本主义精神的创造性诠释和发展，代表着中国古代人本主义发展的最高水平，并蕴含着近现代人本主义的因素。

（原载《船山学刊》2016年第3期）

船山"公天下"思想的共享伦理意蕴

船山继承并发展了中国历史上"天下为公"的伦理命题，创造性地提出"公天下"的思想，并对之做出了深刻的阐释论证，以之来洞察文明机理、揭橥历史进程、品评人物是非，建构起了颇具特色的价值哲学和历史哲学理论体系。

首先，船山之"公天下"奠基于"天下是天下人的天下"之价值判断，力主以维护天下人的整体利益和根本利益为最高价值指向，提出了"不以一人疑天下"，"不以天下私一人"的价值观念，要求生活于天下的所有人都应当而且必须将自身的个人利益与天下人的利益有机地结合起来，寻求与他人利益和社会共同体整体利益的共生共在，在促进、维护他人利益和社会共同体整体利益的过程中实现自身的个人利益。其次，船山"公天下"的伦理思想并非仅仅停留在抽象的整体利益或国家利益之层面上，它有着深刻而强烈的关注民生、尊重庶民百姓生存发展权益的关怀伦理意蕴，提出了"一姓之兴亡，私也；生民之生死，公也"的伦理价值判断，把庶民百姓的生存发展权益视为"天下之公义"的具体内容，认为满足庶民百姓的声色臭味之欲即是王道和天理的化身，王道和天理必然通过或借助于庶民百姓的人欲来表现，"人欲之各得，即天理之大同""人欲之大公，即天理之至正"。判断人欲之"大公"和"至正"的标准就是看对芸芸众生物质利益和欲望的尊重、满足和认同。"道"作为天下的公器、公理，本质上是对芸芸众生生命权益的尊重和维护。再次，船山"公天下"的伦理思想特别强调"利可共而不可独"，要求在"人同此心，心同此理"的基础上超越个体性的独占独享而走向与他人共生共享。在船山看来，"纵其目于一色，而天下之群色隐"，"纵其耳于一声，而天下之群声闷"（《诗广传》卷四），因此个体必须从自己"好货、好色"的欲求体认出人皆有此欲求来，学会体恤别人的欲望，尊重别人的利益，建构起一种互相尊重、共建共享的伦理关系。"以我之有道而不能无情也，知民之非有道而必不可更违其情也，本忠厚之意以推行之。"（《四书训义》卷二十六）只有这样，才能化解人我之间和人群之间的怨恨，才能在利益共享的基础上达致一种"和平之沦洽无涯"的境地。

今天，我们正在以五大发展理念推进中国特色社会主义现代化建设事业，而其共享发展理念无疑是最具目的性价值的发展理念。吸收中国历史上包括王船山在内的共享思想精华，并将其与现代文明有机地结合起来，也许是弘扬共享理念、建设共享文明、发展共享主义所内在要求而又具有重要价值的一件盛事！

（原载《船山学刊》2017年第3期）

船山的位财论与伦理神韵

位为权位、职位，财即财富、财产，这是世俗人生所追求的两大价值目标，诚如孔子所言："富与贵，人之所欲也。"人类社会为什么要有对权位和财富的追求？这涉及社会的管理和民众的组织，涉及生产力的发展和生产关系的建构问题，也是"天地之大德曰生"所内涵的价值要素。在这两大世俗价值目标的追求过程中，有一个道德的命令或要求横贯其中，并由此形成权位伦理和财富伦理。中国历史上的儒家最先将目光集聚于这两大现象或世俗价值目标的追求之中，提出并发展起了自己的位财论与伦理精神建构，其中对仁义之道、之德的论述，可谓确当之论，意蕴深远。明清之际的伟大思想家王船山继承并发展儒家关于位财论的有关思想成果，在总结中华伦理文明内在规律和发展机理的基础上予以创造性的转化，建构起了自己颇具特色的政治伦理和财富伦理的基本框架。

船山在《周易外传系辞下传》中直言，世俗之人念念不忘、孜孜以求的其实是两种东西，即权位与财富。对于这两种东西未得之前想获取，获取之后想保持，失去之后又想夺回来，同时一般总是不满足于已经得到的，总想权位越高越好，财富越多越好。为了追求权位和财富，一些人甚至不惜"蔑君罔亲"，不顾廉耻，投机钻营，强取豪夺，无所不用其极。在船山看来，职位是天下治理的需要，"位者仁之藏"，即职位是治理天下的必要设置，内涵着仁德之源，亦即必须使职位的设置更好地服务于天下的百姓，使人们能够各安其位、各司其职，故曰"何以守位曰仁"。由此可见，只有挺立和彰显仁德，才能更好地使"位"发挥应该有的功能。"仁"成为"位德"的核心要义或基本道德。财富是行义的条件和工具，即有一定的财富才可以调节民用，使天下万民得以团聚，故"财者义之具也。"何以殖财或理财？当然应该以义道或义德统之。

船山由此还谈到位财的吉凶问题，认为天下之大，本没有什么吉凶，吉凶大多由位与财的问题引起。君子本身也没有什么吉凶，只有对财与位的问题处理不当，才可能引发吉凶问题的产生。自从人类社会有了对权位和财富的追求以来，人们的人性和人际关系乃至整个社会的道德生活就处于矛盾冲突或裂变之中。大多数人对于权位只知高者为贵，低者为贱，一旦获居高位，便骄傲自大起来，肆行不法，从而丧失了守位的仁爱之德。对于财富问题，只知道一味地羡慕富有，贱视贫穷，一旦发财致富，便贪鄙吝啬起来，损人利己，损公肥私，从而败坏了理财的正义。因此，如何建构一种与守位、理财相匹配的职位伦理和财富伦理，就变成人类文明建构和伦理生活必须解决的重大理论和现实问题。

在船山看来，建构合乎文明律则和伦理价值要求的职位伦理和财富伦理，莫过于回归于"天地之大德曰生"的伦理根蒂，彰显与生生不息之德密切相关的仁义之德。在船山看来，"天地之大德曰生"，生而为人，就应当也必须珍视、遵循这一生生之德，否则不但对不起自己，也对不起天地。天地有不忍之心，亦有不倦之情。高低之位是天地不忍之心的表现，亦是仁德流行和仁民爱物的价值呈现。只要心系百姓，关爱苍生，就一定能够使这种职位的设置同天理相应承，获取一种职位伦理的精神支撑。大小之财是天地不倦之情的表现，亦是义德灌注和因义生利的精神确证。只要"因民之所利而利之"，将利益的追求同他人和社会群体的利益有机地联系起来，与百姓共忧乐，善共享，就能建构一种真正的财富伦理。最可怕的是"居位无仁"或"统财无义"。从某种意义上说，"居位无仁"或者说"有位无德"包括"位超其德"，都是缺失职位伦理的表现，自会受到天理的抨击和人情的诋毁与抵抗的，也必将给居位者带来灾祸，同时也造成职位格局的失序。与"居位无仁"相类似，"统财无义"或者"财过其义"，亦是缺失财富伦理的表现，也一定会受到昭昭之天道的谴责和富含正义之心的人们的不耻。这种财富会成为丧家灭身的根由。所以，以仁统位，以义治财成为文明建构的两大核心问题。天地不与圣人同其忧患，而圣人则自会体认天道，效法于天，而与百姓同其忧患。圣人深察财位之源，密观天化之理，认识到财位的吉凶虽变化莫测然归根结底统一于天地生生之德这一基本原则之中。如果能够用仁德来引领和规约权位，用义道来宰制与范导财富，就可以建构一种伦理的精神与文明的秩序。

王船山的位财论及其所彰显出来的职位伦理和财富伦理精神，具有极其深刻的现代意义和价值。我们今天要建构的政治伦理和经济伦理，呼唤正确的权力观和财富观，要求"权为民所用""利为民所谋"，纳德于位并且能够德高于位，以义殖财并且能够先义后利，才能够既彰显当代美德伦理的精神要义，又为共同富裕、公平正义、以人为本的中国伦理精神建构提供应有的道义支撑。继承王船山的位财论及其所彰显出来的职位伦理和财富伦理精神，并在现实的文明创建中予以创造性的转化，无疑是一件富含伦理精神建设意义的工作。

（原载《船山学刊》2016年第1期）

船山的德业观与崇德广业之旨趣

　　船山批判继承了中华哲学和伦理文化德业并论的价值传统，并从知能同功和天地人合论的角度阐释了自己的德业观，深刻揭示了《易传》"崇德广业"的人文精神，矫正了宋儒"重内圣轻外王"的偏弊，极大地发展了儒家的"内圣外王之道"，凸显了"知能同功而成德业"的价值机理。

　　船山在《周易外传·系辞上传》中指出："夫天下之大用二，知、能是也；而成乎体，则德业相因而一。"他结合天地人的关系来论知能和德业，认为"知者天事也，能者地事也，知能者人事也。"知的作用是由天开始的，天虽然不能自知，然而自有其运行变化的道理，亦如《易传》所说"乾知大始"。能的功效是由地来显著的，地虽然不能兴起，然而万物生于其上，表现出能的作用，亦如《易传》所说"坤作成物"。天以健德来显示自身的机理，地以顺德来成就万物的功能，此即是"天则有其德，地则有其业，是之谓乾坤……夫天秉乾德，自然其纯以健知矣。地含坤理，自然其纯以顺能矣。"人秉承天地的精华，在师天法地中合知能于一体，以乾健的精神用知，以坤顺的精神用能，知能并进，不离一阴一阳之道，故能合健顺以成善，成就一番与天地参的宏大德业。人有着"善用其心之机，善用其性之力"的独特优势，在与天地既不相易亦不相离的关系中"成乎德业而得天下之理"。

　　船山"知能同功而成德业"命题的提出，既具有道德本体论和道德认识论的意义，也具有人生价值论和道德价值论的丰富蕴含，揭示了人之德业的建构离不开"知能同功"，亦需要"崇德广业"的精神修养。德主要指一种伦理精神和道德人格的培育与建构，是人效法天之乾德与地之顺德的自我德性建构，表现为"自强不息"与"厚德载物"之伦理精神和品质的内在培育与拱立。人有了这种德性的建构就可以无愧地立于天地之间，生命的意义和人生的价值由是而显。业是人将天地之德的推扩、贯彻而达致的功效和成就的事业。大德必有大业。"富有之谓大业，日新之谓盛德。"人能够不断地体道之精神，日新不已，便能成就一种盛德；不断地尽性践行以藏道之富有，便能成就一种大业。"在道为富有，见于业则大。在道为日新，居为德则盛。"

德业的成就离不开"崇德广业"的精神建构和行为努力。崇德就是敬重、崇尚道德并乐意践行，拳拳服膺，日进于高明。广业就是"立焉而固，行焉而顺"，亦即有一种体天尽器、切于事理的敬业精业精神，使自己的潜能获致充分的实现，达到理想的效果。"崇德广业"是君子人生价值追求的集中体现，蕴含着"德业并建"或"德功并称"的伦理意义。

当代中国，正处在全面建成小康社会的关键时期，需要我们弘扬船山"知能同功而成德业"的思想，并把"崇德广业"作为一种基本的人生价值追求，在"尽器"与"践行""知，至于尽器；能，至于践行，德盛矣哉！"（《思问录内篇》）中培育日新之盛德和富有之大业！

（原载《船山学刊》2016年第2期）

船山的日新观及其当代意义

习近平总书记在2017年元旦献词中引用了船山《尚书引义·太甲二》中"新故相推，日生不滞"的名言，以说明当代中国与世界的深刻变化，借以敦勉国人更好地与时俱进，开拓创新。这是习近平继庆祝中国人民政治协商会议成立65周年讲话时引用船山"名非天造，必从其实"（《思问录·外篇》）之后，又一次引用船山哲学名言来论说当代中国的情势及其应有的精神禀赋。2016年，在全国哲学社会科学工作者座谈会上的讲话中，习近平深情回顾中华文明历史悠久、大家辈出时也点到了王夫之，同时也昭示出习近平对中国传统文化和哲学思想的研修及其智慧。

船山以"六经责我开生面"的学术精神自许，提出并阐发了"新故相资而新其故"的日新观，并以此观照历史、品评诸子百家和省察文明机理。船山的日新观建基于"气化日新"的绷缊生化论，本质上是对宇宙万物生生不已之内在动因的揭橥。"二气交相入而包孕以运动之貌"的太和绷缊自有其"必动之几"，它是一种生生不息、"必无止机"的本源存在。绷缊本体内在固有阴阳二气，必然形成"精密变化而日新"的气化运动。绷缊化生的过程就是"天地之化日新"的过程，也是一个"新故相推，日生不滞"的发展变化过程。"日新而不困"、生生不息的生命运动构成自然史和人类史的内在本质。"守其故物而不能日新，虽其未消，亦稿而死。"（《思问录·外篇》）人类历史也是在"气化日新"中不断向前发展的，"前此之未有，今日之繁然而皆备"，从而形成"汉唐无今日之道，则今日无他年之道者多矣"的进化发展史。人之人性也是在不断地体天继善中日生日成的。不特如此，人性同时还是"未成可成，已成可革"的，没有一成不变、永恒如斯的人性。正是基于自己对天地万化和人类自己的深度考察，船山提出并论证了"道莫盛于趋时""日新之谓盛德"的命题，发展起了一种朴素唯物主义和朴素辩证法相结合的哲学思想体系，把我国朴素形态的唯物辩证法推进到一个新的阶段和水平。

船山的日新观对于我们在新的历史时期全面推进改革开放，促进社会主义现代化建设事业不断开拓新局面、进入新境界，无疑有着重要的精神启迪和价值砥砺作用。只要我们"善体天地之化"而不断革故鼎新，我们就一定能够成功跨越"中等收入陷阱"和"修昔底德陷阱"，迎来中华民族伟大复兴的辉煌明天！

（原载《船山学刊》2017年第1期）

船山"知言"论及其彰显的"知人"智慧

如何理解人们的言论进而更好地去认识人，是中国思想史上许多思想家均有所探讨的重大理论和实践课题。船山在继承儒家"言道"基本精神的基础上，结合自己对言与行、言与道等的认识，特别是品评历史人物、探讨知行关系所形成的历史理性和价值理性，较为全面地阐释了自己的"知言"论亦即如何去理解把握历史和现实生活中人们的言论及其内在精神实质的理论。

首先，船山认为，了解一个人，必须先从了解他的言论入手。但是，"知言者，岂知其人之言哉？"了解一个人的言论，绝不能仅仅只是就言论而论言论。因为一个人的言论对外是有所修饰的，而其真实意图总是藏在心中。一般总是先说出言论，然后才是行动。已经说出的话，人们大多能够分辨，但是内心的想法则不能测知。此即所谓"知人知面不知心""然则知言者，非知其人所言可知已"。船山举出商鞅初见孝公时"言三王"，王莽升为汉公时而称言周公为例来说明他们当时的言论并非其内心的真实想法或心理动机。只是到了后来才知道他们当时所言的并不是他们的真实想法。那么，如何站在今天更好地理解古人所说的话呢？船山强调"知言"是一个"因古人之言，见古人之心"的过程，是一个通过古人言论的精义去了解其所生活的时代状况的过程，同时还需要详细比较各种言论的异同而发见它们内在的宗旨与目的，深刻探讨看似一般的言论背后隐含的真实的意图，然后就会知晓今人言论与古人言论之契合并不意味着没有区别，而其不同者并不一定没有神似之处。就此而论，"非大明终始以立本而趣时，不足以与于斯矣"（《宋论》卷六），亦即没有对言论洞见本根式的理解及其对时代精神的深度把握，就没有办法理解古今不同的言论及其背后的旨趣。

其次，船山谈到了圣人之言有可能被冒充、被顶替的现象，认为帝王治国安邦的典籍与贪功谋利的邪说"相辨者在几微"。如果一些冒充君子的小人用庄重的脸色说出与圣人之言差不多的话语，真正的君子也可能被打动。这样看来，就不要对司马光、程颐乐意推荐王安石并与之交谈而感到迷惑了。所以，"知言者，务知其所以言之密藏，而非徒以言也。"认识和把握圣人之言，必须要在体悟圣人之心、觉解圣人之理、品味圣人之意上下功夫。"唯于圣人之言，洗心藏密，以察其精义；则天之时，武之变，极乎深而研以其几。"只有平心静气、从心灵深处去体察圣人之言的精义，才能真正理解圣人之言的本始用意。

此外，船山还提出了"知言者'穷理尽性以至于命'之谓也"的命题，将一个认识论意义上的"知言"与价值论、道德论意义上的"尽性以至于命"连通起来加以论述，较为深刻而又全面地揭示出了"知言"与"知人"的辩证关系，凸显出了"知言"对"知人"的伦理启示意义以及"知人"对"知言"的价值规制意义，吐露出"极高明而道中庸"的道德智慧。

（原载《船山学刊》2017年第4期）

船山读书目的论及其现实启示

船山本人是一个饱读诗书的大思想家，在长达几十年的读书著书生涯中形成了自己的读书观。在船山看来，读书整体上是有助于人的知识提升和智慧增长的，也是人实现自己内圣的重要途径。但是，读书有一个善读书、会读书以及将读书与践行结合起来的问题，有一个对书籍的甄选、品评和自我消化、自我觉悟的问题，也有一个以大道大德来树立读书目的、端正读书态度并能力求自完其身和完善社会的问题。

在《读通鉴论》"元帝二"中，船山针对南北朝梁元帝萧绎在江陵沦陷后焚烧宫中所藏古金图书一十四万卷，当时有人问为什么烧书，梁元帝回答"读书万卷，尤有今日，故焚之"一事论述道："帝之自取灭亡，非读书之故，而亦未尝非读书之故也。"为什么这么说呢？船山一方面认为，元帝之江山沦陷应从元帝自身"不悔不仁"及用人不当处去找原因，将自己社稷败亡归咎于读书，是倒因为果，"非知读书者之言也"，书又怎么会"负于帝哉"？认真读书又怎么能够导致江山异姓，社稷败亡？另一方面，船山又认为，元帝不善读书，仅仅将读书作为自己搜索骈俪、攒集影迹、"以夸博记者"的手段，而对"君父悬命于逆贼，宗社垂丝于割裂"则不闻不问，这种"晨览夕批，疲役于此"的读书同那种吸毒成瘾的恶德败行又有什么本质的区别呢？！这种意义上的读书确实在历史上导致了不少悲剧，教训极其深刻。"呜呼！岂徒元帝之不仁，而读书止以导淫哉？"船山例举了许多因不能树立正确的读书观而荒废事业甚至亡国败绩的历史人物，引以为沉痛教训，指出："梁元、隋炀、陈后主、宋徽宗，皆读书者也；宋末胡元之小儒，亦读书者也；其迷均也。"这些人都是迷于读书或者说读书致迷的范例，旨在警醒后世读书人一定要培育正确的读书观，千万不能对书籍不作任何选择，仅仅将读书当作一种个性的偏好沉溺其中而不知人间大义和天地正气。

鉴于历史教训的总结，船山提出了自己的读书目的论，指出："夫读书将以何为哉？辨其大义，以立修己治人之体也；察其微言，以善精义入神之用也。"这就是说，读书首先应以辨其大义为要，通过读书找到做人做事的根本原则和义理，建构自己安身立命的精神家园；同时还要深入地考察其中的微言，借以更好地培育自己的思维能力，提升自己的认识水平。"不规其大，不研其精，不审其时"，就只能"如汉儒之以公羊废大伦"，或如"王莽之以谶二名待匈奴"，演绎出极其恶劣的后果。船山深刻地指出："无高明之量以持其大体，无斟酌之权以审于独知，则读书万卷，止以导迷，顾不如不学无术者之尚全其朴也。"

习近平总书记曾多次就建设学习型政党而谈及读书问题，要求全体党员特别是领导干部爱读书、勤读书、读好书、善读书，而其关于读好书、善读书的论述与船山之读书目的论有某种神似之处，凸显了树立正确的读书目的论的意义和价值，值得我们认真学习并努力效法。

（原载《船山学刊》2017年第5期）

船山名实论的伦理深蕴及其价值合理性

习近平总书记在庆祝中国人民政治协商会议成立65周年大会上的讲话中引用了王夫之"名非天造，必从其实"（《思问录·外篇》）的名言来说明名实相符的重要性。

如何正确认识名与实的辩证关系，把握其精神实质，对于形成正确的认识论和价值论，对于培养社会的伦理风尚和人们的伦理价值观，无疑具有重要的指导和引领意义。名，指概念、名称、声名，实，指实在、实际、实务。名与实涉及形式和内容、现象与本质的关系，是人们用来认识客观世界和人自己的一对重要范畴。船山在总结和继承孔子"正名"等思想的基础上，提出并论述了"名实两相称"的名实统一论，不仅深刻地论证了实对名的决定性作用，而且辩证地阐释了名对于实的能动作用和积极意义。

船山批判性审视先秦以来名实之辨及由名实之辨所转译的言意之辨、道象之辨等各家主张，既不赞同因名废实的惟名论，亦不认肯崇实废名的惟实论，指出"名之与实，岂相离而可偏废者乎？"（《尚书引义·泰誓牧誓》）坚持认为"名待实以彰，而实亦由名而立"（《尚书引义·君陈》）。名之与实，如同形体与外表一样不可分割，二者处于同一体中。在船山看来，"名非天造，必从其实"，名虽然是因人而立的，但必须以实物或实际作为根本内容。有某一实物，人才赋予其与之相适应的名称，所以人在为某物、某事立名时，是以实作为基本依据的，"名之所加，亦必有实矣"（《王船山文集·知性论》）。在肯定实对名的决定性作用的同时，船山又强调"因名以劝实"，认为名可以助实，可以为实之辅。因此"名以成实，名不可辱；实以主名，名不可沽"（《尚书引义·大诰》）。实是名的根本规定性，无实之名，是欺世盗名，非君子所当取。船山主张"既得之于实，又得之于名"（《尚书引义·多方二》）的名实统一论，并认为只有名实统一，才能达到正本清源、敦风化俗的伦理目的。

船山肯定孔子正名的伦理意义，认为"名之不正，邪说之所由生也"，又说"名者，人道之大者也。"正名的唯一标准就是要使"名实各相称"，实现真正的名副其实或名实相符。名实相符内涵着德位一致、德福合一的价值合理性，在文化和社会建设上具有拨乱反正、正本清源、知行合一以及正心、诚意等方面的伦理效用。船山的名实论对于我们认识当前社会生活中沽名钓誉、贪图名利之危害，更好地营造"有名者必从其实"的伦理氛围，具有一定的警醒和启迪作用。

（原载《船山学刊》2017年第2期）

船山"全其初心"思想及其现代启示

船山在《读通鉴论》卷十五中谈到了"初心"以及"全其初心"的伦理意义问题，其中凭借对历史人物和事件的总结品评以史拓论、以论证史，将"初心"置于人生品德保全和历史进程不忘源头的始基，并与其"天下古今之公义"有机地联系起来，彰显出公忠、公道、公义的道义论特质，读来振聋发聩，令人深思而频添历史理性意识。

船山针对南北朝时宋廷"贞人志士之言绝于天下"而产生的种种变节、苟且行为，深觉"不能正其始"的危害，认为无论朝廷亦或个人都应该不忘初心，保持其原初的志向和伦理德操。只有这样，才能防范许多道德风险，在推动历史和社会进步的过程中成就自己个体的道德人格。在船山看来，"皎皎初心，岂自诬哉？"光明俊伟的初心是不能够自我诬毁的。人如果忘记了初心，亦即忘记自己原初的志向与德操，就会与世浮沉，随波逐流，就会演绎出一幕幕人生的悲剧。

船山的初心论并不仅仅是指个体或群体原初所立的志向和德操，而是将其提升到国家民族整体利益和长远利益的义道高度，主张以"天下古今之公义"为道德评价的标准，因此其初心论充满着对国家民族至上道义的价值认定。船山指出："人莫急于自全其初心，而不可任者以往之意气。欲为君子，势屈而不遂其志，亦还问吾所自居者何等也。情之所流，气之所激，势之所迫，倒行逆施，则陷于大恶而不知，而初心违矣。"人们重于"自全其初心"的伦理意识无疑值得肯定，但是千万不能在"全其初心"的过程中意气用事，不能使"全其初心"走向它的反面。他说:"夫既以名义为初心,则于义也当审。为先君争嗣子之废兴,义也;为中国争人禽之存去,亦义也;两者以义相衡而并行不悖。如其不可两全矣,则先君之义犹私也;中国之义,人禽之界,天下古今之公义也。"在初心的保持上,一个真正有道德操守的人应当始终做到"不以私害公,不以小害大",亦即在"迫难两全之际,捐小以全大",从而"与其初心小异而不伤于大同"。船山还以管仲事原初的仇人齐桓公而孔子许以为仁之事例来加以说明,认为孔子着眼的并不仅仅是个体层面的私忠,而是从"小大公私之辨"的角度来审视管仲的事仇,强调"捐小以全大"的价值导向,并认为管仲的"徙义"有着"徙而不伤君子之素,则合异于同,而无愧于天下"的道德价值。就此而论,"本效忠节"意义上的初心只有受"古今天下之公义"的宰制与规约,才能真正彰显出"大正而固不昧其初"的伦理意义。

船山的"初心论"从个体侍奉君主的私忠(本效忠节)出发走向"天下古今之公义",深受其"一人之正义,一时之大义"和"古今之通义"的义道论的宰制与规约,彰显出以公忠统私忠以及在二者矛盾情况下舍私忠而全公忠的先公后私、重公轻私的道义论特质,无疑是中华民族"天下为公""苟利社稷、死生以之"之爱国主义精神的集中体现,对于我们今天弘扬以爱国主义为核心的民族精神有着重要的现实意义,对于当代中国共产党人"不忘初心,继续前行"亦即牢记全心全意为人民服务的宗旨亦有着重要的启迪价值,值得我们好好学习。

（原载《船山学刊》2017年第6期）

王夫之对建构中国特色哲学社会科学的贡献与启示

　　2016年5月17日，习近平总书记在全国哲学社会科学座谈会上发表重要讲话，提出建构具有中国特色的当代哲学社会科学，并在总结中国古代哲学社会科学巨匠大师时提到了王夫之。在中国近现代思想史上，王夫之的思想学说影响了魏源、曾国藩、彭玉麟、郭嵩焘、王闿运、谭嗣同、杨昌济、章士钊等人，并对毛泽东产生过特别巨大的影响。毛泽东在长沙求学期间受其师杨昌济先生影响，不仅在《讲堂录》抄有多处王夫之语录，而且多次到船山学社去听报告，与友人研讨王夫之学说。1921年3月毛泽东还在船山学社里创办"湖南自修大学"，开始传播马克思主义，并以此组建湖南共产主义组织。抗战时期，毛泽东在延安写作《矛盾论》《实践论》等著作，专门写信给在长沙八路军办事处工作的徐特立，请求补齐《船山遗书》所缺各册。中华人民共和国成立以后，毛泽东两次亲笔为船山学社题词。由此亦可见王夫之在毛泽东心中的地位和影响。

　　那么，王夫之思想究竟因什么而引得毛泽东、习近平而如此高度评价或看重呢？联系到发展中国特色哲学社会科学而言，应该说王夫之是创造性地建构中国特色哲学社会科学的优秀历史人物或典范。王夫之生当明清鼎革之际，先后做过"科举救国梦""反清复明梦"和"文化救国梦"，并为"文化救国梦"付出了长达数十年的艰辛努力。他在物质生活和学术生活极端困难的条件下，以一种空前的学术自觉和价值自觉，既"坐集千古之智"又"推故而别致其新"，对自羲轩以来肇造此后不断发展延绵的中华哲学文化做出了全面总结和创造性建构。他的这种建构无愧于他自己"六经责我开生面"的学术自诩，也证成了他的"道莫盛于趋时"的价值论断。在中国古代学术发展史上，王夫之可谓真正的"究天人之际，通古今之变，成一家之言"的思想学术大师，他对经史子集、诸子百家都做出了别开生面的总结与评价，并结合中华学术文化发展的逻辑和未来社会发展的需要建构起了一个朴素唯物主义和朴素辩证法相结合的思想体系，将中国古代哲学文化推进到一个新的阶段。

论及王夫之哲学文化的深刻性和建构性，著名马克思主义历史学家侯外庐先生有言："夫之先生的学术是清以前中国思想的重温与发展，他不但把六经别开生面地重新解说，而且从孟子以后的中国哲人多在他的理性主义批判之下翻案估定，所以他的思想，蕴涵了中国学术史的全部传统……他在瑶洞里著作，有那样大的成就，我们不能不钦服他可以和西欧哲学家费尔巴哈并辉千秋，他使用颇丰富的形式语言成立他的学术体系，我们又不能不说他可以和德国近世的理性派东西比美。"应该说，侯外庐先生的评价是比较确当而公允的。

王夫之建构具有中国特色哲学社会科学的成就与贡献是世所公认的。今天，为了建构具有中国特色、中国风格和中国气派的当代哲学社会科学，我们应当弘扬王夫之那种高度的学术自觉和文化自信，在新的时代条件下更好地"即事以穷理""入德以凝道""要变以知常"，对当今中国乃至世界的问题予以"会其参伍，通其错综"式的考察，"分言之则辨其异，合体之则会其通"，就一定能够"为往圣继绝学，为万世开天平"，建构不忘本来、吸收外来、面向未来的中国特色的当代哲学社会科学，造福于中华民族伟大复兴的宏大志业！

（原载《船山学刊》2016年第4期）

发现王夫之与湖南文化的崛起

　　近读美国学者裴士锋著的《湖南人与现代中国》（社会科学文献出版社2015年版）一书，深为其从湖南在近代中国的崛起而论王夫之思想之精神价值的学术视野及其建树所感奋。在裴氏看来，湖南人之所以能够在近现代中国历史上为民族、为国家和为中华文化做出杰出的历史性贡献，是跟王夫之思想的发掘与复活密切联系在一起的。他的这一本书的主线就是围绕近代湖湘学者如何复兴王夫之的思想，如何重新解读王夫之的著作，又如何在数个世代的岁月里把王夫之转变为令人仰慕的"现代湖南精神象征"而展开的。近代湖湘学者发现王夫之，既是夫之学说的幸运，也是湖湘精神和学术文化的幸运；既是夫之学说的重光与价值再现，也孕育了三湘四水一代又一代进步青年，从而整体提升了湖湘文化在近现代的创化力。

　　与裴氏一书观点相映成趣的是钱基博先生在《近百年湖南学风》一书中所表达的思想。钱基博先生认为，在近代以前的湖湘文化发展史上，有三大杰出人物的思想对后世产生了十分深远的影响。一位是楚之屈原，著《离骚》，创"楚辞"，以开汉京枚马之辞赋。第二位是宋之周敦颐，作《太极图》《通书》，契性命之微于大易，接孔颜之学于一诚，开宋明理学之端绪。第三位则是明之王夫之。钱先生比较了周敦颐和王夫之学术及精神的独特基质，指出："周敦颐以乐易恬性和，王夫之以坚贞拄世变；周敦颐探道原以辟理窟，王夫之维人极以安苦学。"进而认为"湖南人而有此，非仅以自豪乡曲，当思以绍休前人。"这种"自豪乡曲"和"绍休前人"的文化自信和精神自强在近代湖湘诸子那里化为一种承前启后、继往开来的价值观自觉和学术自为，由此演绎出了"千百年湖湘人才导源于此"的学术活剧。近代史上，湖南人致力于研究和弘扬船山学术思想，产生了一批湖湘文化的大师与巨人，邓显鹤、魏源、曾国藩、曾国荃、彭玉麟、郭嵩焘、王闿运、刘人熙、谭嗣同、杨昌济、章士钊，他们对船山思想的推崇与多方面发掘、研究，不仅使自己的思想获得了源头活水的支持，而且也为自己的实践活动注入了一种人生和价值的动能。王夫之的思想还深刻影响了毛泽东的学术旨趣和人生追求。

裴氏和钱先生对王夫之之为湖南人的精神领袖及其所包容的巨大智慧予以深度探究，发觉王夫之其人、其学多有扎根历史而又面向未来的精神潜质。他那种"立乎其大"旨在从道统学理上为我们民族建纲立极的学术旨趣及其价值追求远远超越了他的学术本身，他那种"残灯绝笔尚峥嵘"的风骨和旨在复兴我们民族伟大的伦理精神的志节始终具有感动人心的勃然力量。夫之思想既有着"坐集千古之智"的传承民族伦理文化的历史主义情怀，更有着"推故而别致其新"、开创中华文明新局面的现实主义和理想主义精神。所以，他的思想特别是他的节义德操自然会有一种跨越历史风云的品质。

2019年是王夫之诞辰400周年。置于王夫之诞辰400年这一历史时令，我们发觉，掘发与弘扬夫之学术仍然是一件未竟的事业，夫之思想的开掘与研究仍然是一件特别富有意义的工作，近现代湖湘学子因研究夫之学说而使自己卓有建树的时代和善机并未结束，"广船山于天下以兴天下"的宏旨仍在进行中。让我们更好地在研究夫之学术中创新学术，在弘扬夫之精神中砥砺自身的精神进而为中国精神效力吧！

（原载《船山学刊》2016年第5期）

第三编　　　船山诗文赏析

道者，安民以定国，至正之经也

原文：道者，安民以定国，至正之经也。秉道以宅心而识乃弘，识唯其弘而志以定，志定而断以成，断成而气以静，气静而量乃可函受天下而不迫。天下皆函受于识量之中，无不可受也，而终不为之摇也。大矣哉！

出处：《宋论》卷三，长沙：岳麓书社版。

赏析：这是王船山对道的价值及修道之意义的一段名言，充分揭示出了道在治理天下过程中的本源性效用，以及治政者修道不止，使自己的政治识见、志气和度量达致理想境界而形成的伟大人格和坚定意志的影响力。在王船山看来，道是安民定国的神器，是使天下长治久安的至正之经。他发展了孔孟儒家"民为邦本，本固邦宁"的思想，坚持认为治天下以道，最重要的莫过于尊重民意，体恤民情，为百姓谋福祉。判断政治是否得道的标准就在于看其是否"得其心于民"，"得其心于民"亦即赢得民众的信任与肯定，自然就是得道，得道就能得到民众的拥护。得到民众的拥护自然就会使天下长治久安。治政者秉道而行、体道于心的结果就能使自己的识见弘大，意志坚定，政治判断力增强，心气平和而高远，胸怀度量能够包容整个天下而从容不迫。这就是道内化于心而形成的个体道德的强大影响力，也是造就杰出政治家之道德人格魅力的内在因由。道内化于心其实就是有德的确证和铸德的过程。政治家有德和铸德既能助推政治生态的良善化，亦能使政治文明日趋良善，进而既在德性上成就了自我亦在福惠上利便了百姓，架起了一座让政治走向伦理、让伦理引领政治的桥梁。

道莫盛于趋时

原文：道莫盛于趋时。

出处：《思问录·内篇》，长沙：岳麓书社版。

赏析：这是王船山对"道"的本质特征和功能作用所做的一种界说，凸显了"道"不是固定凝滞、永远不变的，而是与时更新、不断发展变化的。支配天地万物和宇宙人生的"道"，有自己内在和固有的规律，也有自己相对稳定的规定性或特质，但是这种相对稳定的规定性或特质是与其运动性和变化性相对而言的，是在运动和变化中体现其"经""常"的特质的。这是因为天地万物和宇宙人生每一天都在变化之中，"道"作为"器之道"也一定会发生变化。不特如此，"道"本身亦是运动的，"道不行而阴阳废"。"道随器变"和"器随道变"具有相辅相成的架构效用。王船山提出了"道之所行者时也"和"道因时而万殊"的观点，以此来论证"道莫盛于趋时"的命题，强调趋时更新是"道盛"即"道"最大限度地发挥自身作用的集中表现。依据"道莫盛于趋时"的理论命题，王船山阐释了"主动""珍生""行健"的哲学伦理思想，较为全面系统地论证了"命日受，性日生，日生则日成也"以及"继善成性"的人性论，比较正确地揭示了"洪荒无揖让之道，唐虞无吊伐之道，汉唐无今日之道"的历史进化论，并由此得出"则今日无他年之道者多矣"的判断，形成了他别开生面的历史哲学，堪与德哲黑格尔的历史哲学媲美。需要指出，王船山"道莫盛于趋时"的"趋时"是同"时几""常变"等范畴密切相关的，含有尊重发展规律和时代趋势的要义，而不是流俗所谓的见风使舵或朝秦暮楚。王船山对那种随波逐流于非常之变，"旦而秦，暮而楚"的"无恒之人"予以猛烈的抨击。他的"道莫盛于趋时"论与其"历乎无穷之险阻而皆不丧其所依"，"泊然于生死存亡而不失其故"的思想是一个辩证的统一体。

天地以和顺而为命，万物以和顺而为性

原文：天地以和顺而为命，万物以和顺而为性。继之者善，和顺故善也。成之者性，和顺斯成矣。

出处：《周易外传》卷七，长沙：岳麓书社版。

赏析：这是王船山论述和顺之价值功能的名言，深刻地揭示出天地万物都以和顺作为自己的性命以及继善成性与和顺的内在关系。和，是指对立的双方或各方具有和谐共存的性质而不相悖害；顺，是指对立的双方或各方能够遵循共同的规律而不相违逆。和顺，合起来指既和且顺的发展状况和发展规律，含有和谐顺应、和美顺畅、和平顺利等意义。《周易说卦传》有"和顺于道德而理于义，穷理尽性以至于命"一说。穷理、尽性、知命是有为之君子都应当有的修为功夫和人生追求，但是比较而言，"和顺于道德而理于义"要更为根本。因为天地以和顺作为天命的内在基质，万物以和顺作为自己的内在本性。和顺贯通于天地万物，是天命、物性的内在本质或根本属性。舍弃了和顺，天地万物难以成就自己的性命。在王船山看来，道德的实质亦即阴阳健顺的本体，它的根本属性在于和顺，其作用在于"极其变动发挥而不相悖害"。"道本浑沦，因而顺之，健顺交相济而和矣。"人们只有在不断和顺于道德的过程中才能更好地体悟道德的内在基质，把握道德的内在精神，并因时制宜，使天下万物无不各顺其则，进而穷天下之理，尽人物之性，使继善成性不断完善发展。理解继善成性的关键在于理解和顺的功能效用。继道不绝之所以为善，善就善在对和顺的遵循弘扬上；相继之善之所以能够成就人物之性，成就成在对和顺的把握占有上。王船山的这一名言启示我们，和顺是天地万物的性命法则，也是人道的重要内容或核心精义。圣人存人道以配天道，就是要和顺于道德以理于义，建构一种既与天命天道相一致又能尽人之所以为人之精蕴的人道，谱写天人合一的壮丽史诗。

知天之理者，善动以化物

原文：知天之理者，善动以化物；知天之几者，居静以不伤物，而物亦不能伤之。以理司化者，君子之德也；以几远害者，黄老之道也；降此无道矣。

出处：《读通鉴论·文帝二十三》卷二，长沙：岳麓书社版。

赏析：这是王船山就人如何认识天之理、天之几而做出的深刻论述，涉及天人、动静、利害等关系，标揭出高远而隽永的哲学智慧和道德精义。在王船山看来，天有自身运行发展的内在机理或规律性，把握天之运行机理或规律性的人们应当"善动以化物"，所谓"善动以化物"既反对"盲动"亦反对"不动"，亦即应当是有利于人和人类社会的化育万物的行动，是在遵行和运用客观规律的基础上来改造万物为人类服务的能动实践。改造化育万物的人类实践活动本质上是"以理司化"的行为，故此可以看作是君子之德的表现。同时，天道运行也有其自身的动静必然之介或"几"。"几"是动静必然之理的一种隐微表现。"天下不可易者，理也；因乎时而为一动一静之势者，几也。"（《读通鉴论·安帝七》卷十四）认识和把握天之几的人们就应当"居静而不伤物"，采取守静的方式尊重万物的自然生长，与万物友好相处，而不是肆意伤害万物，这也是黄老之道的内在要求。知天之理要求"善动以化物"，知天之几要求"居静以不伤物"，此动静之为既是把握和顺应天道的表现，也彰显了人之作为的主体能动性，是合规律性与合目的性的辩证统一。离开二者，道就失去了根基。因此，人认识和把握天道，就是要在"知天之理"和"知天之几"之间达致平衡，进而更好地"善动以化物"和"居静以不伤物"。

圣人之所以依人而建极也

原文：道行于乾坤之全，而其用必以人为依。不依乎人者，人不得而用之，则耳目所穷，功效亦废，其道可知而不必知。圣人之所以依人而建极也。

出处：《周易外传》卷一，长沙：岳麓书社版。

赏析："依人建极"是王船山人本主义或人文主义思想的重要命题，含有不能抽象地去谈论所谓"天道""物理"，而应以人作为出发点、作为本体、作为目的来考察其与天地万物的关系，考察人类在自然界中的地位和尊严等思想因素。"依人建极"是对自然主义的天本论和物本论的超越，同时也是对非自然主义的神本论的超越，它主张以人为世界的中心和根本，按照人的方式和特性来认识世界和改造世界，发展人类文明，建构一种与自然界的良善关系。人虽是大自然的产物，但他秉承的是二气之精，五行之粹，故为万物之灵。人产生之后在作对于天的同时又改造和完善着自己，形成自己独特的人性、人的本质。人能够凭借自己的知能认识和把握天道，而且能够在把握天道的同时"物物而不物于物"，创造一个人化的自然界。贯穿于天地万物和人类社会中的"道"，要发挥自己的作用也必须"以人为依"。如果不能让人很好地发挥人之所以为人的人道，那么"道"的作用就只是"可知"而不"必知"的，"道"的作用离开了人也无法真正得以彰显或呈现。王船山的"依人建极"既主张尊重自然界的规律和法则，又主张"尽人道以合天德"，并认为"合天德"即是"健以存生之理"，"尽人道"即是"动以顺生之几"。依据这种"健""动"的人生观和价值观，人可以创造出既合乎自然又超越自然的价值与文明，彰显天所赋予人的内在潜能，使人成为宇宙的精华，万物的灵长。"依人建极"与当代社会所讲的"以人为本"有某种理论的相似性和一致性，值得我们好好继承并发扬光大。

善治者，酌之于未变之前，不极其数

原文：善治者，酌之于未变之前，不极其数；持之于必变之日，不毁其度。不善治者反此。

出处：《宋论》卷六，长沙：岳麓书社版。

赏析：这是王船山关于在制度的变革与不变中如何成就善治的箴言，揭明了善治对待变革与稳定的驾驭或管控之当然要求，具有深刻的政治伦理意蕴。在王船山看来，国家的事情特别是相继沿袭的制度必定会发生变化，这是必然趋势，也是当然之理。没有一成不变、万古千秋都永恒正确的制度。那么，怎样才能达成一种国家的善治，建构一种优良而清明的政治制度呢？这就要求治国者要有一种对于变化的价值把握，亦即做到在未变之前就斟酌思考，不让政治生活的恶发展到不可操控的程度，应当努力去培植或扩展政治生活中善的因素，使善达到对恶的有效控制；在必然发生变化的时势下又能够加以必要的管控，不让这种变化超越它应有的度或分寸，亦即使变化合乎道义的要求，或者说建构新且好的政治制度，使原先好的政治制度变得更好或发展得更完善。从某种意义上说，善治表现在制度的相对稳定期和剧烈变动期都能使制度和政治彰显其善的意义。善治作为政治伦理化和伦理政治化的有机结合，本质上是一种良善而清明的治理模式或类型，不仅要求确立政治生活和政治制度的目的合理性或内在善，而且也要求确立政治生活和政治制度的手段合理性或外在善，并要求在现实的政治运作中实现二者的辩证统一。王船山的这一箴言，对于我们当前开展卓有成效的政府治理和社会治理，全面深化改革，建构政治清明、政府清廉、干部清正的政治伦理秩序，无疑具有一定的启迪意义和现实价值。

是故中国财足自億也，兵足自强也，智足自明也

原文：是故中国财足自億也，兵足自强也，智足自明也。不以一人疑天下，不以天下私一人，休养厉精，士佻粟积，取威万方，濯秦愚，刷宋耻，此以保延千祀，博衣弁带，仁育义植之士旺，足以固其族而无忧矣。

出处：《黄书·宰制第三》，长沙：岳麓书社版。

赏析：这是王船山在《黄书·宰制》结尾中的一段话，深情地揭示出船山的国家民族自信和文化自信，既阐释了中国国家民族自信的内外条件，更论述了精神文化自信的伦理意义，彰显了船山的精神自觉及对民族文化自强的坚定信念。船山虽然身处"风霾蔽天白日昏"的明清鼎革之际，目睹且亲历了"地拆天乖"的艰难时世，个体生活饱受颠沛流离、饥寒交迫之困苦，但是却通过精研历史、文化与哲学，对导致民族衰败、社会腐化、学风堕落的封建专制主义和封建蒙昧主义进行了深刻的检讨和批判，尤其对明亡做出"哀其所败，原其所据"的深刻总结与反思。基于自己对民族精神、文化传统特别是核心价值理念的深度认识和把握，船山坚信中华民族不仅有足够的财力使其成员更好地生聚繁衍，有足够的兵力来实现富国强兵的价值目标，而且在智力上也一定能够更好地认识自我，发展出卓尔不群的思想文化。只要我们有一种"不以一人疑天下，不以天下私一人"的天下观，并通过士大夫阶层育仁植义的精神建构，形成凝心聚力的价值共识，以此励精图治，取威万方，就能够荡涤秦愚，洗刷宋耻，延续中华民族的精神血脉，强固民族的生存发展根基以不断地继往开来！品读船山的这一段名言，对于我们在新的历史时期，培育和强化国家民族自信和文化自信，实现中华民族和中华文化的伟大复兴，无疑具有极其重要的启迪和熏染价值。

有豪杰而不圣贤者矣，未有圣贤而不豪杰者也

原文：有豪杰而不圣贤者矣，未有圣贤而不豪杰者也。

出处:《俟解》，北京：中华书局。

赏析：这是王船山在《俟解》一书中对圣贤与豪杰关系所下的断语，揭示了圣贤与豪杰的不同，亦即圣贤人格与境界可以兼具豪杰的人格与境界，而豪杰的人格与境界则不能兼具圣贤的人格与境界。

中国古代提出的人生理想有"成人""君子""豪杰""贤人""圣人"等，其中"学为圣贤，志在豪杰"是大多数人所认同并向往的做人范式和理想人格。圣贤是圣人与贤人的合称，通常是指品德和见识达到最高境界的楷模人物。如果说贤人是道德品质达到最高境界并产生了良好社会效应的人格理想，那么圣人则是不特道德品质而且识见智慧达到最高境界的人格典范。"圣人者，知通乎大道，应变而不穷，能测万物之情性者也。"（《大戴礼记·哀公问五义》）儒家孔孟和宋明时代的理学家均十分推崇圣贤人格，渴慕圣贤气象，并为人们修身立德提供了一个学有榜样的圣贤谱系。圣贤有两个基本的维度，其一是"言足法于天下"，从而具有奠基和引领思想文化和价值观的基本路径、基础原则和方向之意义；其二是"德配天地"，其行为能够给天下和黎民百姓带来爱和福祉之效应。

豪杰即英雄豪杰，是指在人生的追求和精神境界方面特立独行并能建功立业的优秀或出众人物。一般而言，豪杰大多气岸高标，志向高远，文武秀异，卓尔不群。外能攻坚克难，敢打硬仗；内亦刚毅不屈，死不旋踵是豪杰人格的基本特质。

　　圣贤人格与豪杰人格的关系既相互联系又有区别。就其联系而言，豪杰人格为圣贤人格奠基，圣贤人格是在豪杰人格的基础上发展起来的。学做圣贤当从培育豪杰人格开始。就其区别而言，圣贤人格兼具豪杰人格基质，而豪杰人格未必兼具圣贤人格内蕴。如果说豪杰人格重在志向的建树与气节的彰显，那么圣贤人格则是识见与德性的完美与合一。

　　青年毛泽东在《讲堂录》中抄录了王船山的这一名言，并解释说："圣贤，德业俱全者；豪杰，歉于品德，而有大功大名者。"毛泽东的人生理想是圣贤兼豪杰，亦即实现内圣与外王、传道之人与办事之人的有机统一。他最佩服的范仲淹与曾国藩无疑是属于那种既能传道又能办事的圣贤兼豪杰之人格典范。毛泽东的人格理想激励他在探索中国革命道路、实现马克思主义中国化方面卓有建树，同时也使他为人民服务的德性日臻完善，成就了一番福泽华夏的不朽功业。

不以一人疑天下，不以天下私一人

不以一人疑天下，不以天下私一人。

出处:《黄书》，长沙：岳麓书社版。

赏析：这是王船山天下观的一段名言，出自《黄书·宰制第三》，深刻揭示了"天下"与"一人"的关系，强调天下是天下人的天下，每一个人都是天下人的有机构成，千万不能使天下成为某一个人的私产，也不能让某一个人来怀疑天下人。这里讲的"天下"泛指整个中华民族及，讲的"一人"既指每一个具体的个人，也特指治理国家的君主。"不以一人疑天下"中的"疑"实指怀疑、不相信，含有不能让一个人来怀疑天下所有的人进而将天下人都视为敌人的意思，那种把天下人都当作私己存在物不能任用和信任的观点，实质上已陷入到了坚执的自我唯能或自我中心主义之中，他看不到天下人的政治可靠性以及对天下的责任感，因此不能做到选贤与能、唯才是用，在政治上最后只能落入孤家寡人的境地。中国历史上的"孤秦""陋宋"之所以形成就是"一人疑天下"的结果。破除或摆脱"孤秦""陋宋"的政治生活紧张与自取灭亡之网，就必须正确认识一人与天下的关系，将一人自觉地融入天下之中，在相信天下人中为自己接好善缘，打造具有高度向心力、凝聚力和战斗力的政治团队，抒写良序政治文明的新篇章。"不以天下私一人"强调了天下是大家的，每一个人都是天下的能动主体，既有从天下获取好处和利便的权利，也有维护天下秩序、创化天下文明的义务和责任。"不以天下私一人"本质上是对"天下为公"和"公天下"的高度肯定，是对"生民之生死"的高度认同，凸显了万民共建共享、共生共赢的政治伦理意蕴。依据"不以天下私一人"的观点，王船山批判了中国历史上的君主专制主义以及那种漠视民生权益的君主利己主义，主张尊重民众的生存权益和物质利益需求，主张光复并弘扬远古"公天下"的传统和精神，抵制"家天下"和"私天下"的行为或做法，这是中华民族"古今之通义"的内在含义和必然要求。只有真正光大了"公天下"的精神并使其伦理制度化，才能走出"孤秦""陋宋"的泥沼，实现天下大治，续写中华文明继往开来的伟大史诗！

情知腊尽雪须消，耐耐耐

原文：未了游丝债，莫被浮云碍。鸡声历历曙光微，在在在。月挂西楼，风轻柳岸，虹垂天外。但遣愁城外，不怨霜荷败。情知腊尽雪须消，耐耐耐。未必他生，还如今日，长年禁害。

出处：《薑斋词集·鼓棹初集》，中华书局版。

赏析：这是王船山所作的《醉春风·遣病》一词，比较好地揭示了船山的乐观主义人生观和价值观，渗透着对历史规律的深刻把握和对社会发展未来的无限向往。其中的点睛之笔"莫被浮云碍""不怨霜荷败"，和着"鸡声历历曙光微""情知腊尽雪须消"的律动，鲜活地展现了一幅黑暗即将过去、曙光就在前头的动人美景，那种洋溢心头的欣喜，那种"病树前头万木春"式的"冲破鸿蒙""灿然皆有"，又是多么地令人产生对前途无比的盼望和憧憬啊！诗人已经听到了"鸡声历历"，远望东方晨曦初露，曙光尽管微弱但毕竟已经若隐若现，三个"在在在"之连用，表征诗人"莫畏途难时日远，鸡鸣林角现晨曦"的信念已经非常坚定。下阕"情知腊尽雪须消"一句，与英国诗人雪莱"冬天到了，春天还会远吗？"何其相似！腊月即将过去，冰雪自会融化，草木峥嵘、万物复苏的春天亦将接踵而至。为了迎接春天的到来，需要付出等待与耐心，甚至需要承受某种冰雪的严寒或摧残，而这难道不是最有价值的承受与付出吗？！三个"耐耐耐"之连用，告诉人们美好的时景必须要有耐心去等待，要做好各种应对之策和迎接的准备，不能设想它的到来不需要付出任何代价，不能想象它的到来会永远是温润舒适的天然馈赠，这其中有暴风骤雨，还会有冰冻雪霜，因此不能怨恨荷叶经霜而发生的破败或草木凋零。"莫言草木委冬雪，会应复苏遇阳春。"只有熬过寒冬的人才会知道春阳的可贵。王船山依凭着这种坚执的乐观主义信念，虽居草堂茅屋，饥寒交迫，贫病交加，仍能够信心倍增，精神抖擞，对传统文化做出了别开生面的阐释论证，将其发展到新的阶段和水平。船山的志节、操守及其乐观主义精神，永远是我们民族最可宝贵的精神财富。

参万岁而一成纯

原文：庄生云："参万岁而一成纯"。言万岁，亦荒远矣，虽圣人有所不知，而何以参之！乃数千年以内，见闻可及者，天运之变，物理之不齐，升降污隆治乱之数，质文风尚之殊，自当参其变而知其常，以立一成纯之局而酌所以自处者，历乎无穷之险阻而皆不丧其所依，则不为世所颠倒而可与立矣。

出处：《俟解》，长沙：岳麓书社版。

赏析：这是船山对庄子"参万岁而一成纯"论断的评析。船山整体上肯定庄子探究并领会万世世变机理而成就纯粹恒定价值观和道德智慧的看法，认为这种"为万世开太平"的价值建构对人类是需要的，这种价值建构表现了社会精英对纯粹而恒定价值观的一种道德期许和伦理寄望，亦即在一种富于变化的人世间或者说沧桑世变的历史演进中如何保持一份始终如一的价值自觉和价值自信。诚然，从时间绵延上讲"言万岁"确实"荒远"，即便是圣人也不能完全认知，那又怎么能够谈得上参通、融汇？怎么能够谈得上在参通、融汇的过程中成就超越时空之上的纯粹价值观呢？虽然万岁荒远，但是，数千年之内还是有见闻可及者，有无数"升降污隆治乱之数，质文风尚之殊"，我们是可以进行参验、参悟、参通、参破、参透的，是能够把握数千年历史演变的轨迹并认识其发展变化的规律性的，此可谓"参其变而知其常"，"知常"就是把握在"万变"中的"不变"及其规律性。"知常"才能够确立始终如一、恒定如斯的人生观、价值观和道德观，建构一个物质上可以遮风避雨、精神上可以安身立命的家园。确立了这一成纯的伦理价值观和价值目标，人们就如同在茫茫大海上的航行看见了灯塔和航标，顿时有了奋进的目标和前行的方向，那么人就能够成为自己命运和人类历史的主人，即便经历无穷的险阻也不会丧失自身确立的理想信念和伦理价值观，也不会为世俗的变化所颠倒亦即人云亦云、随波逐流了，这才是超越时空的价值观和道德智慧的力量。"道冠古今""德配天地"大体说的也就是这种"参万岁而一成纯"的状况吧！

夫性者生理也，日生则日成也

原文：夫性者生理也，日生则日成也。则夫天命者，岂但知初生之顷命之哉！

出处：《尚书引义·太甲二》，长沙：岳麓书社版。

赏析：这是王船山对人性的基本论断，说明人性并非一成不变，而是随着生命的成长而日生日成的。在中国历史上，无论是孟子的性善论，还是荀子的性恶论，亦或是王阳明的性无善无恶论，以及程朱理学的性二元论，禅宗的"现成佛性"说，都具有某种先验论或不可变更的性质。王船山批评了这种先天人性论，坚持认为人性是后天生成的，是人在后天生命展开和生活实践中不断体认生命机理和生活要义而形成并发展起来的。在王船山看来，人一生下来所具有的秉性与牛之性、犬之性亦即动物之性并没有本质的差别，人性的善恶是人在后天生活实践中慢慢地形成和发展起来的。王船山的性日生论在内容的展开上表现为"继善成性"和"习与性成"。"继善成性"凸显主体自身道德修养和行为的自觉，"习与性成"揭橥行为习惯或环境习染导致人性的生成。继善就能成就善良的人性，意兼孟子的"人皆可以为尧舜"和荀子的"途之人可以为禹"，区别在于王船山的人性善是后天修养的产物，而在孟子那里则是"发明本心""复其本性"，在荀子那里则是克服恶性、自觉向善。其实，天所赋予人的初命之性是无所谓善恶的，善恶都是后天人性的结果，同人的修养和习染有着最为直接的关系。王船山的性日生论以及与之相关的"继善成性"说和"习与性成"说，是中国传统人性论思想的精华和发展的最高峰，值得我们深刻体认并予以发扬。

寿夭不贰而死生贞，学诲不倦而仁智定

原文：寿夭不贰而死生贞，学诲不倦而仁智定。

出处：《周易外传》卷七，长沙：岳麓书社版。

赏析：这是王船山论修身立命的一句名言，说明一个人只要树立了正确的世界观、人生观和价值观，尊重客观规律并按客观规律孜孜以行，就能够获致一种屹立于天地之间的定力并成就纯熟的道德品质。孟子说："夭寿不贰，修身以俟之，所以立命也。"夭寿指生命时间的短长，一般把没达到一定的年龄而逝世称之为"夭"，而把长命或活得岁数大称之为"寿"。不贰，即不疑惑，诚如朱子所说："知天之至，修身以俟死，则事天以终身也。""夭寿不贰"是说一个人要安于天命，通过修养自己的道德去"立命"，把短暂的人生过得有意义，不要在乎生命时间的长短，无论早夭或长寿都应当义无反顾地去修养自己的道德。"寿夭不贰而死生贞"意味着一个人要树立正确的生死观，必须正视生命时间的长短，有一种无论长短都能欣然接受，并始终以修养道德来范导和提升人生、超越死亡。其间的伦理意蕴是人要安于自然的天命，但是要修养后天的德性，以此来确立自己的道德慧命，为自己短暂的人生建构安身立命的精神家园，这样就能够超越自然生命与死亡带给人的种种疑惑与痛苦，获得一种激扬人生、实现自我的价值动能。"学诲不倦"是既仁且智之圣德，意味着一个人既要"学而不厌"，又要"诲人不倦"。孔子说："学而不厌，诲人不倦，何有于我哉？"学习而不感到厌烦，育人而不感到疲倦，这有什么难呢？子贡在评价孔子时指出："学而不厌，智也；诲人不倦，仁也，仁且智，夫子即圣也。"王船山将孔子的言说与子贡对孔子的评价结合起来立论，强调只有学而不厌，诲人不倦，才能真正修养好仁智之德，成就明德新民的德功事业。仁智双修源于学而不厌、诲人不倦的志道据德精神。如果我们培养起了学而不厌、诲人不倦的伦理精神，就能够获得正确而安定的仁智品质，体悟天地生生不已的健顺德性，从而得以无愧地立于天地之间。

历忧患而不穷，处死生而不乱

原文：充天地之位，皆我性也；试天地之化，皆我时也。是故历忧患而不穷，处死生而不乱，故人极立而道术正。

出处：《周易外传·杂卦传》卷七，长沙：岳麓书社版。

赏析：这是王船山对君子学易后形成的精神气象所作的一段论述，昭示出有为君子通过学习易经、明白易理进而达致人生广大意境的内在价值，揭橥出体天恤道之君子人格的独特神韵和精神魅力。深研易理使得身处杂多世界的君子获得了一种"与天地合其德"的价值支撑，由此形成乐观其反、欢迎其杂的精神禀赋，在即世间的同时实现超世间，建构一种"学达性天"的意义世界。你看那充满天地之间的空间位置其实都是我们性命可以发挥功能效用的场所，发生于天地之间的万千变化都是我们人生可以利用把握的机会。天地之间的场所与变化都应当是我们有所作为的机会与舞台，再多的忧患也不会导致我们失去人生的主宰，即便身处生死存亡的关键时刻也不会乱其心志。由此才能确立人生的至道和端正道术，此即是学习易道"内化于心，外化于行"的气象凝结之效果！

禽兽患死而不知哀死，人知哀死而不必患死

原文：草木任生而不恤其死，禽兽患死而不知哀死，人知哀死而不必患死。哀以延天地之生，患以废天地之化。故哀与患，人禽之大别也。

出处:《周易外传·无妄》，长沙：岳麓书社版。

赏析：这是王船山关于生死观的名言，说明了人之生死观同动植物的本质区别。草木有生而无知，因此它们之生是一种无意识、无感觉的自然之生，所以不可能对死亡产生怜恤的情感反映。禽兽有知而无义，它们会本能地产生对死亡的恐惧，但是却不懂得怜惜死亡，所以它们是"患死"而不知"哀死"。人有生有知亦且有义，懂得生命与死亡是天地生化之道的必然体现，既能珍爱生命，又不忧患死亡，所以"哀死而不患死"。"哀"即悲哀、哀悼、哀伤，是一种对死亡意义的追思与个体短暂生命之价值的怜恤，体现出人类生命意识的情感护卫与死亡伦理的价值拱立。"哀死"不是"患死"或"怕死"，而是人类知觉意识和理性情感的深刻交融，彰显出人类对生命之价值与死亡之意义的深度体认与追索。"哀以延天地之生"说明哀死有助于延伸延长天地之生的内在意义和价值，而"患死"则只会消解天地之化，无助于生命意义或价值的提升。通过哀死的价值追索与意义寻求，儒家提出了杀身成仁、舍生取义的"死义"，马克思主义者和共产党人提出了"生的伟大，死的光荣"的价值理念，从而不仅极大地彰显了生命的内在价值，也凸显了死亡的伦理意义，确证着终极关怀的至善深蕴，推高着人生观、价值观和道德观的境界和水平……

天下死而己不独生，天下生而己不忧死

原文：天下死而己不独生，天下生而己不忧死。

出处：《周易外传》卷三，中华书局版。

赏析：这是船山关于个人与天下关系的名言，表达出一个真正有天下意识的人会自觉地把自己同天下有机地联系起来，与天下同生死、共命运。如果天下灭亡，自己绝不独自苟活，一定与之同亡。如果天下得以存续发展，而个人绝不忧患自己的死亡，想到天下得以存续，自己个体虽死犹荣。在船山看来，人是属于天下的，每一个人都是天下的一份子，都应当而且必须有一种天下的情怀，以天下为自己的精神家园和终极关怀，魂系梦牵的是天下，孜孜以求的是天下的存续和兴旺。如果能够通过自己的努力使天下更为富庶与文明，更为进步与理想，那不就是人活着的最大价值和最大的自我实现吗？"天命之体，煌然其不欺也。无待于物，则至正矣。"天命赋予我们每一个人内在的潜能和人性，我们就应当发掘天赋的潜能和内在的人性，去参赞天地之道，在驾驭和引领外物的过程中而不为外物所统制，通过自己的创造性活动去为天下贡献种种物质财富和精神财富，这既是天命义理不可相欺的"绝对命令"，也是人道至正的内在要求。因此，本源于天地之间的人理应体认天地的机理，把自己个体的命运同天地、天下的运命结合起来，只有这样，才能无愧于天地之间"人"的称号。如果仅仅着眼于个体的一己之私，则"小功乍集而失道，小名外溢而失德"，那既无益于天下，也会使自己个体的价值归为零和负数。这样的人生，又有什么意义和价值呢？品读船山的这一名言，使我们深切地感受到，一个人要真正抒写美好人生的篇章，就必须有一种家国情怀和天下意识，自觉地把个体的追求和梦想纳入天下的存续发展之中，才能够真正找到一种意义的确证，获得一种价值的动能。

定大器者非以为利，成大功者非以为名

原文：定大器者非以为利，成大功者非以为名。

出处：《周易外传》卷二，中华书局版。

赏析：这是船山关于道德人格价值取向的一句名言，说明了理想的道德人格的气量与价值追求，襟怀与胸次是为天下而不是为自己的，为千秋而不是为一时的，揭示出理想的人生价值追求不是着眼于世俗的功名利禄或富贵荣华，而是"为天地立心，为生民立命"和"为万世开天平"的，只有这样的价值追求和人生抱负才能成就定大器、成大功的伟业。定大器，亦即奠定天下长治久安的格局；成大功，亦即成就一番福惠百姓的丰功伟业。定大器的人胸怀的是高远的志向和远大的事业，决不是为了功利。成大功的人着眼于天下百姓的福惠和文明制度的建构，决不是为了个人的名誉。在船山看来，圣人是那些真正定大器与成大功的道德典范。圣人之所以能够定大器和成大功，原因在于他始终能够把天下苍生和千秋万代装在心头，与万物同其忧患，与苍生同其苦乐，与天地同其呼吸。圣人之生志在启人之明，开人之聪，"则以为天地之日月也"。"生而身致之，圣人之力；没而人继之，圣人之心。力尽心周而忧患释，岂其沾沾然以为己之功名而利赖之！"圣人的生命致力于为天下为后世建纲立极，创业垂统，拳拳服膺、鞠躬尽瘁于这一伟大的事业。不幸逝世，只要能感受到事业后继有人，亦会产生一种莫大的欣喜。船山还揭示了世俗之人对小功小名的孜孜追求及其所造成的社会危害，指出"小功乍集而失道，小名外溢而失德"。因此，过分注重个体的功名利禄只会造成失道失德的后果。培育健康的道德人格，就是要抵制个体小功小名的追求，学会超越一己之私，"生而不有，为而不恃，长而不宰"，立功而不居功，在为天下、为千秋的价值追求中实现人生价值，止于至善。船山的这一格言彰显了只有超越个人的名利追求才能真正定大器、成大功的内在机理，也契合当今中国"功成不必在我"以及"责任定然在我"的价值取向，值得我们在新的历史条件下发扬光大。

新故相资而新其故，微显相次而显察于微

原文：学成于聚，新故相资而新其故；思得于永，微显相次而显察于微。

出处：《周易外传》卷五，长沙：岳麓书社版。

赏析：这是王船山关于"学""思"应得之法与怎样为学、如何运思的两句名言，以此来阐明为学应当在新故相资的基础上而使旧学焕发出新知，运思应当在微显相次的基础上使细微的东西得以彰显的道理。孔子有"学而不思则罔，思而不学则殆"的言说，较早地论及到学思结合的问题。南宋时的朱熹在与陆九渊争论为学之方的过程中主张"格物致知"，把"旧学商量加邃密，新知培养转深沉"视为"道问学"的两种必要功夫或取向。王船山批判地继承了孔子及朱熹关于为学之方的一些观点，强调真正的学问源于一点一滴的积累与聚合，深度的思维总是建基于永在的认识活动之中。学问的积累与聚合每每在新故相资的基础上实现对旧学的突破，思维的隽永总又是在微显相次的同时使细微的东西显露出来。真正的学问既讲积累又讲突破，是一种新故相资而新其故的既传承又创新的活动。突破与创新离不开对已有知识和智慧的把握，一切新知识总是在对旧知识了解、把握的基础上实现推陈出新。思维的开张既注目显性也注目隐性，是一种微显相次而显察于微的创化过程。今天我们习以为常的东西恰恰是过去人们致力于显察于微的结晶。从为学、运思的价值论上讲，一味地沉溺于旧学，或者割断与旧学的联系都是不对的，复古主义的恋旧和虚无主义的断旧都不足为法，科学的方法应该是"新故相资而新其故"。思维上对待显微亦应作如是观，不去关怀细微是不对的，不去应对显著也难以自立于当今之世，在"微显相次"的过程中"显察于微"，真正做到"致广大而尽精微"方为正确的运思取向。

贞胜者，胜以贞也

原文：贞胜者，胜以贞也。

出处：《宋论·哲宗》卷七，长沙：岳麓书社版。

赏析：这是船山对《易·系辞下》"吉凶者，贞胜者也"做出的一种创造性阐说和论证，将"贞胜"解释为"胜以贞"，本质上是对中华道统和正道的高度肯定，凸显了以正道取胜和正者无不胜也的伦理意义。在船山看来，统率着人们一切行动的，是守正不移的贞德。只有培植守正的贞德，才能在生活中化凶为吉，转危为安，赢得人生的胜利。"唯其贞也，是以无不胜也。无不胜，则无不一也。"（《周易外传·系辞下传》）当"胜"与"贞"不能两全的时候，真正坚守中华道统和正道的人"与其不贞而胜"，宁肯"不胜而必固保其贞"。因为"贞"内涵着正道、正义、正大光明，它会给人一种内在的信念、信心和价值支撑，使人处乱世亦能有所依循，遇祸害亦能转害为利，产生一种无往而不胜的精神力量。所以，培育并保持住了"贞德"，也就是赢得了真正的胜利，它与那种失去"贞德"而赢得的胜利完全不可同日而语。

君子正其学于先，乃以慎其术于后

原文：学也者，所以择术也，术也者，所以行学也。君子正其学于先，乃以慎其术于后。

出处：《宋论·真宗》卷二，长沙：岳麓书社版。

赏析：这是王船山关于"学"与"术"关系的界说，比较深刻地揭示了"学"与"术"的区别及其联系，旨在告诉世人在明白"学"与"术"不同功能及效用的基础上将二者有机地统一起来，以学择术，以术行学。"学"，指学习、读书、研修活动及所获致的学问和形成的学养。笼统而抽象地谈论学"则瑕疵该矣"，亦即人们对学习什么以及如何学习等的不同对待会导致学问和学养的不同，即有学问精进醇厚与驳杂瑕疵之分。"术"，指技艺、方法，亦指道路。"统言术，则贞邪疑矣。"与学有醇疵相对应，术亦有贞邪问题。真正的"术"应该是指正确的道路，故"术之为言，路也；路者，道也。"术与"径"不同，"夹路之私而取便者曰径，其共由而正大者曰术。"走光明正大之路，才能称为术，权术、策略或计谋而不能称为"术"。寇准读到《汉书·霍光传》"不学无术"而觉悟，曰"张公谓我"，一般人觉得寇准是会读书的人，然而王夫之认为寇准并不是醒悟，而是迷惑。在船山看来，人的内心是没有一定之规的，如果没有学问来使之安定，就会迷惑于多岐的邪路，会走上小径而迷失康庄大道，更会把小径误以为康庄大道而乐意去走小径。所以，君子不敢轻易言说"术"，而是用学习来纠正他的趋向。学习是为了更好地选择道路，而选择更好的道路则是为了更好地推进自己的学习。君子总是把端正学习目的置于首位，然后再来谨慎地选择术。将术纳入学的框架中使其更好地行学，才能形成真正的学术。

我生万历四七秋，显皇膏雨方寸留

原文：我生万历四七秋，显皇膏雨方寸留。圣孙龙翔翔桂海，力与天吴争横流。峒烟蛮雨困龙气，我欲从之道阻修。呜呼一歌兮向南哭，草中求活如萎缩。

出处：《姜斋诗集集·忆得·放杜少陵文文山作七歌》，见《王船山诗文集》，中华书局版。

赏析：这是船山对自己生平经历和心路历程描述的一首诗歌，深情地道出了船山生活的时代是何等的动荡不安和乱象丛生，也揭示出船山一生怀才不遇，壮志难伸的人生坎坷与不幸。船山生于明万历四十七年，即公元1619年。其家族在衡州系卿大夫"阀阅"世家，然其先世只"遗薄产顷余"，至船山出生时"薄田不给馆粥""萧然无长物"。虽然家道中落，但船山家人内心仍存留有对皇室"膏雨"的感念，有一种效忠家国天下的济世情怀。明清鼎革之际的时代变局，使王船山通过科举考试入朝为官的梦想破灭，他毅然决然地投身于武装抗清的斗争中。抗清失败后，投奔南明政权。船山对朱由榔在广东肇庆成立的永历政权怀抱希望，肯定朱由榔为神宗朱翊钧的"正胤"，属于"圣孙"，其活动具有"龙翔"的意义（桂海是对产桂的两广的又称）。他把清兵比作《山海经·海外东经》中所说的海神，自己虽然力量微薄，还是要奋力与之抗争。"争横流"表达了他挽狂澜于既倒、还我河山、恢复汉室江山的豪情壮志。"峒烟蛮雨"形容烟雨暴蛮，以此来比喻永历帝所处的内忧外患的困境。"我欲从之道阻修"，揭示了自己欲效忠永历政权然而道路险阻且漫长的真实状况。"呜呼一歌兮向南哭"，船山虽有精卫衔木石以填海的满腔热血，可是永历政权的出仕生涯却让他险些丢掉了性命。这种"精卫欲填填不得"的遗憾和愤懑，真叫人欲哭无泪。"草中求活如萎缩"，形象地再现了船山流亡湘南一带艰难困苦的生活。但是即便生活困厄，却丝毫不能动摇他对国家民族多灾多难的牵挂与关心。他在湘南流亡期间授徒讲的是《春秋》的微言大义，向学生灌输的是复兴民族、振兴华夏的爱国思想。

抱刘越石之孤愤，而命无从致；
希张横渠之正学，而力不能企

原文：抱刘越石之孤愤，而命无从致；希张横渠之正学，而力不能企。幸全归于兹丘，固含恤以永世。

出处：《王船山诗文集·姜斋文集补遗》上册，中华书局1962年版；又《王船山先生墨宝四种》，康和声辑印，1942年。

赏析：这是王船山1689年深秋作的《自题墓石》，亲授长子王敔(yu)，全文为："有明遗臣行人王夫之字而农葬于此，其左则其继配襄阳郑氏之所祔也。自为铭曰：抱刘越石之孤愤而命无从致，希张横渠之正学而力不能企。幸全归于兹丘，固含恤以永世。墓石可不作，徇汝兄弟为之。止此不可增损一字。行状原为请志铭而作，既有铭，不可赘作。若汝兄弟能老而好学，可不以誉我者毁我，数十年后，略纪以示后人可耳，勿庸问世也。背此者自昧其心。"这一墓志铭，概括了夫之毕生的信念、抱负和价值追求，是他一生人生志向和学术探求的总结，表达着夫之政治理想未能实现、学术期望未能达成的种种遗憾，从某种意义上说彰显着船山的性灵、胸次和襟怀，是船山魂和船山梦的集中体现。刘越石即西晋著名诗人和爱国将领刘琨（271年—318年），刘琨，字越石，中山魏昌（今河北无极县）人，西汉中山靖王刘胜的后裔。刘琨少年时即有"俊朗"之美誉，以雄豪著名。他听说好友祖逖被任用，曾与亲故写信说："吾枕戈待旦，志枭逆虏，常恐祖生先吾著鞭。"《晋书·祖逊传》还记载过刘琨和祖逖共被同寝、夜间闻鸡起舞的故事。刘琨的诗文激昂悲壮，充满对战乱中的流民的同情和抵抗敌人的决心，其诗《答卢谌》《重赠卢谌》表现了壮志未酬、英雄末路的悲愤。张横渠即北宋著名理学家张载（1020年—1077年），字子厚，凤翔郿县（今陕西眉县）横渠镇人，世称横渠先生，理学创始人之一，因讲学关中，故其学派称为"关学"。著有《正蒙》《理学经窟》《横渠易说》等。张横渠的气一元论、民胞物与等学说以及"为天地立心，为生民立命，为往圣继绝学，为万世开天平"的思想可谓宋学中的"正学"。王夫之认为，"张子之学，上承孔孟之志，下救来兹之失，如皎日丽天，无幽不烛"（《张子正蒙注序论》），肯定横渠之学来源于孔孟，是为儒家正学，可以匡正后世"阳儒阴释，诬圣之邪说"。夫之用一"希"字来表达对张横渠正学的仰慕心志。在夫之的这一墓志铭中，前一句是说他怀抱西晋爱国将领和诗人刘越石的孤愤，而命运却使这种孤愤无法真正展开和达致，他的壮志未酬比刘越石更加悲怆，只能抱恨林泉以终。后一句是说他希望能够阐说光耀张横渠的正学，然而学力不及。好在能够以自己的整个身子长眠于此一山丘，本来内涵的那种悲悯怜恤将永与此山同在。品读此一墓志铭，我们发见夫之对自己的评价充满着自省式的低调，其实用现在的眼光来看，他不仅很好地诠释和光大了张横渠的正学，而且淹贯经史，扬弃百家，对中国传统文化和学术做出了全面系统的总结，开启了近代的哲学文化启蒙，无愧于"六经责我开生面"的学术期许和革故鼎新的文化学术自觉，是中国传统文化和学术继往开来式的思想大师和精神领袖。

六经责我开生面，七尺从天乞活埋

原文：六经责我开生面，七尺从天乞活埋。

出处：《船山诗文拾遗》，见《船山全书》第15册，长沙：岳麓书社版。

赏析：这是王船山自题的"观生居"堂联，表达了他的学术抱负和生死观。1657年，39岁的王船山结束了多年的流亡生涯，回到南岳莲花峰下的续梦庵故居生活。1660年夏间，王船山由续梦庵徙居衡阳金兰乡（今曲兰乡）高节里，于茱萸塘筑茅屋，编篾为壁，取名"败叶庐"。1667年，因避"急难"，王船山曾一度与长兄暂时到湘乡，1669年又回到败叶庐，不久新筑茅屋"观生居"，并自题堂联云："六经责我开生面，七尺从天乞活埋。""六经"是指六部儒家经典，一般是指"诗、书、易、礼、乐、春秋"。《庄子·天运》载："孔子谓老聃曰：'丘治《诗》《书》《礼》《乐》《易》《春秋》六经，自以为久矣。'"此为"六经"的最早说法。《礼记·经解》"孔子曰：'入其国，其教可知也：其为人也，温柔敦厚，《诗》教也；疏通知远，《书》教也；广博易良，《乐》教也；洁净精微，《易》教也；恭俭庄敬，《礼》教也；属辞比事，《春秋》教也。'"《乐》无书，故"六经"其实只有"五经"。"六经责我开生面"，是王船山的学术期许和价值追求，是他决意在中华学术史上革故鼎新、别开生面的志向表白，也彰显着船山的学术气量和精神自信。凭着这份心灵深处的学术期许和自我砥砺，船山以"坐集千古之智"的博大胸怀，以"伸斧钺于定论"的批判精神，"辟佛老而正人心""贞生死以尽人道"，不仅全面扬弃程朱陆王等宋明理学，而且承继孔孟儒家的真精神，提出了"道器合一"的自然观，"知行合一"的认识论，"理势合一"的历史观，"理欲合一"的人性论以及"情景合一"的审美观等思想，将中华传统文化发展到最高峰，并开启了明清之际的启蒙思潮，成为中国近代资产阶级革命的思想渊源。维新志士谭嗣同认为"五百年来学者，真通天人之故者，唯船山一人而已"。青年时代的毛泽东曾多次去船山学社听取关于船山思想的学术讲座，《讲堂录》抄有王船山"有豪杰而不圣贤者，未有圣贤而不豪杰者也"等话语。可以说，王船山的思想创建无愧于"别开生面"的学术期许。"七尺从天乞活埋"是船山对待死亡的一种豁达且超越的态度。"七尺"，古代男人的一般高度，古代尺短，有学者估算古代的七尺与现代的五尺高约略相当，常用于人身高的代称。"从天"亦即服从天命，顺应天意，"活埋"即葬于天地之间。1689年，船山71岁时，友人刘思肯来访，为画小像，虽不尽肖，船山仍题词以记之："把镜相看认不来，问人云此是姜斋。龟干朽后随人卜，梦未园时莫浪猜。谁笔仗，此形骸，闲愁输汝两眉开。铅华未落君还在，我自从天乞活埋。"王船山的生死观主张"珍生""务义"，强调敬重生命的尊严和价值，认为"最可爱者此生也"，阐发了"天地之生人为贵"的思想，同时又认为生命的意义在于"务义"或"载义"，故有"生以载义生可贵，义以立生生可舍"的价值判断。船山自题堂联进一步强化了这种珍生、务义的伦理价值观，凸显了生的意义和死的价值，既志向高远又超越豪迈，丝毫没有悲观厌世和贪生怕死的意味，是对生死真谛的深刻回答，无疑是中国古代正确生死观的集中表征，值得我们继承并发扬光大。

故国余魂常缥缈，残灯绝笔尚峥嵘

原文：故国余魂常缥缈，残灯绝笔尚峥嵘。

出处：《王船山诗文集·病起连雨》，中华书局版。

赏析：1685年，王船山曾大病一场，痊愈后作《病起连雨》诗四首，其中第三首为："白发重梳落万茎，灯花镜影两堪惊。水金丹诀闻方士，土木葺膏累友生。故国余魂常缥缈，残灯绝笔尚峥嵘。悬知药力消冰雪，未拟垂杨听早鹰。"此诗叙述了晚年船山体弱多病，服药不见好转，就着灯光对镜梳头，白发散落一地，镜中枯瘦如柴的人影连同即将熄灭的灯花，都令人产生十分惊讶的感觉，但即便是在这种身体抱恙、生命如残烛摇曳的情况下，诗人体内滚动的仍是一腔忧国爱民的热血和就着残灯写最后文字的忠贞气度。"故国"指已灭亡的明王朝，"余魂"指还未灭亡的精魂，"缥缈"指隐隐约约、若有若无的状态，"残灯绝笔"形容在破败的灯光下写最后的文字，"峥嵘"比喻品格、才气超越寻常，如同山峰之挺拔突兀，棱角分明。在王船山的心目中，虽然明王朝已不可挽回地灭亡了，但中华民族和承载着中华民族精神命脉的文化并未灭绝，其"余魂"仍激励他在残灯之下，孜孜不倦地从事着民族文化的继往开来和民族精神的弘扬光大工作。只要民族的精神命脉能够代代相传，民族的文化精魂能够凝心聚力，那么民族复兴的希望就会指日可待。据其子王敔《大行府君行述》介绍，晚年的王船山在隐居湘西草堂期间，"启瓮牖，秉孤灯，读十三经、二十一史及朱、张遗书，玩索研究，虽饥寒交迫，生死当前而不变。迄于暮年，体羸多病，腕不胜砚，指不胜笔，犹时置楮墨于榻之旁，力极而纂注。"体现了一种生命不息，求索不止的奋斗精神。他把自己的整个一生都献给了光大中华文化，传承中华精神的极深研几、阐幽探微之中，成就了一番"六经责我开生面"的学术志业，为中华民族留下了一份精深厚重、历久弥新的精神文化财富。

附　录

冲破鸿蒙别有天

——夫之出船山记

　　王夫之是明清之际的伟大思想家、著名哲学家，他晚年隐居衡阳石船山，"伏栖林泉"、潜心著述，留下400余卷、800余万字的精神财富，建立了一种既"坐集千古之智"又"推故而别致其新"的思想理论体系，不仅对清以前的中国传统哲学和思想文化做出了全面系统的总结，而且对中华文明未来的伟大复兴包括民族振兴做出了别开生面的探讨与论述。夫之将生命价值与文化传承、文明复兴的千秋大业有机地联系起来，以"残灯绝笔尚峥嵘"的风骨证成着自己"六经责我开生面"的学术理想和人生追求，提出了一系列"破快启蒙"的思想文化命题，将中国古代哲学和思想文化推进到一个新的阶段和水平。

　　夫之因"绝迹人间，席棘饴荼"故而"声影不出林莽"，再加"门人故旧，又无一有气力者为之推挽"，故而使其学说长期湮没不彰。夫之思想的复兴与活化，如同夫之自己所预言的，那是200年以后的事情。1840年鸦片战争以后，随着帝国主义的入侵，中华民族面临着亡国灭种的严重危机，一批救国救民和匡复华夏文明的志士仁人，经过自己艰难的比较和选择，认识到夫之思想的救世价值，将其与民族复兴的独立自强和民主革命联系起来，从而使夫之思想走出船山，走向长沙，走向全国。

一、邓显鹤、曾国藩刊刻《船山遗书》

　　1841年，素以"远绍遗闻，光我简册"称世的湘潭学人邓显鹤从欧阳兆雄处得知王夫之七世孙家藏夫之遗书，于是"慨然发愤思购求先生全书，精审锓木，嘉惠来学"，首次大规模编辑刊刻了王夫之的遗著《船山遗书》18种180卷，并撰成《船山遗书目录》附其后，从而使得夫之经学精华得以探头于世。王闿运在《邗江王氏族谱序》中指出："船山祖籍维扬，本勋华世胄，遭明社鼎革，避世隐居，乡人无闻知者。至道光时，始得邓南村表彰之，求其遗书及其族人，则正有居湘潭以富商者，好文学，出重赀聘通人校刻姜斋说经史各书，而船山始显。"《船山遗书》的刊印，既是邓显鹤从事乡邦文献整理的一大成果，也标明其对王夫之民族精神、公义节操的表彰，对弘扬近代湖湘文化和精神起到了奠基性的作用。咸同年间，曾国藩、曾国荃兄弟等湘军将领对王夫之学说极为推崇，在与太平军作战的戎马倥偬之际，亦不忘研修船山著作。1863年7月9日，曾国藩在《日记》中写道："邓小芸送其叔父湘皋先生书各种，内有《沅湘耆旧集》二百卷。余因取王而农……诸家一阅。"攻陷安庆之后，即开始"搜刻船山遗稿"。同年7月24日，曾国藩兄弟拿出白银5000两，在安庆开始刊刻并于1865年冬在南京完成《船山遗书》（亦称金陵本）56种322卷，比邓显鹤刊刻的《船山遗书》更为全面和系统。曾国藩在《船山遗书序》中写道：王夫之虽"深闭故藏"，其学不显于世，但他在200多年前所做出的"穷探极论"与近世巨儒的"卓绝"之论"若合符契"，而其"博文约礼、命世独立之君子"之精神气象呼之欲出，对今之学者多所裨益。王夫之思想经由邓显鹤、曾国藩刊刻的《船山遗书》及其表彰得以光耀于世，并一时成为士大夫竞相研读的热门著作。据谭嗣同的父亲谭继洵介绍："是以咸、同之际，中兴将帅，半湘省儒生，其得力夫之之遗书者居多。"

二、彭玉麟、王闿运、郭嵩焘创设船山书院和思贤讲舍

1876年，湖南督学朱迥然有感于船山研究人才的缺失，倡建"船山书院"于衡阳，次年在兵部尚书彭玉麟的支持下，张宪和在衡阳回雁峰下的王衙坪王氏宗祠创建船山书院。1882年，曾国荃将家藏《船山遗书》332卷珍本捐给船山书院，寄望书院士子读出船山思想深义，砥砺品性人格。1885年船山书院由回雁峰迁往东洲岛，并由彭玉麟亲聘国学大师王闿运为院长。从此，东洲岛船山书院名之日显，"海内传经问学者踵相接"，一时有"学在船山"之称。与此同时，郭嵩焘在长沙创办"思贤讲舍"，所谓"思贤"即思念王船山、曾国藩等先贤，郭嵩焘亲自担任主讲，并撰联礼赞王船山学术思想与道德人格："笺疏训诂，六经于易尤尊，阐羲文周孔之道，汉宋诸儒齐退听；节义词章，终生以道为准，继濂洛关闽而起，元明两代一先生。"思贤讲舍对船山思想有不定期的研习，对于传播船山思想起到了一定的作用。

三、谭嗣同、章太炎、章士钊对夫之思想的新解与弘扬

维新志士谭嗣同很早就学习王夫之的思想学说，自称是"私淑船山也"。

尽管他与道光、咸丰、同治时期湖湘士大夫一样极力推崇夫之思想，但他与曾国藩等人所理解、诠释的夫之思想有很大的不同。曾氏等人所诠释的夫之思想是"纲维万事，弭世乱于未形""卓然一出于正，惟以扶世翼教为心"；而谭嗣同所理解的夫之学说则有"冲决网罗"的革命性和启蒙性，在清初三大儒中，"惟船山先生纯是兴民权之微旨"。谭嗣同还认为，"五百年来学者，真通天人之故者，船山一人而已"。梁启超在《中国近三百年学术史》中指出："船山学术，二百多年没有传人。到咸同间，罗罗山（漅南）像稍为得著一点。后来我的畏友谭壮飞（嗣同）研究得很深，我读船山书，都是壮飞教我。但船山的复活，只怕还在今日以后哩。"辛亥革命时期，孙中山、章太炎、章士钊等人推崇王夫之的民族主义思想，并以此来号召国民投身于排满反清的民族革命之中。孙中山推崇王夫之，并将其视为"恢复中华"的思想先驱。章太炎指出："当今之世，卓然而能兴起顽懦，以成光复之绩者，独赖而农一人而已。"（王夫之，字而农，号姜斋）章士钊在《王船山史说申义》一文中更说："船山之史说宏论精义，可以振起吾国之国魂者极多。故发愿申说以告世之不善读船山之书，深辜船山之意者。"章士钊还说："辛亥革命以前，船山之说大张，不数年清室以亡……船山志在鼓励本族，从事光复。"熊十力认为船山先生的民族主义就是"志在中夏文化之复兴"。

四、刘人熙创办"船山学社"和《船山学报》

中华民国成立后，危机日深，以刘人熙为代表的一批湖湘学人，出于"忧中华民国"的目的创办"船山学社"和《船山学报》，希望通过研读船山著作，弘扬船山精神，砥砺国人独立自强，为民族复兴大业而不懈奋斗。

1912年，刘人熙建议在"思贤讲舍"基础上创设"船山学社"，并于1914年6月正式成立"船山学社"，刘人熙为"船山学社"总理，1915年8月又创办《船山学报》。在《船山学报叙意》中，刘人熙写道："《船山学报》何为而作也？忧中华民国而作也……船山之学，通天人，一事理，而独往独来之精神，足以廉顽而立懦，是圣门之狂狷，洙泗之津梁也……愿广船山于天下，以新天下。""船山学社"和《船山学报》的创办，使夫之思想的研修、传播与变化民质的民魂再造、自强中国的国魂锻铸连接起来，在较大范围和较广领域活化了夫之思想，同时也成为担纲湖湘文化发展的重镇。

五、毛泽东等人对船山思想的吸收与改造

青年毛泽东在湖南第一师范学校读书时，受其师杨昌济先生的影响，多次去船山学社听讲，并在《讲堂录》中抄有王船山的多处语录以及杨昌济在课堂上讲解船山思想的听课笔记。1921年8月，毛泽东还利用船山学社创办"湖南自修大学"，宣传马克思主义，发展党团组织，湖南自修大学成为中国共产党成立后一所传播马列主义和培养革命干部的学校。延安时期，毛泽东在写作《矛盾论》《实践论》的过程中，认真研读《船山遗书》，并致信徐特立要求补齐所缺遗书各册。中华人民共和国成立后，毛泽东两次为"船山学社"题词，并将姚虞琴赠送给他的船山手迹《双鹤瑞舞赋》，致信郑振铎要求入国家文物局保管。毛泽东思想作为马克思主义基本原理与中国革命具体实际、与中华优秀传统文化相结合的产物，有着对中华优秀传统文化特别是湖湘文化包括王夫之思想的批判性继承和合理性改造的一面。

冯友兰在《中国哲学史》中专门探讨了王夫之著作的幸与不幸。在冯友兰看来，王夫之在衡阳石船山潜心著述，其著作当时和后世很少有人知晓，这是不幸。但从某种意义上讲，它也没有受到清朝当局的注意特别是文字狱的迫害，这又是不幸中的万幸。夫之的思想一直到清朝末年才开始受到重视并被作为排满的思想利器。"他的著作在过去一二百年之间好像是在养精蓄锐，以待在适当时期发挥生命力。"

而今，当我们共筑中华民族伟大复兴中国梦，奋力实现两个100年宏伟目标之际，夫之思想又迎来了一个新的发展时刻。学术界已经开始探讨船山魂与中国梦、船山精神与民族精神、船山义利观与正确义利观之间的关系。这种研究，不仅将为弘扬中华优秀传统文化做出新的贡献，也必将开拓船山学的新领域，使其进入新境界！

著名船山学家萧萐父先生有诗曾言："当年瓮牖秉孤灯，笔隐惊雷俟解人。三百年来神不死，船山应共颂芳春。"夫之思想走出船山，既成就了夫之，又张扬了船山。夫之走出船山，既是夫之自身思想蕴含的巨大能量及朝向未来的学术特质使然，更是时代、社会和文明的发展呼唤夫之思想重光使然。这也印证了那句"不谋万世者，不足以谋一时；不谋全局者，不足以谋一隅"格言的深刻道理。

（原载《光明日报》"国学版" 2015年9月28日）

船山思想有超越时空的神韵和魅力

——访湖南师范大学教授、《船山学刊》执行主编王泽应

湖南日报记者　奉清清

中华文明历史悠久，经历了数个学术思想繁荣时期。在漫漫历史长河中，中华民族产生了一大批思想大家，留下了浩如烟海的文化遗产。习近平总书记在哲学社会科学工作座谈会上指出：中国古代大量鸿篇巨制中包含着丰富的哲学社会科学内容、治国理政智慧，为古人认识世界、改造世界提供了重要依据，也为中华文明提供了重要内容，为人类文明做出了重大贡献。明末清初湖南著名思想家王船山正是总书记所推崇的"大家"，在多次讲话里，总书记直接引用王船山的名言或警语，以此来阐说当代中国特色社会主义建设的要求或问题。就如何领会船山思想的精髓、怎样把握船山学独特的神韵和魅力，记者日前采访了湖南师范大学教授、《船山学刊》执行主编王泽应。

奉清清：十八大以来，以习近平同志为核心的党中央十分重视对中华优秀传统文化的传承与发展。习近平总书记更是十分推崇历代思想大家，注重从他们的思想精华中汲取治国理政新理念新思想新战略的滋养。其中，总书记多次在讲话中提到明末清初湘籍思想家王船山，在讲话中多次引用船山名言。请您给我们具体介绍一下这方面的情况。

王泽应：据我粗略统计，习近平总书记提到王船山和引用船山名言，至少有五次。

提到王船山，是2016年5月17日在哲学社会科学座谈会上的讲话中。习近平谈到中华文明历史悠久，产生了儒释道墨名法等各家学说，涌现了一大批思想大家时，点到了王夫之。

引用船山的名言或思想，主要有四次。

一次是2014年9月，总书记在庆祝中国人民政治协商会议成立65周年大会的讲话中引用了王夫之的名言"名非天造，必从其实"。这句话出自船山先生的《思问录·外篇》，强调的是名实之间的有机统一，声名、名称必须与其实在内容保持一致才有意义；名称或声名并不是天然造成的，必须依据事实来确定。其实质就是要名副其实！

第二次是2014年10月，总书记在全国文艺工作座谈会上的讲话中创造性地引用、融合船山先生"文因质立，资质文宣""盖离于质者非文，而离于文者无质也"等思想，要求创作出"文质兼美的优秀作品"。"文质兼美"是王船山文质观的核心命题，其实质就是神形具备，内容和形式高度统一。

第三次是2015年10月，在十八届五中全会闭幕会上，总书记引用了船山先生的"理者，物之固然，事之所以然也"。这句话引自《张子正蒙注·至当篇》，用以说明谋求新的发展必须确立新的发展理念，以及发展理念之于经济社会发展的重要性。

第四次是在2016年12月31日发表的新年贺词中，总书记引用船山先生《尚书引义·太甲》"新故相推，日生不滞"的名言，表达出在新年到来之际，深入推进中国特色社会主义现代化建设事业不断开拓新局面、进入新境界的决心和信心。

习近平总书记数次引用船山名言来阐说当代中国社会主义现代化建设之义理精神，说明船山思想具有某种超越时空的神韵和魅力，也显示出总书记深厚而广博的国学素养。

奉清清：据考证，党的第一代领导核心毛泽东，对船山先生和他的思想也是有着浓厚兴趣的，并不断从中汲取创新中华文化的力量。毛泽东对船山学的研修，有一些怎样的故事？

王泽应：早在湖南第一师范学校求学期间，毛泽东受其恩师杨昌济先生的影响，就醉心于船山学的研修。他在《讲堂录》中摘抄有船山语录多处且有自己的发挥，如"王船山：'有豪杰而不圣贤者，未有圣贤而不豪杰者也。'圣贤，德业俱全者；豪杰，歉于品德，而有大功大名者。拿翁，豪杰也，而非圣贤。"前面所引是船山《俟解》第五段开头语，后面是毛泽东结合自己的理解对圣贤与豪杰做出的界说，认为圣贤是道德和事业都达到理想状况的人物，豪杰则是功名高于品德的人物，如法国拿破仑则是豪杰一类的人物，而不是圣贤。

1914年湖南船山学社成立后，毛泽东多次到"船山学社"去听有关船山学的演讲。后来毛泽东还在船山学社创办了"湖南自修大学"。

抗日战争初期，毛泽东写信给在长沙主持八路军办事处的徐特立，请他设法从湖南补齐《船山遗书》所缺各册。他的《矛盾论》《实践论》写作，参考借鉴了王船山的某些哲学思想特别是重践履重习行的思想。

解放初期毛泽东还将姚虞琴经陈叔通转赠给他的王船山手迹（即《双鹤瑞舞赋》）致信郑振铎作为珍贵的历史文物保存，并于1950年和1956年两次亲笔手书"船山学社"。

这些故事，足见毛泽东对船山学是相当推崇和重视的。

奉清清：您刚才提到"船山学"。"船山学"就是研究船山思想的学术吗？在浩如烟海的中华优秀传统文化中，王船山思想有什么样的历史地位？船山学有什么样的当代价值？

王泽应：船山学无疑是中华国学的重要组成部分。

船山学是指以船山思想和精神为核心，通过研究船山思想、弘扬船山精神所建构起来的船山思想体系和学术价值的统称。早在1915年《船山学报》创刊之时，刘人熙就在《船山学报叙意》中指出船山归隐故山，矻矻穷年，上继孔孟，下启后贤，自濂溪以来，未能或之先也。"船山之学，通天人，一事理，而独往独来之精神，足以廉顽而立懦，是圣门之狂狷、洙泗之津梁也。"谢鸿熙在1934年《船山学报》第2卷第6期撰文论述船山学说与中国关系时指出："船山先生之学说，集汉宋诸儒之长，而尤切于实用，咸、同之间，海内鼎沸矣。湘乡曾文正公，以船山先生之心为心，有助于覆物之仁，经邦之礼，出其所学，卒以拯生民于涂炭。则知船山学说之可以兴国，固不在阳明之下矣。"1982年召开的纪念船山逝世290周年学术讨论会上，方克立提出了建立"船山学"的动议并就船山学的精神实质做出了界说。他认为船山学是一门以我国17世纪著名唯物主义思想家王夫之生平活动和学术思想为研究对象的新学问。在世界哲学史中，船山哲学代表了中国封建时代哲学的最高成就，由他高度发展了的朴素唯物主义和朴素辩证法相结合的哲学形态，不仅在中国，而且在世界哲学史上都具有典型意义，在整个人类认识史上是不可缺少的重要一环，是一系列圆圈中应该用粗线划的圆圈。与此同时或之后，萧萐父、许苏民、张立文、王兴国、衷尔钜、陈来、熊考核等致力于船山学研究，并对其概念、范畴系统特别是精神实质做出创造性阐释与论述，取得了比较丰硕的成绩。

船山学不仅是中国人民的宝贵遗产，而且是全人类共同的思想财富。船山学传播到海外后，韩国、日本、新加坡、俄罗斯、德国、英国、美国等都有一批学人在研究船山义理，弘扬船山精神。美国学者布莱克说："对于那些寻找哲学根源和现代观点、现代思想来源的人来说，王夫之可说是空前未有地受到注意的。"他在《我为什么要研究王夫之的哲学》中称王夫之为"中国文化传统的……文化巨人"。苏联科学院院士布洛夫在《十七世纪中国思想家王船山的世界观》中称赞船山"是真正的百科全书式的学者"，指出："研究王夫之的著作是有重要意义的，因为他的学说是中世纪哲学发展的最高阶段。""王船山的思想是对中国哲学丰富优秀遗产的总结，同时又是具有独创性的学说。""反映了中国社会思想的新潮流。"1985年，在美国哲学家评出的世界古今八大哲学家中，唯物主义哲学家有四位：德谟克利特、王船山、费尔巴哈、马克思。目前，全世界设有近40个"王船山思想研究所"，其中美国、日本、德国、韩国、英国等国家和地区的研究成果尤其显著。王船山的思想和著作，正在不断植入世界文明之林，成为再造人类文明的重要因素。

但是，对船山这样一位著述甚丰、思想博大精深、精神超迈伟岸的世界级思想家、哲学家的研究，应该说迄今为止还处在初级阶段，船山学处在将要形成而未能完全形成的创始阶段。船山学的建构、发展与完善，既与船山本人的思想建树、学术创造及其内在精神建构相关，也与后来者特别是当今学人对船山思想的开掘与把握及由此所形成的学术修养、精神追求和继往开来的能力紧密相连，二者存在一种相辅相成的关系。所以，我们说，深度开展船山学研究，打造船山学研究学术高地和学术品牌，要走的路还很长，使命神圣而光荣。

奉清清：深圳大学文学院教授、中国哲学博士研究生导师王立新先生在他的专著《天地大儒 王船山》中说："船山，是中华民族永远不会冷却的激情，也是我们祖国永远不会褪色的光荣！"您怎么看？在您看来，船山思想有哪些超越时空的独特神韵和魅力呢？

王泽应：习近平总书记多次讲到，要把中国传统文化中那些跨越时空、超越国界、富有永恒魅力、具有当代价值的文化精神弘扬起来，激活其内在的强大生命力。就船山学而言，它所具有的跨越时空、超越国界、富有永恒魅力和当代价值的东西相对而来说是比较多的，也许可以说它是一处越开采越富有的文化宝库，一条源深流长的学术河流，一座令人"仰之弥高，钻之弥坚"的思想山峰。

具体说，船山学中独特的神韵与魅力表现在以下几个方面。

第一，"坐集千古之智"与"推故而别致其新"的学术精神品质。船山学是中华国学中承前启后、继往开来的典范，既重视历史上中华国学经典智慧的总结、传承和吸收，更重视发掘国学经典的精意和深蕴，做出了创造性的转化与创新性的发展，正可谓"六经责我开生面"。船山"学成于聚，新故相资而新其故；思得于永，微显相次而显察于微"的名言，自有其跨越时空的精神魅力，永远是我们从事学术研究最为需要的伦理品质。

第二，"天下惟器"与"道器合一"辩证结合的道器论。船山不仅提出了"盈天地之间皆器"的唯物主义命题，而且论述了"道在器中""道器相函"以及"道莫盛于趋时"等辩证法思想，形成了朴素唯物论与朴素辩证法相结合的哲学思想，代表着马克思主义产生之前哲学思想发展的最高水平。

第三，理势相成、即民见天、变通可久的历史哲学思想。船山思想初具唯物史观的雏形，有着肯定历史发展规律性和庶民百姓历史主体性的一面，其"依人建极""法因时改""理势合而为天"，"生民之生死，公也"等命题，以及"今胜于昔"的历史主义思想最接近马克思主义的唯物史观。

第四，理欲合性、义利统一的伦理思想。船山既肯定人欲和庶民百姓物质利益追求的合理性，又强调以义制利、以理导欲的必要性，建构起来的是一种把天理与人欲、道义与功利辩证结合起来的正确的理欲观和义利观，能够成为社会主义义利观的丰厚资源。

第五，文化自觉、自信和自强的精神禀赋及其信念。船山一生是为中华文化传承、坚守和创新而矻矻穷年的一生，他在十分艰难的生活条件下，始终抱有一份清醒的文化自觉，对导致民族衰败、社会腐化、学风堕落的封建专制主义和封建蒙昧主义及其佛道二教进行了深刻的检讨和批判，主张弘扬以张载为代表的中华正学；同时也有一份理性的文化自信，认为一个有着"立乎其大"、着眼于远而又极深研几、阐幽探微传统的中华文化自有其"光芒烛天，芳菲匝地"之处，其愿景无疑是令人景仰而又信心倍增的。船山内心深处亦有一份坚执的文化自强信念，激励着他上下求索而"参万岁而一成纯"。在"腕不胜砚，指不胜笔"的衰老病弱之际，他仍然充溢着"残灯绝笔尚峥嵘"的风骨，有一种"力疾而纂注"的文化自强意识和担当精神。

第六，"古今之通义"的最高价值目标和价值追求。船山对宋儒的道统论做出了创造性的诠释及其建构，凸显了中华民族得以"保种""延祀"的道纪及其价值合理性，始终以中华民族的整体利益和长远利益作为品评历史、观照现实和迈向未来的价值基石。而其"奠三极，长中区，智周乎四皇，心尽乎来许"以及"清气疏曜，血脉强固"的内在主体性张扬，拱立着中华民族"衰而复兴""阙而复振"的民族正气和伦理精神。

以上六个方面，从学术抱负、世界观、历史观、道德观、文化气质、价值目标等方面凸显出船山学跨越时空、跨越国界和具有当代价值的神韵和魅力，无疑是我们在建设社会主义文化强国、繁荣发展中华文化进程中必须弘扬也应该发扬光大的。

奉清清：中国思想家强调"究天人之际，通古今之变"，船山先生自题"六经责我开生面，七尺从天乞活埋"，表明了他凛然大义的崇高气节以及对中华传统文化继往开来的历史责任感。今天，我们弘扬船山思想，要从哪些方面着力？

王泽应：我们要以习近平总书记关于弘扬中华优秀传统文化的系列讲话精神和中共中央办公厅、国务院办公厅《关于实施中华优秀传统文化传承发展工程的意见》为指导，从研究阐发、教育普及、保护传承、创新发展、传播交流等方面着力用功，力争在船山诞辰400周年（2019年）和船山逝世330周年（2022年）时推出一批重要成果，在2025年前形成逻辑严密、思路清晰、语言晓畅的船山学理论体系、话语体系和传播传承体系，使船山学成为湖湘学术高地和中华学术品牌。

从现在开始，特别需要弘扬船山本人的一些重要品质和精神，用船山精神来深化对船山学的研究，通过弘扬船山精神来建构具有中国特色、中国风格和中国气派的船山学。

第一，弘扬船山承前启后、继往开来的学术品质和伦理精神。"旧邦新命"是中国的"国性"和中华文化的基本精神，"阐旧邦以辅新命"是许多中华学人的共同的价值追求。中华文化之所以能够成为世界史上连续性文明的典范，根本原因在于有一批如同船山一样的既"坐集千古之智"又"推故而别致其新"的学人，他们怀抱"为天地立心，为生民立命，为往圣继绝学，为万世开天平"的宏大志向，在学术文化战线上从事着薪火相传、继往开来的伟大事业，不断为中华文化添加着新的养料、新的内容，使其绵延不绝，正大日新。

第二，弘扬船山自觉担当文明复兴重任的意识和精神。文化需要传承和创新，需要一批批动心忍性的学人作不遗余地的上下求索和艰苦奋斗，需要学人有心无旁骛的极深研几和阐幽探微，并以此问鼎高明、着眼长远，为中华文明复兴建纲立极、创业垂统。中华文明的大气量、大格局以及不尽之魅力是由许多像船山一样"舍我其谁"的仁人志士所建构起来并不断积淀内化而成的。

第三，弘扬船山注重经世致用的优良学风。船山学既反对玄学和佛教、道教的"虚妙"，也反对理学的"空谈心性"，主张学以致用，经世致用。他认为，研究历史的目的，不是炫耀自己知识的广博，而是总结历史经验，以指导现实的实践。惟其如此，才能实现"经世之大略"。研究哲学、文学乃至其他学问，已应作如是观。

第四，弘扬船山心系国家民族千秋之大义的学术宏旨。船山之学，以"公天下"立论批评"孤秦""陋宋"，认为国家民族根本利益和长远利益是高于"一人之正义"和"一时之大义"的"古今之通义"，并认为"古今之通义"是最高级的道义和至善，是每一个有良知的中国人必须而且应该去努力维护、拼死保卫和代代相传的根本的伦理大义。

第五，弘扬船山"率天造命"的自强不息精神。船山认为，人是天地万物之灵，能够"健以存生之理"，"动以顺生之几"，在体天恤道中实现"竭天""率天""造天"，进而新造自己的性命，并且认为"一介之士，莫不有造焉"，普通的百姓也能够率天造命，做自己命运和生活的主人。

此外，还应该弘扬船山博大闳括的包容精神，"入其垒，袭其辎，暴其恃，而见其瑕"的批判精神，以及明德新民的道德理想。对待船山学，我们也有一个实现其创造性转化和创新性发展的问题。只有这样，才能让船山学那些跨越时空、跨越国界，富有永恒魅力和具有当代价值的精神要义真正成为中华文明的活性因素，为中华文明的伟大复兴做出应该有的贡献！

（原载《湖南日报》2017年3月23日）

关于深度开展船山学研究打造湖湘学术高地的若干思考与对策

一、对策的依据

船山学是湖湘学术文化承前启后、继往开来的学术枢纽，对于繁荣发展湖湘学术文化有着非比寻常的意义和价值。美国著名学者裴士锋著的《湖南人与现代中国》（社会科学文献出版社2015年版）指出，王夫之（世称王船山）是湖南人的精神领袖。湖南人之所以能够在近现代中国历史上为民族、为国家和为中华文化做出杰出的历史性贡献，是跟王夫之思想的发掘与复活密切联系在一起的。他的这一本书的主线就是围绕"近代学者如何复兴他的著作，如何重新解读他的著作，又如何在数个世代的岁月里把他转变为令人仰慕的现代湖南精神象征。"习近平总书记在2016年5月17日哲学社会科学座谈会上的讲话中，在总结中国古代哲学社会科学巨匠大师时提到了王船山。此前，习近平多次讲话还引用过船山的名言或论断。在中国近现代思想史上，船山的思想学说影响了魏源、曾国藩、彭玉麟、郭嵩焘、王闿运、谭嗣同、杨昌济、章士钊等人，并对毛泽东产生过特别巨大的影响。毛泽东在长沙求学期间受其师杨昌济先生影响，不仅在《讲堂录》抄有多处船山语录，而且多次到船山学社听报告，与友人研讨船山学说。1921年3月毛泽东还在船山学社里创办"湖南自修大学"，并以此组建湖南共产主义组织。抗战时期，毛泽东在延安写作《矛盾论》《实践论》等著作，专门写信托请徐特立补齐《船山遗书》所缺各册。中华人民共和国成立以后，毛泽东两次为船山学社题词。由此亦可见船山在毛泽东心中的地位和影响。

二、现状及问题分析

近代史上，湖南人致力于研究和弘扬船山学术思想，产生了一批湖湘文化的大师与巨人，邓显鹤、魏源、曾国藩、彭玉麟、郭嵩焘、王闿运、刘人熙、谭嗣同、杨昌济、章士钊，他们对船山思想的推崇与多方面发掘、研究，直接影响了青年毛泽东、蔡和森等人。毛泽东还在"船山学社"创办湖南自修大学，将马克思主义与船山思想研究结合起来，为湖南培养了一批"改造中国与世界"的共产党人。民国时期，以刘人熙、谭延闿为代表的政学两界要人都致力于"广船山于天下以兴天下"，推进着"船山学社"的研习、传播和《船山学报》的编辑发行工作。但是发展到现当代，虽然船山学在湖南取得了一批成果，但是总体来讲，基本上处在一般性的学术研究层面，高质量、标志性、影响大的研究成果极度匮乏，这与湖南作为船山故乡的地位，特别是振兴湖湘学术文化的时代发展要求很不相称。因此，必须引起学界的深度反思和政界的高度重视。

三、相关对策措施

第一，强化对船山学研究重要意义的认识，把船山学研究当作繁荣和振兴湖湘学术文化的学术高地和学术品牌来打造。

湖南是船山的故乡，船山学是湖湘学术文化的重要构成，历史上湖南的船山学已经取得了重要的理论成果并且已经为湖南近代学术文化的辉煌做出了重要贡献。立于新世纪新阶段湖南文化强省和教育强省的实际要求，特别是在2019年船山诞辰400周年之时能够推出展现湖南精神、彰显湖南作为船山家乡的研究成果，迫切需要从现在开始加强湖南的船山学研究。建议将船山学研究纳入湖南省哲学社会科学繁荣发展规划纲要，省社会科学规划办公室每年设立两到三个专门研究船山学的重大委托招标课题，从政策和项目上予以重点支持。

第二，参照湖南省湘学院的组建模式，组建全省的船山学研究院。

建议在湖南省社会科学联合会中设立船山学研究中心或研究院，在湖南省社会科学院、湖南师范大学、湖南大学、中南大学和湘潭大学以及衡阳师范学院等组建船山学研究基地，做好错位发展、协同攻关的顶层设计，以形成船山学研究百舸争流的发展局面。

第三，发挥好"船山学社"的学会组织和建设作用，开展"船山学研究高层论坛"和"大众教育"活动。

"船山学社"是湘字号文化品牌。它既是一个著名的旅游景点，更是一个学术团体或社团组织。建议每两年举行一次"船山学研究高层论坛"，就船山学的理论创新和核心命题展开演讲与对话。同时在船山生日和祭日举行一些大众性的思想普及或宣讲活动，以使船山学既通天又入地，进入寻常百姓家。

第四，进一步办好百年老刊《船山学刊》，发挥刊物传承文化、资政育人的重要作用。

《船山学刊》承接1915年创办的《船山学报》而来，至今已走过百年历程。它是我省乃至全国为数不多的百年老刊，是研究和传播船山学术思想及中国传统文化的重要园地。办好《船山学刊》对于打造湖湘学术高地，意义十分深远。建议在加大经费投入的同时，经常性地开展有关开门办刊的活动，加大省内约稿组稿的力度，将编者、作者与学者的学术致思通过研讨、交流的形式形成共识，推进我省学术创新不断发展。

第五，修复"船山书院"，培养一批在新的时代条件下传播和光大船山学的优秀人才。

"船山书院"坐落于衡阳市东洲岛上，曾经一度闻名遐迩，有"学在船山"之美誉。然而现代以来日趋荒废，尽管衡阳市一些学者曾经多次建议修复"船山书院"，但是由于种种原因，至今仍未落实。在承继中华优秀传统文化、培育践行社会主义核心价值观的今天，修复"船山书院"应该说恰逢其时。建议请省文物局、文化局、旅游局、教育局等单位联合出面，拿出总体方案，将"船山书院"打造成为集旅游观光、文物保护、书院讲学、会议中心和人才培养为一体的重要基地。

习近平总书记强调指出："中华优秀传统文化是中华民族的突出优势，中华民族伟大复兴需要以中华文化发展繁荣为条件，必须大力弘扬中华优秀传统文化。"我们一定要认真领会习主席的重要指示，把深度开展船山学研究当作弘扬中华优秀传统文化的重要抓手，当作当代湖湘学术文化的学术高地来打造。只有这样，才能在2019年真正推出一批有影响的湖湘学术标志性成果，为文化强省和教育强省，为中华文明的伟大复兴做出应有的贡献。

（原载《湖南智库成果专报》2015年第9期）

点评专家：

曾福生 湖南农业大学副校长

点评内容：

船山学是湖湘学术文化和湖湘精神的集中体现，也是湖湘学术文化承前启后、继往开来的枢纽中心，成为湖湘学术文化的一张世界级名片。通过深度开展船山学研究，弘扬船山先生学术创新精神，对打造湖湘学术高地、繁荣湖湘学术文化有着非比寻常的意义价值。

该成果主要贡献在于论证船山学是无与伦比的湖湘文化高地，分析当前湖南船山学研究的成就及存在的不足，并提出在强化对船山学研究重要意义的认识、组建省船山学研究院、发挥好"船山学社"的学会组织和建设作用、进一步办好百年老刊《船山学刊》、修复"船山书院"等方面深度开展船山学研究，打造湖湘学术高地的思考与建议。希望湖南船山学研究可以打造成为振兴湖湘学术文化的学术高地和学术品牌，推动新时期湖南学术文化的大发展大繁荣，从而整体提升湖南的文化软实力和核心竞争力。

王泽应船山思想研究著述目录

一、专著类

1. 船山伦理与西方近代伦理比论 . 香港：国际展望出版社，1992.

2. 辨义利以尽人道：王船山伦理思想研究：上、下，台湾：花木兰文化出版社，2013.

3. 船山精神与船山学 . 光明日报出版社，2019.

二、论文类

1. 论王夫之关于人的本质学说 .《中国文化月刊》，1990.

2. 王夫之与康德人学思想的比较研究 .《中国文化月刊》，1993.

3. 王夫之人性范畴辨析 . 船山学报，1988（2）.

4. 船山伦理对中华伦理文化的卓越贡献 . 王船山学术研讨会论文集 . 辅仁大学出版社，1993.

5. 斯宾诺莎与王夫之伦理思想之比较 . 船山学报，1989（2）.

6. 论王船山伦理思想的世界意义——兼与西方近代伦理思想比较 [J]. 船山学刊，1992（2）. 纪念王夫之逝世300周年大会发言。

7. 王夫之的志论 . 衡阳师专学报，1990（1）.

8. 王夫之的不朽论 . 衡阳师专学报，1990（4）.

9. 王夫之的至善论 . 湖南社会科学，1990年船山专刊 .

10. 王夫之的理想人格论 . 船山学刊，1991年创刊号 .

11. 论王夫之伦理思想的基本特征.衡阳师专学报,1991(2).

12. 王夫之义利观探析.衡阳师专学报,1992(1),中国人民大学书报资料中心《伦理学》1992(6).

13. 王夫之与培根勇德论的比较.衡阳师专学报,1992(5).中国人民大学书报资料中心《伦理学》1993(2).

14. 论王夫之的生死观.衡阳师专学报,1987(1),中国人民大学书报资料中心《中国哲学史》1987(5).

15. 试析王夫之人性思想的基本特征.衡阳师专学报,1988(4).

16. 王夫之道莫盛于趋时论探析."纪念王船山逝世300周年国际学术讨论会"论文集.船山学刊,1993(12).

17. 王夫之的道德修养论.衡阳师专学报,1988(1),中国人民大学书报资料中心《伦理学》1988(5).

18. 论王夫之关于人的价值学说.船山学刊,1996(1).

19. 王夫之消费伦理思想探论.衡阳师范学院学报,2003(2).

20. 王夫之诚明合一论及其现代价值.衡阳师范学院学报,2004(1).

21. 船山义利学说的新开展.衡阳师范学院学报,2005(1).中国人民大学书报资料中心《中国哲学史》2005(7).

22. 立人之道曰义,生人之用曰利——略论王夫之的义利观.纪念王夫之逝世310周年衡阳国际学术会议大会发言稿(2002年11月18—20日),船山学论,湖南人民出版社,2005.

23. 船山对中华民族精神的继承与弘扬.衡阳师范学院学报,2007(2).

24. 王夫之义利思想的特点和意义.哲学研究,2009(8).

25. 论王夫之的理欲观.哲学研究,2013(6).

26. 王夫之人的尊严论及其深刻影响.船山学刊,2014(4).

27. 王夫之古今之通义的伦理精神与价值建构.船山学刊,2015(3).

28. 出船山记.光明日报,2015-09-28.

29. 关于深度开展船山学研究 打造湖湘学术高地的思考与建议.决策参考·湖南智库成果专报,2015(9).

30. 船山的位财论与伦理神韵.船山学刊,2016(1).

31. 船山的德业观与崇德广业之旨趣.船山学刊,2016(2).

32. 船山思想对建构中国特色哲学社会科学的贡献与启示 . 船山学刊，2016（4）.

33. 船山依人建极的人本主义思想 . 船山学刊，2016（3）.

34. 发现船山与湖南近现代文化的崛起 . 船山学刊，2016（5）.

35. 船山对中华正学的弘扬与开新 . 船山学刊，2016（6）.

36. 船山的日新观及其当代意义 . 船山学刊，2017（1）.

37. 船山名实论的伦理深蕴及其价值合理性 . 船山学刊，2017（2）.

38. 船山公天下思想的共享伦理意蕴 . 船山学刊，2017（3）.

39. 船山"知言"论及其彰显的知人智慧 . 船山学刊，2017（4）.

40. 船山读书目的论及其现实启示 . 船山学刊，2017（5）.

41. 船山"全其初心"思想及其现代启示 . 船山学刊，2017（6）.

42. 论船山精神及其对中华民族精神的光大与弘扬 . 中州学刊，2017（4）.

43. 船山对安身立命之道的求索与建构 . 黄河科技大学学报，2017（4）.

三、新闻报道类

44. 船山思想有超越时空的神韵和魅力：访湖南师范大学教授、《船山学刊》执行主编王泽应 . 湖南日报，2017-03-23.

45. 船山学的学术基质 . 光明日报，2018-03-31.

46. 船山梦解析，2019-01-05.

参考文献

一、王夫之著作

[1] 王夫之. 周易外传 [M]// 王夫之. 船山全书：第1册. 长沙：岳麓书社, 1988.

[2] 王夫之. 周易内传 [M]// 王夫之. 船山全书：第1册. 长沙：岳麓书社, 1988.

[3] 王夫之. 尚书引义 [M]// 王夫之. 船山全书：第2册. 长沙：岳麓书社, 1988.

[4] 王夫之. 续春秋左氏传博议 [M]// 王夫之. 船山全书：第5册. 长沙：岳麓书社, 1993.

[5] 王夫之. 春秋家说 [M]// 王夫之. 船山全书：第5册. 长沙：岳麓书社, 1993.

[6] 王夫之. 四书训义 [M]// 王夫之. 船山全书：第7、8册. 长沙：岳麓书社, 1990.

[7] 王夫之. 读四书大全说 [M]// 王夫之. 船山全书：第6册. 长沙：岳麓书社, 1991.

[8] 王夫之. 礼记章句 [M]// 王夫之. 船山全书：第4册. 长沙：岳麓书社, 1996.

[9] 王夫之. 张子正蒙注 [M]// 王夫之. 船山全书：第12册. 长沙：岳麓书社, 1992.

[10] 王夫之. 思问录 [M]// 王夫之. 船山全书：第12册. 长沙：岳麓书社, 1992.

[11] 王夫之. 老子衍 [M]// 王夫之. 船山全书：第13册. 长沙：岳麓书社, 1993.

[12] 王夫之. 庄子通 [M]// 王夫之. 船山全书：第13册. 长沙：岳麓书社, 1993.

[13] 王夫之. 噩梦 [M]// 王夫之. 船山全书：第12册. 长沙：岳麓书社, 1992.

[14] 王夫之.俟解 [M]// 王夫之.船山全书：第12册.长沙：岳麓书社，1992.

[15] 王夫之.黄书 [M]// 王夫之.船山全书：第12册.长沙：岳麓书社，1992.

[16] 王夫之.读通鉴论 [M]// 王夫之.船山全书：第10册.长沙：岳麓书社，1988.

[17] 王夫之.宋论 [M]// 王夫之.船山全书：第11册.长沙：岳麓书社，1992.

[18] 王夫之.永历实录 [M]// 王夫之.船山全书：第11册.长沙：岳麓书社，1992.

[19] 王夫之.姜斋文集 [M]// 王夫之.船山全书：第15册.长沙：岳麓书社，1995.

[20] 王夫之.楚辞通释 [M]// 王夫之.船山全书：第14册.长沙：岳麓书社，1996.

二、船山研究著作

[21] 邓显鹤.船山遗书目录序 [M].北京：中华书局，1989.

[22] 郭嵩焘.请以王夫之从祀文庙疏 [M]// 郭嵩焘.郭嵩焘奏稿.长沙：岳麓书社，1983.

[23] 杨毓麟.新湖南 [M]// 杨毓麟.杨毓麟集.长沙：岳麓书社，2008.

[24] 杨昌济.达化斋日记 [M] 杨昌济 // 杨昌济集.长沙：岳麓书社，2008.

[25] 刘人熙.船山学报叙意 [M]// 王夫之.船山全书：第16册.长沙：岳麓书社，1996.

[26] 章士钊.王船山史说申义 [M]// 王夫之.船山全书：第16册.长沙：岳麓书社，1996.

[27] 熊十力.乾坤衍 [M].上海书店出版社，2008.

[28] 侯外庐.船山学案 [M].长沙：岳麓书社，1982.

[29] 嵇文甫.船山哲学 [M].上海：上海开明书店，1938.

[30] 嵇文甫.王船山学术论丛 [M].北京：三联书店，1962.

[31] 蔡尚思.王船山思想体系 [M].长沙：湖南人民出版社，1985.

[32] 王孝鱼.船山学谱 [M].北京：中华书局，2014.

[33] 王孝鱼.周易外传选要译解 [M].北京：中华书局，2014.

[34] 王孝鱼. 老子衍疏证 [M]. 北京：中华书局，2014.

[35] 王孝鱼. 庄子内篇新解 庄子通疏证 [M]. 北京：中华书局，2014.

[36] 牟宗三. 黑格尔与王船山 [M]// 生命的学问. 台北：三民书局版.

[37] 萧萐父. 船山哲学引论 [M]. 南昌：江西人民出版社，1993.

[38] 萧萐父主编. 王夫之辩证法思想引论 [M]. 武汉：湖北人民出版社，1984.

[39] 萧萐父 许苏民. 王夫之评传 [M]. 南京：南京大学出版社，2011.

[40] 蒙培元. 理学的演变——从朱熹到王夫之、戴震 [M]. 福州：福建人民出版社，1984.

[41] 张立文. 宋明理学的总结——王夫之的哲学思想 [M]. 北京：中国人民大学出版社，1995.

[42] 张立文. 正学与开新——王船山哲学思想 [M]. 北京：人民出版社，2001.

[43] 陈来. 诠释与重建——王船山的哲学精神 [M]. 北京：北京大学出版社，2004.

[44] 方克. 王船山辩证法思想研究 [M]. 长沙：湖南人民出版社，1984.

[45] 陈远宁. 中国古代政治观的批判总结——王船山政治观研究 [M]. 长沙：湖南出版社，1992.

[46] 陈远宁，王兴国，黄鸿基. 王夫之认识论范畴研究 [M]. 长沙：湖南出版社，1982.

[47] 陈远宁. 中国古代易学发展第三个圆圈的终结——船山易学思想研究 [M]. 长沙：湖南大学出版社，2002.

[48] 唐凯麟，张怀承. 六经责我开生面——王船山伦理思想研究 [M]. 长沙：湖南人民出版社，1992.

[49] 张怀承. 王夫之评传 [M]. 南宁：广西教育出版社，1997.

[50] 熊考核. 王船山美学 [M]. 北京：中国文史出版社，1991.

[51] 熊考核. 走近船山 [M]. 长沙：湖南人民出版社，2012.

[52] 陆复初. 王船山学案 [M]. 武汉：湖北人民出版社，1987.

[53] 陆复初. 王船山沉思录 [M]. 昆明：云南人民出版社，1991.

[54] 袁尔矩. 王夫之 [M]. 长春：吉林文史出版社，1997.

[55] 曾昭旭. 王船山哲学 [M]. 台北：远景出版事业公司，1983.

[56] 林安梧. 王船山人性史哲学之研究 [M]. 台北：东大图书公司，1987.

[57] 宋小庄. 读《读通鉴论》[M]. 昆明：云南人民出版社，1991.

[58] 邓潭州. 王船山传论 [M]. 湖南人民出版社，1982.

[59] 李守庸. 王船山经济思想研究 [M]. 长沙：湖南人民出版社，1987.

[60] 李国均. 王船山教育思想初探 [M]. 北京：人民教育出版社，1984.

[61] 刘春建. 王夫之学行系年 [M]. 郑州：中州出版社，1989.

[62] 黄明同，吕锡琛. 王船山历史观与史论研究 [M]. 湖南人民出版社，1986.

[63] 肖汉民. 船山易学研究 [M]. 北京：华夏出版社，1987.

[64] 彭大成. 船山思想与湖湘文化研究论集 [M]. 湘潭：湘潭大学出版社，2012.

[65] 彭大成. 从王船山到毛泽东 [M]. 长沙：湖南人民出版社，1984.

[66] 肖剑平. 王船山人格思想研究 [M]. 湘潭：湘潭大学出版社，2014.

[67] 章启辉. 旷世大儒——王夫之 [M]. 石家庄：河北人民出版社，2001.

[68] 肖平汉. 理想与现实——王夫之历史哲学研究 [M]. 北京：中央文史出版社，2009.

[69] 王立新. 从胡文定到王船山——理学在湖南地区的鼎立与开展 [M]. 北京：中国社会科学出版社，2014.

[70] 王立新. 天地大儒王船山 [M]. 长沙：岳麓书社2011.

[71] 胡发贵. 王夫之与中国文化 [M]. 贵阳：贵州人民出版社，2000.

[72] 陈赟：. 回归真实的存在——王船山哲学的阐释 [M]. 桂林：广西师范大学出版社，2015.

[73] 刘梁剑. 天人际——对王船山的形而上学阐明 [M]. 上海：上海人民出版社，2007.

[74] 刘梁剑. 王船山哲学研究 [M]. 上海：上海人民出版社，2016.

[75] 邓辉. 王船山道论研究 [M]. 湘潭：湘潭大学出版社，2010.

[76] 邓辉. 王船山历史哲学研究 [M]. 上海：上海人民出版社，2017.

[77] 谷继明. 王船山《周易外传》笺疏 [M]. 上海：上海人民出版社，2016.

[78] 陈力祥．王船山礼学思想研究 [M].成都：巴蜀书社，2008.

[79] 陈力祥．王船山礼仪乐和的和谐社会思想 [M].北京：社会科学文献出版社，2014.

[80] 方红姣．现代新儒学与船山学 [M].北京：中国社会科学出版社，2015.

[81] 陈炎．几与时：论王船山对传统道学范式的反思与转化 [M].上海：上海人民出版社，2016.

[82] 肖建元．三教合一之心——王夫之佛道思想研究 [M].北京：北京师范大学出版社，2016.

[83] 周发源，刘晓敏，王泽应主编．船山学刊百年文选 [C].长沙：岳麓书社2015.

[84] 刘沛林，张齐政，朱迪光主编．王船山研究论文集 [C].湘潭：湘潭大学出版社，2011.

[85] 朱迪光．船山思想与社会主义核心价值观研究 [M].北京：中国社会科学出版社，2017.

[86] 朱迪光．王夫之诗歌创作考述 [M].北京：中国社会科学出版社，2015.

[87] 张齐政主编．船山研究新视野 [M].北京：光明日报出版社，2015.

[88] 张齐政．船山研究新论 [M].长沙：岳麓书社2017.

三、其他经典和参考性著作

[89] 新编诸子集成 [M].北京：中华书局，1982.

[90] 十三经注疏 [M].北京：中华书局，1984.

[91] 贾谊．贾谊集 [M].天津：天津古籍出版社，2010.

[92] 董仲舒．春秋繁露 [M].北京：中华书局，1992.

[93] 柳宗元．柳宗元集 [M].北京：中华书局，1979.

[94] 周敦颐．周敦颐集 [M].北京：中华书局，2009.

[95] 张载．张载集 [M].北京：中华书局，1978.

[96] 程颢 程颐．二程集 [M].北京：中华书局，2004.

[97] 邵雍. 邵雍集 [M]. 北京：中华书局，2010.

[98] 朱熹. 四书章句集注 [M]. 北京：中华书局1984.

[99] 朱熹. 朱子语类 [M]. 北京：中华书局，1986.

[100] 陆九渊. 陆九渊集 [M]. 北京：中华书局，1980.

[101] 王阳明. 王阳明全集 [M]. 上海：上海古籍出版社，1992.

[102] 黄宗羲. 黄梨洲文集 [M]. 北京：中华书局，2009.

[103] 黄宗羲. 明儒学案 [M]. 北京：中华书局，1985.

[104] 戴震. 戴震文集 [M]. 北京：中华书局1980.

[105] 戴震. 孟子字义疏证 [M]. 北京：中华书局，1982.

[106] 王闿运. 湘绮楼日记 [M]. 长沙：岳麓书社，1997.

[107] 谭嗣同. 谭嗣同全集 [M]. 北京：中华书局，1981.

[108] 梁启超. 中国近三百年学术史 [M]. 北京：商务印书馆，2011.

[109] 章太炎. 章太炎全集 [M]. 上海：上海人民出版社，1984.

[110] 王国维. 王国维儒学论集 [M]. 成都：四川大学出版社，2010.

[111] 侯外庐等. 宋明理学史 [M]. 北京：人民出版社，1984.

[112] 钱穆. 中国近三百年学术史 [M]. 北京：九州出版社，2011.

[113] 萧公权. 中国政治思想史 [M]. 北京：新星出版社，2010.

[114] 张君劢. 新儒家思想史 [M]. 北京：中国人民大学出版社，2009.

[115] 牟宗三. 政道与治道 [M]. 广西师范大学出版社，2006.

[116] 冯友兰. 中国哲学史新编 [M]. 北京：人民出版社，1998.

[117] 郭齐勇. 中国哲学史 [M]. 北京：高等教育出版社，2006.

[118] 周圣楷编纂. 邓显鹤增辑. 楚宝：上下，长沙：岳麓书社，2016.

[119] 钱基博. 近百年湖南学风 [M]. 北京：中国人民大学出版社，2004.

[120] 陈书良主编. 湘学史略 [M]. 北京：中华书局，2015.

[121]〔美〕裴士锋. 湖南人与现代中国 [M]. 黄中宪，译. 北京：社会科学文献出版社，2015.